Hermann Ihering

Rio Grande do Sul

Hermann Ihering

Rio Grande do Sul

ISBN/EAN: 9783744642514

Hergestellt in Europa, USA, Kanada, Australien, Japan

Cover: Foto ©ninafisch / pixelio.de

Weitere Bücher finden Sie auf **www.hansebooks.com**

Über's Meer.

Taschenbibliothek für deutsche Auswanr

Herausgegeben
von
Richard Lesser und Richard Oberläni

Band XI und XII
Rio Grande do St
von
Dr. Hermann v. Ihering.

Mit Titelbild und einer Karte.

Weltpost-Verlag, (Paul Genschel) Gera,
1885.

Rio Grande do Sul.

Vorwort.

Sechs Jahre sind es, seitdem ich, nach mehr als zwölfjährigem Aufenthalt in Brasilien in die Heimat zurückgekehrt, meinen in jenem Lande gesammelten Erfahrungen und meiner Ueberzeugung von der hohen wirtschaftlichen Bedeutung der südlichen Teile desselben für Deutschland in Wort und Schrift wiederholt Ausdruck geliehen habe. Es war ja im Grunde genommen nichts Neues, was ich über jenes Gebiet zu sagen vermochte, nichts, was nicht von Andern, welche das Land ebenfalls aus eigener Anschauung hatten kennen lernen, wie z. B. Avé-Lallement, Tschudi, Hörmeier, Woldemar Schulz,

Canstatt, von Koseritz, Blumenau, Dörffel u. A. m., sowie von den Geographen Prof. Wappäus in Göttingen und Dr. Henry Lange in Berlin, auch schon mehr oder minder gesagt worden wäre; aber die Thatsache, daß ich trotz aller Aufklärung, welche die Genannten zu verbreiten sich bemüht hatten, sowohl in der Presse, wie im persönlichen Verkehr mit Leuten der verschiedensten Berufsklassen den irrtümlichsten Ansichten über Südbrasilien begegnete, zwang mir die Feder in die Hand.

Dank der Unterstützung, welche mir in dieser Zeit durch die Vereine für Handelsgeographie und Kolonisation, die mir bereitwilligst ihre Organe zur Verfügung stellten, zu teil wurde, ist es mir gelungen, wenigstens in denjenigen Kreisen, welche überhaupt Verständnis und Sinn für überseeische Dinge haben, aufklärend zu wirken, obwohl ich in meinen bisherigen Schriften, namentlich in dem zweibändigen illustrierten Werke „das Kaiserreich Brasilien" den Gegenstand nur in großen Zügen behandeln konnte, es Andern überlassend, das von mir entworfene Bild durch Spezialdarstellungen zu ergänzen. Zu meiner Freude sollte letzteres bald geschehen, und zwar durch Herrn Dr. Hermann von Jhering, welchen ich vor etlichen Jahren hier in Leipzig, als er noch Privatdozent der Naturwissenschaften an unserer Hochschule war, kennen lernte. Als er mir damals seine Absicht zu erkennen gab, nach Südbrasilien überzusiedeln, erstaunte ich nicht wenig über ein solches Vorhaben, zu welchem ich wohl notleidende Landarbeiter und Professionisten, nicht aber einen an leiblichen und geistigen Komfort gewöhnten Vertreter der Wissenschaft von der Bedeutung Jhering's hätte ermuntern mögen, weswegen ich es auch für angezeigt fand, ihm das Schwierige seines Vorhabens ohne Rückhalt vorzustellen. Er blieb aber fest in seinem Entschluß, und heute kann ich mich nur darüber freuen, daß er denselben zur Ausführung gebracht hat; denn nicht nur, daß ihm dort als Zoologe Gelegenheit geboten worden ist, die namentlich in bezug auf Mollusken noch wenig erforschte Fauna genau zu studieren und die Wissenschaft mit den Resultaten seines Studiums zu bereichern, sondern er hat auch mit nüchternem Blick alle auf die Kolonisation in der Provinz Rio Grande do Sul bezüglichen Verhältnisse beobachtet, wovon seine bezüglichen Publikationen in deutschen und brasilianischen Blättern das beste Zeugnis ablegen, und faßt nun sein reiches Beobachtungsmaterial in ansprechender und gewiß einem jeden Auswanderer verständlichen Ausdrucksweise in dem nachstehenden Werke zusammen, mit welchem er nicht nur der trefflichen Taschenbibliothek für deutsche Auswanderer „Über's Meer" einen ausgezeichneten Band hinzugefügt, sondern auch eine schon lange schmerzlich empfundene Lücke in der betreffenden Litteratur ausgefüllt hat. Das Buch wird meiner Ansicht nach der sicherste Führer des Auswanderers nach Rio Grande do Sul werden, und wünsche ich ihm als solchem die weiteste Verbreitung.

Leipzig, im November 1884.

A. W. Sellin.

Inhalt.

	Seite
Vorwort von A. W. Sellin	III
Einleitung	1
I. Topographie	10

1. Größe. — 2. Grenzen — 3. Vertikale Gliederung. — 4. Geognostische Verhältnisse. — 5. Bewässerung.

II. Klima	28

1. Temperatur. — 2. Winde. — 3. Vegetationscharakter. — 5. Gesundheitsverhältnisse.

III. Pflanzenwuchs	39

1 Allgemeines. — 2. Schmarotzerpflanzen. — 3. Nutzhölzer. — 4. Droguen. — 5 Gerberinden — 6. Holzpreise. — 7. Der Mate.

IV. Tierwelt	54

1. Säugetiere. — 2. Vögel. — 3. Reptilien. — 4 Insekten.

V. Bevölkerung	65

1. Allgemeines. — 2. Indianer. — 3. Neger. — 4. Brasilianer. — 5. Die Fremden — 6. Die deutschen Kolonien. — 7. Deutsche Gasthäuser. — 8. Verhältnis zwischen Geburten und Todesfällen — 9. Religiöse Verhältnisse. — 10. Schulwesen. — 11. Presse. — 12. Vereinswesen. — 13. Politische Stellung der Deutschen. — 14. Soziale Stellung der Deutschen.

„Übers Meer",
Taschenbibliothek für deutsche Auswanderer.
Herausgegeben von
Richard Lesser und Richard Oberländer.

Außer diesem Bande sind erschienen:

Band 1. **Wegweiser von der alten zur neuen Heimat.** Von Richard Lesser.

Band 2. **Englischer Dolmetscher.** Von Ernst Haynel.

Band 3. **Wisconsin.** Von Heinrich Lemcke.

Band 5. **Argentinien.** Von Carl Beck-Bernard.

Band 6. **Kanada.** Von Robert S. Arndt.

Band 8. **Kalifornien.** Von Paul Alexander.

Band 9. **Oregon.** Von Heinrich Semmler.

In Vorbereitung befinden sich: **Spanischer Dolmetscher für Auswanderer, Texas, Florida, Kansas** und viele andere Bände.

Jeder Band mit Illustrationen und Karten für 1 Mark in jeder Buchhandlung käuflich, sowie gegen Einsendung des Betrages direkt zu beziehen vom

Weltpost-Verlag (Paul Genschel) Gera, Reuß.

Auszeichnung.

Dem V. Bande der Taschenbibliothek für deutsche Auswanderer „Übers Meer",

„Argentinien"

von Konsul Carl Beck-Bernard wurde auf der

argentinischen Ausstellung
in Bremen.

ein Ehrendiplom

zuerkannt.

Anerkennungen.

Der Verfasser des I. Bandes, Herr Richard Lesser erhielt u. A. folgende Zuschriften:

Vom Deutschen Reichs-Kommissar für das Auswandererwesen, Herrn Kapitän Weickmann in Hamburg: „Ew Wohlgeboren erlaube ich mir meinen verbindlichsten Dank für Zusendung des I Bandes von „Über's Meer", des Wegweisers von der alten zur neuen Heimat" auszusprechen und wünsche ich herzlich, daß das Werk den wohlmeinenden Absichten entsprechenden Nutzen schaffen möge"

Vom Kaiserl. Geh Ober-Regierungs-Rat im Reichsamt des Innern, Herrn Dr. Rösing, vorm. Kaiserl. General-Konsul in New-York: „Ich habe mit Vergnügen das handliche Buch durchblättert, in welchem ich ein treues Bild mir so wohlbekannter Verhältnisse erblicke. Es ist das erste praktische Handbuch darüber, welches ich kenne und empfehlen kann. Durch knappe, klare Darstellung, hübsche Ausstattung und den außerordentlich billigen Preis wird es sich von selbst jedem für die Sache sich Interessierenden, dem es zu Gesicht kommt, empfehlen. Ihrem verdienstvollen Unternehmen wünsche ich den besten Fortgang und Erfolg".

Stimmen der Presse.

Das "Berliner Fremdenblatt" vom 23. September 1883 schreibt:

"Bei Erscheinen der früheren Bände haben wir bereits Gelegenheit gehabt, uns über die Vortrefflichkeit dieses dem deutschen Auswanderer, in handlichster Form und zu billigstem Preise, gebotenen Materials auszusprechen. Hat er diese Bücher, resp. das, wohin sein Ziel strebt, gelesen, so betritt er, wohlunterrichtet und ausgestattet mit allem Wissenswerten über Land, Leute, Sprache, Verkehr, Werte, Münzen 2c., das Land seiner Sehnsucht. Mit diesem Buche in der Hand, kann er sein eigener Ratgeber sein, und deshalb ist die Gewissenhaftigkeit zu loben, mit der jene Werke gearbeitet sind, die eine Spekulation auf Ueberredungskünste ausschließt, dafür allerdings nur mit der nackten Wahrheit aufwarten kann. Wir empfehlen allen Auswanderungslustigen, sich dieser Bibliothek "Uber's Meer" zu bedienen, ehe sie das Vaterland verlassen".

Die "Deutsche Zeitung" in Wien vom 5. Oktober 1883:

"Es ist dies eine überaus nützliche Taschenbibliothek für deutsche Auswanderer", die sich zum Ziele setzt, den Auswanderern alle nur mögliche Belehrung bei dem großen und ernsten Schritt zu gewähren, den sie nur zu oft unvorbereitet unternehmen".

Die "Deutsche Rundschau für Geographie und Statistik" in Wien" 1883:

"Nichts zerstört die Glücksträume der Auswanderer unbarmherziger, als einerseits Planlosigkeit und leichtsinniges Eingehen auf die trügerischen Ideen gewissenloser Agenten: Schwindler und andererseits unsinniges, oft geradezu lächerliches Miß-

„Über's Meer".

rauen. Solchen Fehlern gegenüber ist man machtlos, jedoch, daß nicht auch brave aber unbeholfene und wenig erfahrene Auswanderer durch ihre geringe Energie und Verstörtheit bitteren Schaden leiden, dafür ist heute gesorgt. „Lesser's **Wegweiser**" ist ein vollkommen objektiver, ernster, guter Ratgeber in allen Auswanderer-Angelegenheiten. Das billige, reichhaltige, mit außerordentlicher Sachkenntnis gearbeitete Buch sollte jeden, der in einem andern Weltteile sich eine neue Heimstätte zu gründen gedenkt, begleiten; einen besseren Freund und Berater dürfte er kaum finden". Dr. **Jüttner**.

Die „**Dresdner Nachrichten**" vom 7. Mai 1883 geben einem Auswanderungslustigen folgenden Rat:

Kaufen Sie sich als Wegweiser von der alten zur neuen Heimat aus der Taschenbibliothek für deutsche Auswanderer „Übers Meer", Band I, welcher Ihnen alles Nötige sagen wird. Band II ist ein sehr handlicher englischer Dolmetscher. Band III beschreibt Wisconsin. Jedes dieser Handbücher kostet nur 1 Mark und bewahrt Sie vor vielen Tausend Thalern Schaden. Erschienen sind diese überaus nützlichen Bücher im Weltpostverlag zu Gera. Alle gratis von den Agenten verteilte Schriften verdienen das Mißtrauen von vornherein.

Die **Zeitschrift für deutsche Volkswirtschaft** in Berlin sagt über die seither erschienenen Bände:

„Was nun die Abfassung der Bände anlangt, so können wir uns dahin aussprechen, daß sie in bester Objektivität die betreffenden Ansiedlungsorte beurteilen und sich fern halten von jedem überschwenglichen Lob und Empfehlung. Sie können daher als Mittel zur Information bestens empfohlen werden".

Einleitung.

*E'este um paiz que não se pode adular:
uma natureza tão rica; dotada de
tantos elementos de attracção, não
requer do historiador senão verdade,*
                    Nicolao Dreyss 1837.

Das Motto, mit welchem wir diese Schilderung eines der gesegnetsten und von der Natur wahrhaft verschwenderisch bedachten Teile unserer Erde eingeleitet, und welches in unsere Sprache übertragen lautet: „Rio Grande ist ein Land, welchem man nicht schmeicheln kann; eine so reiche Natur, mit so vielen Elementen der Anziehung ausgestattet, verlangt von dem, welcher sie schildert, nichts als die Wahrheit" — dieses Motto, dem ersten, der Provinz Rio Grande gewidmeten Werke entnommen, bezeichnet unsern Standpunkt ziemlich treffend. In der That dürfte man nicht viele andere Gebiete der alten wie der neuen Welt ausfindig machen können, welche so sehr alle Bedingungen zu einer großartigen und unabhängigen Entwicklung in sich vereinen, wie Rio Grande. Für Deutschland bildet diese Provinz einen Gegenstand besonderen Interesses, seit man über den blühenden Zustand der deutschen Kolonien von Rio Grande näher unterrichtet ist. Es ist wirklich ein erfreuliches und ansprechendes Bild, welches ein Ritt durch eine der älteren deutschen Ansiedlungen darbietet. An Stelle der Urwalds-Wildnis gewahrt man üppige Felder, saubere Häuser aus saftig grünen Hainen von Orangenbäumen und Palmen lieblich hervorlugend und freundliche Ortschaften mit schmucken Kirchen. Klappernde Mühlen und Ölstampfen, Ziegelbrennereien, Farinha-Mühlen, Zuckerrohr-Pressen und Gerbereien weisen uns aller Orten auf den regsamen Fleiß der Bewohner hin. Auf dem Wege begegnen uns schwerbeladene Frachtwagen, kräftige Reitergestalten in Stulpenstiefeln und Poncho (Radmantel) und fröhliche, blondlockige Kinderscharen zwischen blühenden Rosenhecken der Schule zuwandernd. Hier ist nichts zu bemerken von der fieberhaften Jagd nach dem Dollar, nichts vom wagenden Spekulationsgeiste — aber ein Zug behäbigen Wohlstandes liegt über der ganzen Ansiedlung ausgebreitet, und noch leben viele der ersten deutschen Einwanderer, jener „Veteranen der Arbeit", welche in den Jahren 1824—30 nach der Provinz eingewandert, als rüstige und geehrte Greise inmitten ihrer oft weit über 100 hinausgehenden Nachkommenschaft.

Unwillkürlich lenkt sich der Blick jedes patriotischen Deutschen von diesem Bilde des Segens nach den armen Gebirgsthälern der Eifel, der Rhön und des Thüringer Waldes, und man möchte es für eine Pflicht der Nächstenliebe halten, den Bewohnern jener von der Natur so stiefmütterlich behandelten Gegenden einen neuen Wirkungskreis zu erschließen, in dem ein mildes, das ganze Jahr über der Arbeit im Freien kein Ziel setzendes Klima und fruchtbarer Boden dem Fleiße und der Sparsamkeit den verdienten Lohn nicht vorenthalten. Wohl mag es für den Auswanderer infolge der geregelteren Organisation bequemer sein, nach

Nordamerika zu gehen; er findet dort sicher an zahlreichen Plätzen eben so günstige Bedingungen zum Fortkommen, wie in Südbrasilien oder dem strebsamen Argentinien. Für Deutschlands wirtschaftliche Entwickelung aber ist der Auswanderer, welcher nach den Vereinigten Staaten geht, verloren, wogegen der nach Rio Grande sich wendende ein Pionier des deutschen Handels ist. Wohl weiß man in Deutschland die Bedeutung Südamerikas und speziell Brasiliens für den deutschen Handel gebührend zu schätzen, aber die enorme Wichtigkeit Rio Grandes würdigt man nicht im entferntesten, denn sonst hätte man aus der deutsch-brasilianischen Ausstellung in Porto Alegre Kapital geschlagen. In Wahrheit aber hat die Deutsche Regierung dieses Unternehmen nicht gefördert, es im Gegenteil durch ihre Vertreter bekämpft und schwer geschädigt, wogegen nach beiden australischen Weltausstellungen ein Reichskommissär gesandt wurde. Und doch ist, wie ich glaube aus indirekten Anhaltspunkten folgern zu müssen, der Markt von Rio Grande bedeutender für Deutschland, als jener von Australien, indem Deutschlands Export nach Rio Grande auf 12 — 15 Millionen Mark sich beziffert. Sicher ist die verständige Agitation, welche zur Hebung des deutschen Ausfuhrhandels gegenwärtig in Deutschland von zahlreichen Vereinen und Handelskammern, unterstützt vom Handelsminister und einer mäßigen Anzahl von Konsuln betrieben wird, in hohem Grade erfreulich und anerkennenswert, sicher muß es Deutschlands Bestreben sein, im Wettstreite mit der rührigen Konkurrenz seine Stellung im Welthandel aller Orten zu heben, — allein vor allem kommt es doch auch darauf an, die errungenen Vorteile zu behaupten und da wo der deutsche Handel den Vorrang erlangt hat, ihm seine Domäne zu erhalten und zu erweitern. Nichts aber könnte hierzu mehr beitragen, als ein starker nach dem gemäßigten Südamerika geleiteter Auswandererstrom. Wenn schon die 30,000 deutschen Auswanderer, welche im Laufe dieses Jahrhunderts Rio Grande sich zur neuen Heimat erwählten, dem deutschen Handel ein so wichtiges Absatzgebiet, wie es Rio Grande ist, eroberten, wie viel mehr müßte diese bedeutsame Wechselbeziehung hervortreten, wenn der deutsche Auswandererstrom endlich dem gemäßigten Südamerika zugeleitet würde. Möchte bald die Zeit kommen, wo man in Deutschland von theoretischer Erkenntnis dieser Sachlage und von akademischer Erörterung sich zur That erheben wird, und wo auch die Deutsche Regierung den Fragen der Auswanderung und Kolonisation in eben solchem Grade die volle verdiente Aufmerksamkeit zuwendet, wie es jetzt schon von seiten des Handelsministeriums in bezug auf alle den deutschen Export betreffenden Angelegenheiten geschieht. War es schon früher ein Mißgriff, wenn man in dem Auswanderungsverbote nach Brasilien (v. d. Heydtschen Zirkular-Erlaß vom 3. November 1859) Südbrasilien, wo nie Parceria-Verträge bestanden, ebenso behandelte, wie die zentralen und nördlichen Gebiete des Kaiserreiches, so ist vollends die Aufrechterhaltung jenes Verbotes bis auf den heutigen Tag völlig unverständlich. In den letzten Jahren sind in Brasilien alle Mißstände beseitigt worden, welche die Feinde desselben früher gegen das Kaiserreich geltend zu machen pflegten. Seit 1881 haben die Protestanten und Naturalisierten volle politische Gleichberechtigung mit den Katholiken, 1882 wurden die Statuten der evangelischen Gemeinde in S. Leopoldo staatsrechtlich anerkannt, die Naturalisation kostenfrei gemacht und die Konsularkonvention mit dem Deutschen Reich abgeschlossen; das Jahr 1883 behielt sich die soeben vom Ministerium dem Parlamente vorgelegte Einführung der Zivilehe vor, des letzten wesentlichen Postulates der katholischen Einwanderer. Nach Erledigung dieses Punktes genießt man in Brasilien jedenfalls größere politische und religiöse Freiheit als etwa in Deutschland. Die Aufrechterhaltung des v. d. Heydtschen Erlasses ist daher in jeder Hinsicht, wenigstens bezüglich der drei südbrasilianischen Provinzen, unverantwortlich, — sie ist ungerecht und vor allem politisch unklug, weil die Förderung der deutschen Auswanderung nach dem gemäßigten Südamerika im Interesse von Deutschlands Handel und Industrie liegt. **Hebung und Erweiterung des deutschen Welthandels durch Nutzbarmachung des Auswandererstromes — das muß die Parole werden für die deutsche überseeische Wirtschaftspolitik**, und eben deshalb muß und wird Rio Grande in steigendem Maße das öffentliche Interesse in Deutschland auf sich lenken. Nicht nur dem auswanderungslustigen Tagelöhner und besitzlosen Bauern würde die Belebung der deutschen Auswanderung nach Rio Grande zustatten kommen, auch dem unternehmungslustigen Kapitale würden sich günstige Chancen bieten und last not least auch dem Überfluß an Intelligenz und Bildung, der in Deutschland immer fühlbarer sich geltend zu machen droht, würde ein beliebig erweiterungsfähiges Gebiet erschlossen.

Wenn diese Schrift somit der Neubelebung der deutschen Auswanderung nach Rio Grande das Wort redet und für sie Propoganda machen will, so bezieht sich das doch lediglich auf eine kommende Aera. Rio Grande befindet sich gegenwärtig in einem Übergangsstadium seiner Kolonisation und ist zur Aufnahme irgendwie größerer Massen von deutschen Einwanderern zur Zeit gar nicht vorbereitet. Zumal gilt das für unbemittelte Kolonisten, in noch höherem Grade aber für gebildete junge Leute, denen man entschieden widerraten muß, hierher auszuwandern, selbst wenn sie über etwas Kapital verfügen. Überhaupt sollten Leute, welche nicht an harte Arbeit gewöhnt sind, welche in ihrem Charakter nicht die Bürgschaften dafür finden, daß sie die Zeiten der Entbehrungen und Sorgen mit Ausdauer, Fleiß und Sparsamkeit zu überwinden vermögen, zu Hause bleiben.

Für die Herbeiführung von Zuständen, welche für passende Unterbringung der anlangenden deutschen Kolonisten Garantien bieten, kommen wohl nur Kolonisationsgesellschaften in betracht, und zwar solche, welche über bedeutendes Kapital verfügend, auch durch Flußkorrectionen, Bahnbauten, Dampfbetrieb u. s. w. die Bedingungen für passenden Absatz der Produkte schaffen können. Derartige Gesellschaften mit großem Kapital würden jedenfalls auch seitens der Brasilianischen Regierung auf Entgegenkommen und irgend welche Unterstützung rechnen können. Die Brasilianische Regierung wird ohne Zweifel gut daran thun, fernerhin nicht mehr selbst zu kolonisieren, wie das ja auch thatsächlich jetzt in ihrer Absicht liegt, da sie, nicht durch brauchbare Beamte unterstützt, ihre Unfähigkeit auf diesem Gebiete Tüchtiges ohne enorme, wahrhaft fabelhafte Summen zu leisten, hinlänglich bewiesen hat. Sie sollte durch Revision des Landgesetzes und

Ausscheidung der Staatsländereien das Terrain für die Bildung großer Kolonisations-Gesellschaften ebenen und von der bisherigen traurigen Systemlosigkeit zur Feststellung eines verständigen und bindenden Systemes übergehen. Die wenigen tausend Einwanderer, welche Brasilien gegenwärtig empfängt, sind nur zum geringsten Teil Ackerbauer. Argentinien, an Bevölkerungszahl so weit hinter Brasilien zurückstehend, hat ungefähr doppelt so viel Einwanderer wie Brasilien.

Der Zweck dieses Werkchens wäre erfüllt, wenn es dazu beitragen würde in weiteren Kreisen die Überzeugung zu befestigen, wie günstige Vorbedingungen gerade Rio Grande für die deutschen Auswanderer bietet und wie sehr eine Neubelebung der deutschen Auswanderung nach Rio Grande im Interesse Brasiliens sowohl wie Deutschlands liegen würde. Dem Verfasser sei hier die persönliche Bemerkung gestattet, daß er, was in seinen Kräften steht, jederzeit gern zur Förderung dieser deutsch-brasilianischen Wechselbeziehungen beitragen wird, daß es ihm aber nicht in den Sinn kommt, gewissermaßen den Auswanderungs-Agenten zu spielen. Ich bemerke dies hier deshalb ausdrücklich, weil ich auf Grund der gemachten Erfahrungen das Prinzip habe, Anfragen von mir persönlich unbekannten Leuten, bezüglich ihrer eventuellen Absicht zur Einwanderung nach Rio Grande nicht zu beantworten. Auch wird dieses Büchlein über alles Wesentliche Aufschluß geben. Der Zweck desselben ist ein lediglich praktischer. Bei dem beschränkten, hier zu Gebote stehenden Raume, mußte von einer speziellen geographischen Beschreibung der Provinz, von Schilderung der einzelnen Kolonien, von der Lebensweise der Brasilianer und vielem anderen für den deutschen Kolonisten nicht weiter Wichtigem abgesehen werden. Dagegegen wurde danach gestrebt, in allen allgemeinen und wirtschaftlichen Fragen eine möglichst zuverlässige Darstellung zu geben. Wo man hinsichtlich spezieller Daten, Zahlen u. s. w. Widersprüche mit anderen Werken findet, wird man sich meiner Leitung anvertrauen dürfen. Es war mein Streben in diesem Buche, welches der Vorläufer eines einstigen eingehenderen sein soll, in knapper Form unter Beschränkung der subjektiven Auffassung ein möglichst zuverlässiges und rücksichtslos wahrheitsgetreues Bild der hiesigen Verhältnisse zu entrollen, so weit sie den deutschen Auswanderer und Kolonisten interessieren, und ich wage zu hoffen, daß die viele Arbeit, die schließlich darin steckt, keine vergebene war und das Buch sich auch hier in der Provinz als brauchbares Hilfsmittel Freunde erwerben werde. Wer sich weiter orientiren und die Eindrücke, welche Land und Leute auf den Touristen machen, in fesselnder Erzählung sich zugänglich machen will, dem sei empfohlen: „Hugo Zöller, Die Deutschen im brasilischen Urwalde", Stuttgart 1883. Eine geographische Beschreibung der Provinz und ihrer Ortschaften, sowie auch von der Provinz St. Catharina findet man in dem Buche von Henry Lange „Südbrasilien", Berlin 1882, und eine Beschreibung der einzelnen Kolonien enthält die Brochüre von A. W. Sellin „das Kaiserreich Brasilien", Berlin 1882.

Es erübrigt mir zum Schlusse allen denjenigen geehrten Herren, welche freundlichst durch Informationen und Litteratur mich unterstützten, meinen verbindlichsten Dank auszusprechen und zwar ganz besonders dem Herrn Lehrer Theodor Bischoff, dessen Mitwirkung am Kapitel „Ackerbau" mir seiner langjährigen Er-

Einleitung.

fahrungen wegen besonders erwünscht war, sowie den Herren **Dreher, Biegelmann, Teltscher, von Koseritz, Petersen, von Holleben,** Dr. **Parkins** und Dr. **Duarte** in Porto Alegre, Herrn **Pietzker** in Rio Grande, Herrn **Trein** in St. Cruz und Herrn Baron **von Kahlden** in São Angelo.

Dr. **Hermann von Jhering.**
(Taquara do Mundo novo, Prov. Rio Grande
do Sul, 8 Juli 1883.

I.
Topographie.

Das Kaiserreich Brasilien, der größte und mächtigste Staat Südamerikas, umfaßt mit seiner Oberfläche ein Fünftel der Neuen Welt und fast die Hälfte von Südamerika. Auf seinem Areale könnte das Deutsche Reich fünfzehnmal untergebracht werden. Demgemäß besteht auch zwischen den nördlichen und südlichen Teilen des Reiches in bezug auf Klima, Vegetation, Produktion u. s. w. ein Gegensatz, welcher die staatliche Zusammenfassung so verschiedenartiger Gebiete als eine gezwungene erscheinen lassen könnte, wenn nicht doch die Gemeinschaft der Geschichte und der politischen Entwicklung, wie auch die gemeinsame Benutzung der portugiesischen Sprache durch engere Bande und Sympathie die Brasilianer des Südens mit jenen des Nordens verbände, als mit der spanischen Bevölkerung der benachbarten Republiken des La Plata-Gebietes.

Die drei südlichsten Provinzen des Kaiserreiches, die Provinzen Paraná, Santa Catharina und Rio Grande do Sul, welche man gewöhnlich meint, wenn man von „Südbrasilien" schlechthin redet, bieten in ihren geologischen, klimatischen u. s. w. Bedingungen vielfach sehr ähnliche oder übereinstimmende Verhält=

Topographie.

nisse dar. Die allgemeinen physischen und wirtschaftlichen Verhältnisse der Provinz Rio Grande, wie sie in den folgenden Kapiteln dargestellt werden sollen, können daher im wesentlichen auch als für die beiden andern südbrasilianischen Provinzen zutreffend betrachtet werden.

Die Provinz S. Pedro do Rio Grande do Sul, oder Rio Grande do Sul, wie sie schlechthin und im Gegensatze zu der nordbrasilianischen Provinz Rio Grande do Norte genannt wird, hat einen Flächeninhalt von 7630 Quadrat-Leguas (20 = 1°) oder 236,553 Quadrat-Kilometer. Der Flächeninhalt des Kaiserreiches wurde zu 8,337,218 Quadrat-Kilometer berechnet, sodaß die Provinz Rio Grande do Sul ca. $1/35$ des Areals des Kaiserreiches einnimmt; sie ist der Größe nach unter den 21 Provinzen die zehnte und größer als der ganze nichtpreußische Teil von Deutschland. Die uns beschäftigende Provinz liegt zwischen dem 27°10′ und 33°45′ südlicher Breite, und zwischen 6°34′ und 14°20′ westlicher Länge von Rio de Janeiro (oder 49°44′ und 57°30′ westlicher Länge von Greenwich, da das Observatorium von Rio 43°10′ westlich von Greenwich gelegen ist).

Die Provinz Rio Grande grenzt im Norden an die Provinzen Santa Catharina und Paraná, im Westen an die zur Argentinischen Republik gehörende Provinz Corrientes, im Süden an die Republik Uruguay, den s. g. Estado oriental, und im Osten an den Atlantischen Ozean. Die Grenzpunkte an der 115 Leguas langen Küstenlinie bezeichnen die Mündungen der Flüsse Mambituba im Norden, unter 29°17′ S. Br. und Chuy im Süden. Die Grenzlinie zieht vom Rio Mambituba zum Rio Pelotas, dem Grenzflusse gegen die Provinz St. Catharina, welcher nach Aufnahme des Pepery=guassú zum Uruguay=Strome wird, der dann weiterhin bis zur Mündung des Quarahim die Grenze bildet, welche von da ab dem Quarahim entlang und dann quer herüber zu dem in die Lagôa Mirim mündenden Jaguaraoflusse zieht, um endlich in dem Rio Chuy zu enden. Die Diagonale des damit umschriebenen Rhombus mißt von Nord nach Süd ungefähr 120, in westöstlicher Richtung 128 Leguas.

Die Oberfläche der Provinz Rio Grande zerfällt in zwei große natürliche Abschnitte, ein Hochland und ein Tiefland. Da, wo sich diese großen Terrains begrenzen, liegt ein mehr oder minder breites Randgebirge, die Serra do mar, deren unterer mehr oder minder steiler Abfall gegen die Niederung „als Costa da Serra" bezeichnet wird. Das zentrale Hochplateau der Provinz hängt unmittelbar mit jenem der benachbarten südbrasilianischen Provinzen zusammen und ist die Endpartie des ausgedehnten zentral=brasilianischen Plateau's, welches sich über einen Raum von 25,000 Quadratmeilen erstreckt. Dieses Hochland, welches gen Osten bis nahe an die Küste herantritt und im allgemeinen von Norden nach Süden an Höhe abnimmt, erhebt sich stellenweise bis zu 3000 und 4000 Fuß Höhe; als sanftgeneigte schiefe Ebene senkt es sich allmählig nach Westen und Südwesten gegen den Uruguay hin, während es im Osten gegen die Küste und im Süden gegen die Campos des Tieflandes steil abfällt oder Terassen von wechselnder Breite bildet. Die Bezeichnung Serra (Säge, Gebirgskette) sollte eigentlich wohl auf den zerklüfteten, felsigen Gebirgsstreifen beschränkt bleiben, welcher die scharf markirte Grenze zwischen Hochland und Tiefland bildet, wird

jedoch in Rio Grande gemeinhin für das ganze Hoch=
land gebraucht.

Das in ganzer Mächtigkeit aus Granit und
Gneis bestehende brasilianische Küstengebirge, welches in
nordöstlicher Richtung bis zur Mündung des Rio S.
Francisco hin die Küste in steilen zerrissenen Fels=
rücken begleitet, ändert in der Provinz Rio Grande
zwischen dem 29° und 30° S. Br. diese Richtung,
um von da ab direkt gegen Westen quer durch die
Provinz zu streichen. Die letzte bemerkenswerte Er=
hebung der Serra ist die Serra de S. Martinho,
von dem übrigen Teile durch das Jacuhy=Thal ge=
schieden. Im Osten der Provinz hat dieser Gebirgs=
gürtel eine Breite von 8 Legoas; von da ab nach
Westen wird er schmäler und niedriger. Die starren
Felsformen gehen allmählig in weiche Gebilde über,
aus den westlichen Ausläufern der Serra werden jen=
seits des Jacuhy und der Serra de S. Martinho s.
g. Cochilhen (Cochilhas), langgestreckte und sanft ge=
wölbte Höhenzüge, welche sich in das Tiefland hinaus=
erstrecken und in abnehmenden Profilen gegen die Ufer
des Uruguay hin auslaufen. Am schönsten ist die herr=
liche Gebirgslandschaft, welche den Osten dieses Stu=
fenlandes einnimmt, von zum Teil wildromantischem
Charakter, mit schroffen Schluchten, düsteren Waldab=
hängen, reißenden Bergwässern und zahllosen pracht=
vollen Cascaden, von denen der berühmte und von
allen Touristen besuchte s. g. Altenhofer Wasserfall des
Rio Cadea im Theewalde (Linha Herval) am bemer=
kenswertesten ist. Unter Tosen und Brausen stürzt
die Wassermasse, einen einzigen weißen Schaumbogen
bildend über eine 180 Fuß hohe Felswand, an deren
Fuße sie sich in einem dunkelschwarzen tiefen Wasser=

becken wieder sammelt, ein durch die umgebende üppige Vegetation reizvolles und bei hohem Wasserstande großartiges Schauspiel bildend. Prachtvolle Rundsichten fesseln nicht selten den Blick des Reisenden, welcher dann wieder mit Befriedigung über fruchtbare Thäler und sanfte Gehänge hingleitet, an denen saubere Häuschen mit ausgedehnten Pflanzungen und Weiden die Erfolge deutschen Fleißes offenbaren.

Die höchste Erhebung des Hochlandes von Rio Grande stellt die Cochilha grande, nördlich von Cruz Alta, dar. Von ihr zweigt sich in der Richtung nach Süden die Cochilha von Cruz Alta mit all ihren Nebenästen ab; dieselbe tritt bis an den Rand des Hochlandes von Santa Maria und setzt an Höhe abnehmend die Teilung der Provinz auch im Tieflande als Cochilha do pao fincado und weiterhin wieder als Cochilha grande fort, welche dann auch den Estado oriental in gleicher Weise teilt. Von der Cochilha grande zweigen sich im Süden der Provinz die Serra dos Tapes und die Serra do Herval ab, welche, wie die Serra do mar (oder Serra geral) aus Granit und Gneiß bestehend, vielfach mit Sellow als eine südliche Abzweigung jener betrachtet werden, und welche, reich an Wäldern und fruchtbaren Thälern für die Kolonisation noch von großer Bedeutung werden können.

Der ganze Höhenzug der Cochilha grande ist bemerkenswert als Wasserscheide zwischen den Zuflüssen des Uruguay und des Jacuhy resp. des Rio Grande. Während auf dem Hochplateau steile Höhen und tief eingeschnittene Thäler nicht fehlen, bildet der westliche Abfall des Plateaus gegen den Uruguay nach der Darstellung von Woldemar Schultz ein „arkadisches Hügelland" mit langen, fast geradlinigen und fächerförmig ausstrahlenden Höhenzügen.

Was das Tiefland betrifft, so gehört nur der östliche Küstenstreif der reinen Ebene an, die höchstens von einigen Dünenhügeln unterbrochen wird, der übrige, bei weitem größere Teil ist von jenen langen Höhenzügen bedeckt, welche der Brasilianer Cochilhas nennt. Man hat diese langen, nicht scharf markierten Rücken, welche immer den Horizont des Wanderers begrenzen mit den Wellen des Ozeanes verglichen, die sich hier wie aus dem Grasmeere erheben. Diese Formen geben der Landschaft etwas Weiches, aber sie erzeugen auch in ihrer steten Wiederkehr eine traurige Monotonie. Oft winden sich diese Erdwellen, berühren sich oder umschließen ein Stück ebenes Wiesenland, und bilden so einen Kessel, eine s. g. Varzea, in der Regenzeit der Sammelpunkt der Wasser, im Sommer bevorzugter Weideplatz der Rinderheerden und Aufenthaltsort hochbeiniger Wasservögel.

Die Küste der Provinz ist flach, sandig und trostlos monoton. Sie ist alluvialen Ursprunges und noch beständig in den Zunahme resp. Hebung begriffen.

Eine große Zahl von Seen, welche der Küste entlang sich hinziehen, weisen auch auf diesen Ursprung hin. Die ganze Campanha ist gleichfalls, wie fast das ganze La Plata-Thal und die Pampas, diluvialen Alters.

Die Hauptgrundlage des Küstengebirges ist Granit stellenweise durch Gneiß, Glimmerschiefer und Quarzmassen ersetzt. Derselbe ist vielfach von Trapp-Gängen oder Schichten durchbrochen, welche oft „Basalt" genannt, in ihren Varietäten und ihrer Verbreitung noch nicht hinreichend erforscht sind, doch fehlt auch ächter Basalt mit säulenförmiger Struktur nicht, wie

z. B. in der Nähe des Jaguarão. Vorherrschend ist ein dichtes dunkelleberbraunes Gestein mit rotbrauner oder ockergelber Verwitterungsrinde. Die Trappa, welche auch die Quelle für die Chalcedone und Achate bildet, hat durch ihre Verwitterung das Material für den so weit verbreiteten roten Lehm gebildet, welcher auf dem Hochlande so wenig vermißt wird, wie im Tieflande, wo er noch von Sandablagerungen oder Humus bedeckt ist. Möglich, daß auch für die ausgedehnten Ablagerungen der Pampasformation das Material von hier entstammt. Enorm ausgedehnte Trappschichten und Porphyr=Massen bilden daher vermutlich die hauptsächlichste Grundlage für den geologischen Aufbau des Hochplateaus. Die Trappzüge verleihen der Gegend ein eigentümliches, oft zopfiges Aussehen, insofern die Trappgänge in Zwillingsgruppen von glocken= und pyramidenförmiger Gestalt, sehr oft aber als kofferförmige oder sargdeckelartige Rücken erscheinen mit sehr steilen Gehängen, die sich terrassenförmig aufbauen. Besonders massenhaft treten diese Trappgänge auf den höchsten Punkten des Gebirgsrandes am Cahy und Taquary auf, von da ab gen Westen immer seltener werdend.

Sehr verbreitet sind auch Sandsteinlager, welche ein sehr weites Verbreitungsgebiet einnehmen, häufig von Trappgängen durchbrochen sind und vermutlich der jüngeren Tetiärzeit entstammen. Fossilien kennt man aus ihnen noch nicht. Von solchen ist überhaupt bisher noch nichts auffindbar gewesen als Knochen und Zähne diluvialer Säugetiere, zumal aus dem Süden der Provinz, und die Stämme von Nöggerathia, des Lepidodendron, des Flemingites pedroanus, der

Calamites u. s. w. aus der Steinkohlenformation im Süden der Provinz.

Der bunte Sandstein überlagert am Küstenabfall der Serra, wie z. B. am Taquary, den Granit, welcher an anderen Stellen von Thonschiefer (bei S. Leopoldo) oder von Porphyr (am Botucarahy) überlagert wird. Dieser Sandstein hat namentlich an der westlichen Abdachung und dem Südrande des Hochlandes, wo er außerordentlich verbreitet ist, als gutes und, wie die Ruinen der großartigen Bauten der Jesuiten in den ehemaligen Reduktionen von S. Nicolao, S. Luiz und S. Miguel zeigen, auch sehr dauerhaftes Baumaterial technische Bedeutung. Der grobkörnigere Sandstein der östlicheren Serragegenden wird zwar auch viel verwendet, ist aber minder haltbar, so daß für diese Gegenden der Granit und Syenit von Porto Alegre und dem rechten Jacuhy-Ufer den Vorzug verdient.

Das ganze Hochland wie auch verschiedene Gegenden im Süden der Provinz sind reich an Achaten, bandstreifigen Chalcedonen, Onyx, Jaspis und Opalen, sowie großen Quarzdrusen voll der schönsten wasserhellen Bergkrystalle oder blauer Amethysten. Die ersteren, in besonderer Schönheit vom Campo do meio, bilden einen nicht ganz unbedeutenden Handelsartikel der Provinz, indem jährlich 4—600 Fäßer mit Achaten und Chalcedonen nach Idar im Nahethal ausgeführt werden, das Faß zu 9—10 Arrobas à 15 Kilo. Ebenso viel oder etwas mehr wird vom Estado oriental (Catellan nahe dem Quarahy) exportiert, während die übrigen brasilianischen Provinzen keine Achate exportieren, obwohl diese auf dem Hochlande von Paraná wohl sicher so wenig fehlen werden, wie in Rio Grande. Eine Achat-Schleiferei wurde voriges Jahr in der

Kolonie Santa Cruz angelegt. Frühere ähnliche Versuche mißglückten. Auch die Ausbeutung der schönen dichten Kalksteine und verschiedenfarbigen Marmorarten von Encruzilhada und Caçapava erwies sich nicht als rentabel. Richtig ausgenutzt werden dagegen die trefflichen Kalksteine, welche sich von Arroio Casqueiro im Süden der Provinz und vor allem am Arroio Capivary, einem Nebenflusse des Jacuhy, befinden, und welche in Taquary gebrannt und von da als Kalk nach Porto Alegre ausgeführt werden. Erwähnt sei noch das Vorkommen von dichter, feiner Porzellanerde, hier Tabatinga genannt.

Groß ist der Reichtum der Provinz, zumal im Süden, an edlen und nützlichen Mineralien. Gediegenes Silber wurde auf der Serra gefunden. Gold ist nicht selten, aber stets nur vereinzelt und nicht in größerem Maßstabe aus dem Sand von Bächen ausgewaschen worden. Die Goldminen am Caçapava haben teils in Folge teurer Anlagen und Arbeitslöhne, teils durch die oft wechselnde schlechte Direktion nicht prosperieren können. Außer Gold, welches auch noch an vielen anderen Stellen nachgewiesen wurde und silberhaltigem Bleiglanz (in Lavras, Caçapava ꝛc.) und auch Zinnerzen, über deren Qualität aber noch nichts näheres bekannt wurde, ist Kupfer als wertvoller bis 60 % des Metalles enthaltender Azurit und Malachit bei Caçapava und Lavras, sowie am Quarahy in großer Menge vorhanden. Sehr reich ist die Provinz an Eisen, welches vielfach als wertloses Raseneisenerz, aber auch in großen Massen, wie z. B. bei S. Jeronimo und Camaquam, als Roteisenerz und Magneteisen auftritt. In der Serra zwischen Taquary und Cahy kommt eine Ableitung der Magnetnadel von 2 bis zu

21° häufig vor, die Ursache mancher verkehrten Vermessungen der Ländereien. Verwertet werden diese Schätze bis jetzt nicht. Das einzige Eisenhüttenwerk Brasiliens, dasjenige von Ipanema in der Provinz S. Paulo, arbeitet seit 1810 trotz des herrlichsten bis 72 und mehr Prozent eisenenthaltenden Rohmaterials jahraus jahrein mit großem Defizit, ist freilich auch Staatsinstitut.

Am meisten Bedeutung von den Mineralien, nicht nur für künftige Zeiten, sondern auch schon gegenwärtig, haben die großen Steinkohlen-Lager der Provinz, welche am Arraio dos Ratos bei S. Jeronimo am Jacuhy und am Candiota unweit Jaguarão angetroffen und an ersterer Stelle auch bereits ausgebeutet wurden. Eine englische Gesellschaft, welche 1871 die Ausbeutung der Kohlen von S. Jeronimo unternahm, fallierte, und die Werke, sowie die 19 Kilometer lange Eisenbahn, welche dieselben mit dem Ufer des Jacuhy in Verbindung setzt, gingen an das größte Importhaus der Provinz, die Firma Holzweißig & Cie, über, welche gegenwärtig das Unternehmen zu erweitern trachtet. Die Kohlen entsprechen der zweiten Qualität der Newcastle-Kohle, rußen nicht und sind nicht als Schmiedekohle, wohl aber zur Heizung von Dampfern, Lokomotiven ꝛc. gut brauchbar. Sie werden von den Eisenbahnen und vielen Dampfern der Provinz seit Jahren mit gutem Erfolg benutzt, haben sich auch bei der brasilianischen Kriegsmarine, welche sie 2 ½ Jahr benutzte bewährt. Gefördert werden gegenwärtig ca. 6000 Tonn,n (à 1000 Kilogramm). Die Prima-Qualität kostet in Porto Alegre 16—18 Milreis, in Rio Grande 20—21 Milreis, während an letzterem Platze die Ccardiff-Kohle geringerer Qualität auf 30—40 Milreis pro Tonne zu stehen kommt. Die Steinkohlen-Lager von Südbrasilien dürften sich im Laufe der Zeit weit bedeutender herausstellen, als man jetzt ahnt, da auch in St. Catharina am Tubaro und neuerdings auch in S. Paulo (bei Ipanema und Taubaté) Steinkohlen aufgefunden wurden. Dieser Reichtum an Kohlen und Erzen fügt den durch die Bodenbeschaffenheit und das Klima bedingten Garantien für die glänzende Zukunft der Provinz Rio Grande weitere und nicht gering anzuschlagende hinzu.

Wichtiger als die Verteilung und Anordnung der Höhenzüge und Gebirge ist in der Provinz Rio Grande die Entfaltung und Art der Kultur die Verteilung von Wiesen- und Waldland. Die ersteren heißen in Brasilien Campos, und dienen in Rio Grande nur zur Viehzucht, obwohl sie im Süden und Westen der Provinz dem Weizenbau günstige Chancen bieten, wie denn auch im Anfang dieses Jahrhunderts daselbst viel Weizen produziert wurde. Die Campos des Hochlandes dagegen, welche gewissermaßen als große Lücken in dem, das Hochplateau überziehenden Pinienwalde erscheinen, eignen sich des kühleren Klimas halber mehr für Roggenbau, der jedoch nur im kleinsten Maßstabe betrieben wird, weil alles Interesse sich dort der Viehzucht zuwendet. Der Wald auf der Serra erscheint bald als geschlossener, den Campos umschließender Bestand, bald mehr zerrissen oder als isolierte Waldinsel, s. g. Capão (spr. Capong). Setzt er sich aber aus niedrigem Gehölz und Buschwerk zusammen, so heißt er Catinga. Einen eigenartigen Charakter verleiht auf dem Hochlande die Pinie der Landschaft. Diese unseren Tannen nahestehende Araucaria ist ein schöner Baum von edlem, kräftigen Wuchse, die wenigen kandelaberartig angeordneten Äste mit den Nadelbüschen am

Ende umgeben die Stammkrone, deren reife 3—4 Zoll im Durchmesser haltenden Früchte unzählige Scharen von Papageien anziehen durch ihre mandelartigen großen Kerne, welche geröstet oder gekocht auch von den Bewohnern gern genossen und in großer Menge nach den Städten des Tieflandes transportiert werden.

Die Campos sind im allgemeinen baum- und strauch= lose Grasflächen, aber die Campos do bugre morto sind mit einer Zwergpalme (Butiá rasteira) bedeckt. Während die Campos des Hochlandes vielfach mit Piniemwaldungen untermischt und mit Capões durchsetzt sind, dehnen sich im Süden der Provinz, in der s. g. Campanha, end= lose Grasfluren aus, welche ganz den Charakter der Pampas des La Plata=Gebietes zeigen. So stellt sich die Provinz Rio Grande, in welcher unter dem 30.º S. Br. der brasilianische Urwald zugleich mit der Serra geral seine Südgrenze erreicht, als das Grenz= gebiet dar, zwischen der Urwaldregion des ostbrasilianischen Küstengebietes und der Pampas=Zone der La Plata= Staaten.

Die Verteilung von Wald= und Camp=Land, welche hier nur in den allgemeinsten Zügen angedeutet werden kann, ist etwa folgende. Mit dem Abfalle der Serra zwischen dem 29. und 30.º S. Br. erreicht auch der Urwald des Küstengebirges sein Ende, und abgesehen von schmalen die Flußufer vielfach begleitenden Wald= säumen sind weiter gen Süden nur noch die beiden Ge= birgszüge der Serra dos Tapes und der Serra do Herval nennenswerte Urwaldgebiete. Weiterhin ist der ganze Süden und Südwesten der Provinz von Camp eingenommen. Dieser nimmt auch die westliche Abdachung des Hochlandes gegen den Uruguay hin ein. Erst am Rio Ijuhy guassú beginnt der Urwald von neuem und dehnt sich hier zwischen diesem Flusse und dem Rio passo fundo, nur an wenigen Stellen von Campos unterbrochen, aus. **Dieses prachtvolle völlig jungfräuliche und der Kolonisation harrende Urwaldgebiet des oberen Uruguay nimmt einen Raum von über 10,000 □ Kilometer fruchtbarsten Bodens ein.** An das mit dem Rio passo fundo abschließende Waldgebiet des oberen Uruguay schließt sich weiter nach Osten nur noch der Mato castelhano und der von diesem durch die Campos do meio getrennte Mato portuguez an. Sonst wird auf dem Hochlande kein Urwald angetroffen, da die Capões und Waldstreifen, welche auf dem Hochlande mit den Campos wechseln, größtenteils aus Pinien bestehen. Nur der Küstenstreif der Serra trägt jenen relativ schmalen, aber außerordentlich üppigen und fruchtbaren Urwaldgürtel, in dessen Bereich die deutschen Kolonien der Provinz angelegt und zu so hoher Blüte gelangt sind.

Die Provinz Rio Grande ist vor den meisten übrigen des Kaiserreiches ausgezeichnet durch die günstige Verteilung und reiche Entfaltung ihrer Wasserstraßen. Diese Vorzüge würden dem Handel und Verkehr in ungleich höherem Maße zu statten kommen, wenn nicht bis auf die neueste Zeit in wahrhaft unbegreiflicher Weise alles unterblieben wäre, was zur Erhaltung und Verbesserung dieser natürlichen Verkehrsader erforderlich gewesen wäre.

Die fließenden Gewässer der Provinz gehören, sofern man von den beiden kleinen direkt in den Atlantischen Ozean sich ergießenden Küstenflüssen Mambituba und Chuy absieht, zwei großen Stromgebieten an: dem

Uruguay und dem Rio Grande, welcher letzterer die in der Lagôa dos patos sich sammelnden Wassermassen dem Meere zuführt, und zumeist nur als „Kanal" bezeichnet wird. Ihm dankt die Provinz ihren Namen.

Der Uruguay, aus der Vereinigung der Flüsse Pelotas und Canoas entstehend, umfaßt zusammen mit seiner Verlängerung, dem Rio (Fluß) Pelotas in weitem Bogen von Norden und Süden die Provinz. Von dem Ozean her ist nur der Unterlauf des Uruguay bis an den Salto (Fall) oberhalb Paysandú im Estado oriental schiffbar. Oberhalb dieses Kataraktes verkehren kleinere Dampfer und große Boote bis zum Paß von S. Xavier, in der Nähe der Mündung des Ijuhy guassú oder bis zum Passo von S. Isidoro. Auf dieser Strecke wird bei mittlerem oder einigermaßen niedrigem Wasserstande die Schifffahrt durch Stromschnellen und Untiefen erschwert, von denen die Caxoeira de Butuhy zwischen S. Borja und Itaqui die bedeutendste ist; bei hohem Wasserstande steht auch der Befahrung des Oberlaufes des Uruguay oder, wie er dort heißt, des Goyo-en bis Nonohay nichts im Wege. Bei weitem die meisten Zuflüsse erhält der Uruguay aus der Provinz Rio Grande; von denen des rechten Ufers ist für Brasilien wichtig der Pepiri guassú, der Grenzfluß zwischen der Provinz Paraná und Argentinien, die Achillesferse des Reiches, in sofern die Argentinier behaupten: der wahre Pepiri guassú sei der Chapecó, so daß das bis an diesen sich erstreckende Gebiet der Provinz Paraná ihnen zukomme. Unter den vielen Nebenflüssen des Uruguay auf riograndenser Gebiet ist der bedeutendste der Ibicuy, welcher eine ziemliche Strecke aufwärts schiffbar ist, bei günstigem Wasserstande sogar bis zum Passo do S. Lucas, nicht sehr weit von S. Gabriel.

Das große Becken, welches im Osten der Provinz die Gewässer sammelt, ist die 30 Legoas lange Lagôa (See) dos Patos, die ihren Namen wohl nicht den großen Enten (patos), sondern den gleichnamigen Indianern verdankt, welche früher an ihrem Ufer hausten. Weiter im Süden liegt ein anderer großer See, die 29 Legoas lange Lagôa mirim, deren südwestliches Ufer orientalisch ist, und welche im Norden in einen Abfluß, einen s. g. Sangradouro übergeht, der weiter hin zum Rio S. Gonçalo werdend, in die Lagôa dos patos sich ergießt, und an welchem Pelotas, die bedeutendste Industriestadt der Provinz, gelegen ist. Diese beiden Lagôas sind die größten Binnenseeen Brasiliens. Neuerdings durch Bagger=Arbeiten im Sangradouro und an der Mündung des S. Gonçalo das Fahrwasser verbessert worden, können nicht nur Seeschiffe, welche die Barre passierten, in Pelotas vor Anker gehen, sondern auch die Schiffsverbindung mit der Lagôa mirim und dem Rio Jaguarão ist frei.

Die Lagôa dos Patos, deren Wasser größtenteils brakisch ist, teilt sich im Norden in zwei kurze Schenkel, an deren einem der kleine Ort Palmares gelegen ist, indes der andere, 9 Legoas lange, der Guahyba (auch de Viamão genannt), die von der Serra herabkommenden Flüsse aufnimmt. Der letztere geht bei der mit einem Leuchtturm versehenen Ponta de Itapoan in die Lagôa dos patos über. Dieser majestätische, durch eine Reihe von Inseln in mehrere Arme zerlegte Strom, an welchem in reizender Lage Porto Alegre, die Hauptstadt der Provinz, sich befindet, entsteht aus der Vereinigung von vier Flüssen, welche, von Osten nach

Westen gezählt, sind: der Gravatahy, der kleinste derselben, für die Schiffahrt kaum in betracht kommend, der Rio dos Sinos, welcher bei normalem Wasserstande bis zur Kolonie Mundo novo mit kleinen Dampfern befahren wird, der bis S. Sebastião befahrbare Cahy und endlich, der mächtigste von allen, der Jacuhy. Der letztere entspringt auf dem Hochlande, nimmt, nachdem er die Serra durchbrochen, den bei günstigem Wasserstande bis S. Gabriel befahrbaren Vacacahy auf und wendet sich dann nach Westen, um, bevor er zum Guahyba wird, noch den gleichfalls mit Dampfern befahrbaren Taquary aufzunehmen. Wo die nach S. Maria führende Landstraße den Jacuhy kreuzt, überspannt diesen eine mächtige Brücke, die größte der in der Provinz vorhandenen, neben welcher jetzt eine Eisenbahnbrücke erbaut wird. Bei normalem Wasserstande wird der Jacuhy regelmäßig bis Cachoeira befahren. Bis S. Amaro steht der Schifffahrt niemals ein Hindernis im Wege, von da an aufwärts sind in trockenen Jahren die mancherlei Untiefen der Schifffahrt hinderlich.

Die Lagôa dos Patos verengt sich bei dem Sacco do Estreito und mehr noch hinter der Stadt Rio Grande, dem Haupt-Hafenplatz der Provinz, zu einem relativ engen, 15 Legoas langen Kanale, dem Rio Grande, welcher also eigentlich kein Fluß ist, und durch welchen die ganze in der Lagôa angesammelte Wassermasse dem Meere zugeführt wird. Von den Zuflüssen der Lagôa dos Patos ist nächst dem Guahyba der Rio Camaquam der bedeutendste, welcher aber für die Schifffahrt fast ohne Bedeutung ist. Der Rio Grande bildet durch seine zunehmende Versandung und die gefährliche an seiner Mündung abgelagerte Sandbarre ein ernstes Hindernis für die Seefahrt. Die in Folge von Verschiebung der Sandmassen wechselnde Tiefe des Fahrwassers gestattet tiefgehenden Seeschiffen die Einfahrt gar nicht und selbst die Küstendampfer von nur 10—12 Palmos Tiefgang (2—2½ Meter) müssen oft Tage lang vor der Barre liegen bleiben, welche schon viele Schiffbrüche verursacht hat. Nur die Festlegung der von der Strömung oft in großer Ausdehnung zerstörten sandigen Ufer kann die Quelle für die Versandung des Fahrwassers verstopfen und in Verbindung mit zweckmäßigen Baggerarbeiten den Zugang zu dem einzigen Hafen der Provinz auch für tiefergehende Fahrzeuge freigeben.

Man hat sich infolge dieser ungünstigen Verhältnisse nach einem anderen besseren Hafen für die Provinz umgesehen und einen solchen in der Bucht von Torres im Norden der Provinz zu finden geglaubt, welche durch drei 70—90 Palmen hohe Gneiß-Felsen charakterisiert ist, die sich schroff und scheinbar unmotiviert hier aus der einförmigen Sand- und Wassermasse der Küste erheben. Allein abgesehen davon, daß die Herstellung des Hafens sehr kostspielige Arbeiten verursachen würde, kann ein solcher Hafen niemals die freie Einfahrt in die Lagôa ersetzen, weil viele der hauptsächlichsten Ex- und Importartikel der Provinz wie Vieh-Salz, Häute, Hörner ꝛc. selbst bei mäßigstem Tarif die Fracht per Eisenbahn von Torres nach dem Süden der Provinz nicht vertragen könnten, so daß der Hafen von Torres nur für den Nordosten der Provinz und als Kriegshafen Bedeutung erlangen könnte. Allerdings ist dabei noch in betracht zu ziehen, daß sich von Torres aus bis zur Lagôa dos Patos eine fast ununterbrochene Kette von Seen entlang der Küste hinzieht, welche, größtenteils durch Sangrabouros unter einander in Verbindung stehend, keine sehr

umfangreichen Kanalbauten erheischen würden, um eine
für kleinere Fahrzeuge passierbare Wasserstraße von
Palmares der Lagôa dos patos bis nach Torres zu
eröffnen. Es steht zu vermuten, daß spätere Zeiten
diesem schon vor langer Zeit auf seine Ausführbar-
keit geprüften Projekte näher treten werden, das aber
ist keine Frage: was im Interesse der Provinz am
dringendsten erforderlich ist, ja geradezu eine Lebens-
frage für dieselbe bildet, ist die Zerstörung der Barre
und die Herstellung eines hinreichend tiefen, allezeit
benutzbaren Fahrwassers am Eingang in die Lagôa
dos patos. Der Handel der Provinz ist bereits schwer
geschädigt durch die hohen Frachten (s. Kap. „Verkehrsmittel"), die gesteigerten Versicherungsprämien und
das nicht selten wochenlange Warten der überseeischen
Schiffe vor der Barre. Unter diesen Umständen war
es für die Provinz sehr wichtig, daß endlich die erforderlichen Schritte durch die Initiative des Parlaments in Rio de Janeiro im Jahre 1882 eingeleitet
wurden. Sehr große passende Baggermaschinen wurden
sofort bestellt und die Voruntersuchungen eingeleitet
für die definitive Regulierung der Ufer des Rio Grande,
für welche die Kosten zu 14,000 Conto de Reis
(ca. 25 Millionen Mark) veranschlagt sind. So ist
denn jetzt sichere Aussicht vorhanden, daß die leidige
Barre-Angelegenheit in dem für die Provinz notwendigen Umfange erledigt wird, denn ausführbar ist
die Regulierung, wiewohl nur mit erheblichen peku-
niären Opfern. Ob freilich die Ausführung eine
zweckmäßige sein wird, bleibt dahin gestellt.

II.

Klima.

Daß in einem Gebiete von der enormen Ausdehnung des Kaiserreiches Brasilien die klimatischen Verhältnisse in den verschiedenen Provinzen sehr ungleichmäßige sein müssen, ist ohne weiteres einleuchtend. Nur der, den wirklich bestehenden Differenzen fern Stehende, kann indessen glauben, daß hinsichtlich der Temparatur die gegen den Äquator hin immer mehr zunehmende Hitze den Haupt=Unterschied bedinge. In Wahrheit steigt die Temparatur in Rio Grande höher und auch öfter zu bedeutenderer Höhe, als am Amazonenstrome, während andererseits wieder eine bis auf 34° C. und mehr sich erhebende extreme Sommerhitze, wie sie in Argentinien sehr oft beobachtet wird, in Rio Grande nicht vorkommt. Die Unterschiede beruhen daher nicht in der absoluten Höhe der erreichten Hitze, sondern in dem Gegensatze zwischen heißem Sommer und kühlem Winter, welcher je mehr gen Süden, um so schroffer sich ausbildet, während am Äquator das ganze Jahr hindurch eine nahezu gleichbleibende Wärme obwaltet. Auch in Deutschland steigt im Sommer die Hitze nicht selten ebenso hoch, wie in Rio Grande, allein die kühlen Nächte und die erfrischenden Morgenstunden lassen sie leichter überwinden, wogegen bei länger anhaltender Hitze in Südbrasilien die Nächte sich wenig abkühlen und die Hitze schon früh am Tage wieder unbequem steigt. Wenn man die mittlere Temparatur der verschiedenen Monate des Jahres vergleicht, so ist die Differenz zwischen wärmstem und kältestem Monat am Amazonenstrome nur 2 oder 3º C., in Rio de Janeiro 7º, in S. Catarina 10º, in Rio Grande 12º. Und wie am Äquator eine größere Gleichmäßigkeit, bezüglich der Wärmeverteilung besteht, so bleibt auch die Länge der Tage stets annähernd die gleiche. Während in Deutschland die Differenz zwischen dem längsten und dem kürzesten Tage über 9 Stunden beträgt, ist dieselbe in Pernambuco auf weniger als eine Stunde, in Rio de Janeiro auf $2^3/_4$, in Porto Alegre auf ca. $3^1/_2$ Stunden reduziert.

So stellt sich das Klima von Rio Grande als ein schon mehr gemäßigtes und auch dem deutschen Ackerbauer völlig zuträgliches dar, das mit einem milden Winter, welcher selbst demjenigen des südlichen Italiens vorzuziehen ist, einen nicht zu heißen Sommer verbindet. Während mehrerer Jahre sah ich das Thermometer nie über 34º C. steigen und diese Höhe auch nur ausnahmsweise bei Nordwind erreichen. Als ungewöhnlich muß die Hitze des Sommers 1883 gelten, wo im Januar und Februar einigemal 38º und 39º C. um 2 Uhr nachmittags im Schatten beobachtet wurden. Es ist das, so lange in der Provinz meteorologische Aufnahmen gemacht und mitgeteilt sind, die höchste beobachtete Temperatur. Es liegen für die Beurteilung der Temparatur in der Provinz Rio Grande bereits eine respektable Menge von Messungen vor, doch sind einzelne Teile der Provinz namentlich das zentrale Hochplateau in dieser Hinsicht erst unvollkommen erforscht. Für dieses letztere

bedingt seine bis zu 3000 Fnß steigende Erhebung
natürlich wesentlich andere Verhältnisse als hier im
Tieflande vorliegen. Das letztere besteht einerseits
in dem Küstenstriche vor der Serra und den Campos
im Süden der Provinz, sowie andererseits in dem
Urwaldgebiete, welches den Abfall der Serra gegen
das Tiefland hin einnimmt. Für diese letzteren beiden
wird man die mittlere Jahrestemperatur annähernd
zu 19° C. angeben können, wogegen dieselbe auf dem
Hochlande sich um 1—2° niedriger stellt. Man hat
im mittleren Brasilien die Beobachtung gemacht, daß
im Verhältnis zur Temparatur des Küstenstriches
einer Erhebung von je 202 M. eine Erniedrigung
der Temperatur um 1° C. entspricht. Zur Verglei=
chung der angegebenen mittleren Jahrestemperatur
mit jener benachbarter Gebiete seien folgende Daten
angeführt: Es ist die mittlere Jahrestemperatur in
Buenos Aires 17,1°, in Passo fundo auf dem Hoch=
lande von Rio Grande 17,4°, im Gebiete der deut=
schen Kolonien von Rio Grande 19°, in Joinville
20,6°, in Blumenau 21,5°, in Rio de Janeiro
23,1° C.

Hinsichtlich der Jahreszeiten ist für Rio Grande
zu bemerken, daß Dezember, Januar, Februar den
S o m m e r und Juni, Juli, August den W i n t e r
bilden. Der kälteste Monat ist der Juli, der heißeste
der Januar oder der Februar. Im September be=
ginnt das Gras auf den Campos zu wachsen und
schon im Oktober herrscht warmes Wetter. Der
Mai, welcher das Ende des Herbstes bezeichnet, der
sich indessen nicht selten auch über den Juni erstreckt,
ist einer der schönsten und zum Reisen empfehlens=
wertesten Monate. Die mittlere Monatstemperatur
ist in Mundo novo, für welche Kolonie durch Be=

schoren und mich das relativ ausgedehnteste über ca. 3 Jahre sich erstreckende Beobachtungsmaterial gewonnen wurde, die folgende:

Dezember 23,6° C.
Januar 24,3° C.
Februar 23,7° C.

Juni 15,7° C.
Juli 13,3° C.
August 13,8° C.

März 22,7° C.
April 18,2° C.
Mai 15,1° C.

September 16,4° C.
Oktober 18,7° C.
November 21,6° C.

(100 Wärmegrad Celsius (C.) = 80 Wärmegrad Reaumur (R.).

In den einzelnen Jahren kommen natürlich nicht unerhebliche Abweichungen vor. Ständig und in besonderem Grade auffallend ist jedoch der starke Abfall der Temperatur vom März zum April, welcher in der Regel zwischen 4—6° beträgt, und den Uebergang des Sommers zum Herbst oder „Nachsommer" besonders zähe macht.

Die Urwaldgebiete in den Vorbergen der Serra und die Campos des Tieflandes zeichnen sich, wie bemerkt, durch einen milden Winter aus, indem das Thermometer nur selten auf 3° oder 4° sinkt und auch das nur, wenn der kalte „Minuano" die Temperatur unter ihr gewöhnliches Maß herabdrückte. Dieser von Westen kommende eisige Wind, der meist bei klarem Himmel drei Tage anhält, trägt dem Süden Brasiliens die eisige Luft von den Gipfeln der Anden zu. Während er in der heißen Jahreszeit die Hitze mildert und die Luft reinigt und erfrischt, wird er im Winter oft recht unangenehm empfindlich, da man weder mit der Kleidung noch mit den leicht gebauten Häusern oder gar durch Zimmerheizung auf Kälte eingerichtet ist. Kalt ist auch der Südwestwind oder der Pampeiro, welcher meist der Vorläufer oder Begleiter heftiger Gewitter ist und nicht selten, zumal auf der See, arge Verheerungen anrichtet. Er hält glücklicherweise nie sehr lange an. Die angegebene Richtung beider Winde bezieht sich auf die Küstengegend, im Urwaldgebiet sind sie etwas nach Norden abgelenkt, so daß der Minuano W.=N.=W. ist. Im gewöhnlichen Leben unterscheidet man in Rio Grande nicht zwischen beiden, und nennt schlechthin alle von Süden und Westen kommende Winde „Minuano". Von den durch diese kalten Winde bedingten Zwischenfällen abgesehen, entspricht der Winter am ehesten dem Mai des deutschen Klima. In minder geschützten Lagen wird in vielen, wie wohl nicht in jedem Winter an manchen Tagen in der Frühe Reif bemerkt, und dann bedecken sich wohl auch die seichtesten Pfützen mit einer feinen Eiskruste. Aus diesem Grunde ist es im Gebiete der deutschen Kolonien im allgemeinen auch nicht möglich, Kaffee zu bauen. Daneben fehlt es freilich auch nicht an zahlreichen geschützten Lagen, in denen Zuckerrohr und Banane niemals durch Frost leiden, und an denen daher auch Kaffee gedeiht, ohne indessen systematisch kultiviert zu werden. Am leichtesten leidet die Banane durch die Kälte, doch schlägt sie, wenn ihre Blätter erfroren, stets im Frühjahr wieder frisch aus. Im Uebrigen entspricht die Bananen=Zucht, welche in St. Catharina noch eine so große Bedeutung hat, dem Klima Rio Grandes weniger. Eine Ausnahme in dieser Beziehung machen nur die gesegneten Gegenden am oberen Uruguay, in denen ein herrliches niemals durch Frost gestörtes Klima ebensowohl den Anbau von Kaffee, Baumwolle und Zucker wie von Mais, Bohnen,

Kartoffeln und Tabak gestattet. Diese Gegenden des ewigen Frühlings und Sommers harren nur der Kolonisten, um in ein wahres Paradies umgestaltet zu werden.

Eine gänzlich ungewohnte Erscheinung ist im Gebiete der deutschen Kolonien der Schnee, den die meisten Leute nur vom Hörensagen kennen. Es war daher ein vollkommen überraschendes Naturereignis, als in der Nacht vom 26. zum 27. Juli 1870 ein echt nordischer Schneefall die Kolonisten an den deutschen Winter gemahnte. Der Schnee fiel fast im ganzen Gebiete der deutschen Kolonien an den Vorbergen der Serra, sowie auf dem Hochlande der Provinz Rio Grande und auch der beiden Nachbarprovinzen, da gleichzeitig auch in Curityba in der Provinz Paraná ein Schneefall stattfand. Während die Bewohner von Porto Alegre das ungewohnte Schauspiel genossen, die sämtlichen umliegenden Höhen in einen weißen Mantel eingekleidet zu sehen, hatte im Städtchen S. Leopoldo, wo der Schnee bis 2 Zoll hoch fiel, die Jugend das Vergnügen, sich mit Schneeballen zu werfen, natürlich nur in den frühesten Morgenstunden. Auf der Serra freilich blieb der Schnee, welcher 4—6 Zoll hoch lag, und da die Pferde nicht darin gehen wollten, den Verkehr unterbrach, stellenweise bis 5 Tage liegen, zum großen Schaden der Viehzüchter. In derselben Nacht, in welcher im Kolonialgebiet der Schnee fiel, erfror auf der Straße in Porto Alegre ein alter blinder Neger, der im Dienste seines Herrn erblindet, von diesem als unnütz auf die Straße gejagt war — ein Schatten- oder richtiger ein Schandbild aus der dahin gehenden Kulturepoche Brasiliens, wie deren die Geschichte der Sklaverei leider gar manche aufzuweisen hat. Während stärkerer Schneefall auf dem Hochlande nicht sehr selten ist; wurde im Gebiete der deutschen Kolonien ein solcher, der stellenweise über 3 Tage liegen blieb, nur noch im Juli 1830 beobachtet.

Hinsichtlich der Regen=Verteilung läßt sich nur schwer ein allgemein gültiges Schema entwerfen, da dieselbe oft in den verschiedenen Jahren eine höchst ungleiche ist. Das gilt namentlich vom Sommer, in welchem manchmal anhaltende Regen und Gewitter vorkommen, indes in anderen Jahren der Sommer so trocken ist, daß in allen Flüssen der Dampfer=Verkehr erschwert und teilweise unmöglich gemacht wird. Die Haupt=Regenzeit ist der Winter, namentlich August und September, so daß zu Ende letzteren Monates mit ziemlicher Regelmäßigkeit die Flüße übertreten und die Enchente (Ueberschwemmung) do S. Miguel hervorrufen. Es regnet dann oft längere Zeit anhaltend, wogegen im Sommer die Regengüsse heftiger, aber kürzer zu sein pflegen. Die im Laufe des Jahres fallende Regenmenge beläuft sich auf ungefähr 1 m. Die Gewitter, welche das ganze Jahr hindurch, aber nicht sehr häufig vorkommen, zeichnen sich oftmals durch ihre lange Dauer aus, so daß es dann 1—2 Tage lang fast ununterbrochen blitzt und donnert und man nicht recht weiß, ob man es mit mehreren aufeinander folgenden oder einem einzigen sehr verlängerten Gewitter zu thun hat. Und dabei nimmt durch das Gewitter die Schwüle der Luft nicht oder kaum merklich ab. Ueber die Menge des fallenden Regens liegen keine ausgedehnten Beobachtungsreihen vor. In heißen Sommern richten bisweilen heftige Hagel=Wetter Schaden an, glücklicherweise immer nur innerhalb eines sehr beschränkten Gebietes. Dieselben sind im Norden der Provinz häufiger, als im Süden. Ziemlich sicher läßt sich Regen oder Gewitter erwarten, wenn der heiße Nordwind einige Zeit die Temparatur erhöht, um dann nach Westen umzuschlagen.

Auf der Serra, resp. dem Hochplateau bestehen natürlich einigermaßen andere klimatische Verhältnisse, indem die Sommer minder heiß sind, der Winter aber rauher ist und fast jedes Jahr etwas Schnee bringt, auch nicht selten eine kräftige Eisdecke über die stehenden Gewässer und selbst Flüsse spannt, wie am stärksten im Juli 1862, wo bei grimmiger Kälte in Vaccaria und Lages die Orangenbäume bis in die Herzwurzeln erfroren und die Flüsse Pelotas und Lavatudo von einem Ufer zum andern mit einer 2—3 zölligen Eisdecke überzogen waren. Im übrigen gehören solche Eisphänomene ebenso wie die starken Schneefälle von 1837, 1846, 1858, 1870 und 1879, doch auch auf der Serra zu den Ausnahmen. In Passo fundo beobachtete Morsch am 9. September 1879 $6°$ R. unter Null. Gleichzeitig fiel in Vaccaria einige Fuß hoher und an zwei Wochen und länger liegen bleibender Schnee, so daß die Zahl der vor Frost und Hunger umgekommenen Rinder und Pferde nach vielen Tausenden zählte und auch Menschen dadurch umkamen. Ein ähnlicher Schneefall in Lages Ende Juli 1858 kostete über 30,000 Stück Vieh das Leben.

Die abweichende Beschaffenheit des Klimas auf dem Hochlande äußert sich namentlich auch in dem Vegetationscharakter. Die Wälder bestehen größtenteils aus Tannen (Araucarien) und die Orange, welche zwar noch fortkommt, ist schwächer entwickelt und gibt saure Früchte, während Bananen gar keine ansetzen. Dagegen gibt Korn und anderes Getreide gute Ernten und von Obstbäumen gedeihen Aepfel, Birnen, Pfirsiche und Pflaumen vorzüglich. Erst jenseits des Mato castelhano und im Gebiete der oberen Missionen am oberen Uruguay tritt wieder die Orange in den Vordergrund. Frost und Schnee werden unbekannt und das wärmere Klima nähert sich schon eher dem von Paraguay, ohne jedoch dessen lästige Hitze und seine Sumpffieber zu besitzen.

In bezug auf die Gesundheitsbedingungen bietet überhaupt die Provinz Rio Grande ganz besonders erfreuliche Verhältnisse dar. Die Krankheiten der Tropen, Wechsel- und Sumpffieber, sind selbst da unbekannt, wo man alle Bedingungen dafür gegeben wähnen könnte. Selbst die Inseln und Niederungen des Guahyba und seiner großen Zuflüsse entbehren völlig der hier noch am ehesten zu erwartenden Fieberkeime, die Küsten sind sandig und frei von jenen schlammigen von Mangrove-Gebüsch bedeckten und zur Ebbezeit freiliegenden Strecken, welche schon in der Provinz Paraná die sanitären Verhältnisse ſder Küstenstriche nachteilig beeinflussen. Daher hat denn auch das gelbe Fieber, welches in Rio de Janeiro endemisch zu werden beginnt, übrigens aber in Brasilien niemals so vorherrschend erschien, wie in den Südstaaten der nordamerikanischen Union, die Provinz Rio Grande nie berührt. An anderen epidemischen Krankheiten, wie Typhus, Cholera, Ruhr, Blattern, Diphteritis und Masern fehlt es in Südbrasilien natürlich so wenig wie in irgend welchen anderen Ländern der heißen und der kalten Zone, allein sie haben niemals einen besonders verheerenden Charakter angenommen und namentlich auch im Gebiete der deutschen Kolonien verhältnismäßig wenig Bedeutung erlangt. Im Jahre 1865 raffte eine epidemische Cerebrospinal=Meningitis eine beträchtliche Anzahl Kinder der Kolonisten hin, in den folgenden Jahren erlagen viele Kinder der „Diphteritis", resp. wohl der Halsbräune. Im übrigen herrschen, zumal zu Anfang des Sommers, Diarrhöen und Magenkatarrhe, im Herbst Schnupfen, Husten 2c. vor. In den größeren Städten sind viele Todesfälle durch Schwindsucht veranlaßt, die im Kolonialgebiete sehr selten ist. Nicht selten sind auch rheumatische Affektionen, sowie Hämorrhoidal=Leiden bei Männern, Leucorrhöen bei Frauen. In der heißen Zeit überwiegen Hautleiden, besonders ein lästiges Eczem („roter Hund") und Augenentzündungen, die wohl durch das Arbeiten in der Sommerhitze und ohne Schutzbrillen bei angegriffenen Augen entstehen. Im Gebiete der Urwaldkolonien ist eine Art von Bleichsucht, meist mit Erdessen 2c. verbunden, nicht selten, welche als „Landeskrankheit" bezeichnet wird. Sie entsteht möglicher Weise durch Parasiten des Darmes, wenigstens könnte dafür die relativ geringe Wirkung der Eisenpräparate, die erfahrungsgemäß günstige Wirkung des stark abführenden Milchsaftes einer wilden Feigenart und der heilsame Einfluß, den mitunter ein Ortswechsel zur Folge hat, geltend gemacht werden.

Der deutsche Einwanderer hat unter diesen Umständen für seine Gesundheit nichts zu befürchten, wie denn auch wohl eine eigentliche Akklimatisation nur in beschränktem Maße erfolgt. So weit meine bezüglichen Erfahrungen reichen, beschränken sich die Anzeichen derselben auf gewisse Hautleiden, namentlich eine Art sehr großen Pustelausschlages an den Beinen, der tiefe mit Borken bedeckte Wunden hinterläßt, welche nur langsam heilen. Da übrigens dieses lästige, erst im zweiten Jahre auftretende Uebel ohne besondere Hülfe wieder vergeht, so hat R. Hensel jedenfalls Recht, wenn er vom Klima Südbrasiliens sagt: „es fehlen im ganzen alle diejenigen Einflüsse, welche erst eine Akklimatisierung des Fremden nötig machen, so daß das Klima als ein durchaus gesundes betrachtet werden kann, wie überhaupt der außertropische Teil Südamerikas sich durch die günstigsten klimatischen Verhältnisse auszeichnet".

III.

Pflanzenwuchs.

In bezug auf Flora und Fauna bildet die Provinz Rio Grande die Grenze zwischen dem mittelbrasilianischen Waldgebiete und der Pampas-Formation der La Plata-Staaten. Die weiten, der Viehzucht dienenden Ebenen des Südens der Provinz schließen sich ganz jenen des Estado oriental an, während andererseits die Wälder im nördlichen Teile der Provinz noch in jeder Beziehung den Charakter der mittel-brasilianischen tragen und selbst von jenen des Amazonas nicht so sehr verschieden sind, daß nicht der allgemeine Eindruck der gleiche wäre. Von den charakteristischen Pflanzen Brasiliens verlieren sich gegen Süden manche, doch existiert keinerlei gemeinsame Grenze. Manche Pflanzen und Tiere erreichen Rio de Janeiro nicht, andere, wie die Kokospalme, finden gegen Santa Catharina ihre Südgrenze, während wieder andere vom Amazonenstrom bis zum Guahyba sich verbreiten. An Palmen sind noch acht bis zehn Arten in der Provinz vorhanden, von denen die der Kokospalme nächst verwandte, aber kleine, unscheinbare, Beeren tragende Jerivá-Palme (Kokos coronata), deren Blätter neben Mais das beliebteste und bequemste Pferdefutter bilden, weitaus die häufigste ist. Außer dieser findet man in den Wäldern des Küstengebirges noch die stachelige, buschartig wachsende Tucumpalme, aus deren zähen Blattfasern die Indianer ihre Bogensehnen flechten, und die zierliche Uricana, wogegen die einzige Fächerpalme der Provinz nur auf der Serra angetroffen wird, auf dem zentralen Hochplateau, dessen Vegetation vielfach eine abweichende Zusammensetzung darbietet und vor allem durch das Vorhandensein großer zusammenhängender Waldungen aus Pinienbäumen (Araucaria brasiliensis), dem einzigen Vertreter der Nadelholzbäume, ausgezeichnet ist, von der es übrigens zwei verschiedene Arten gibt.

Die Zahl und Mannigfaltigkeit der Laubbäume der Waldungen Rio Grandes ist eine ungeheure. Zahlreiche wilde Feigenarten, Vertreter der lorbeer-, myrthen- oder akazienartigen Baumsorten und einer Anzahl anderer, auf deren hauptsächlichsten Nutzen wir gleich zurückkommen werden, bilden eine Fülle von Formen und Farben, in der aber jeder sich einigermaßen zurechtfindet, welcher damit von Jugend auf vertraut ist. Leicht kann man sich im Walde verirren und häufig ist dieses nicht nur Kindern, sondern selbst Jägern passiert. Wer in der Gegend wenig bekannt ist, hüte sich daher vor weiteren Exkursionen, die er eventuell mit dem Tode büßen kann. Die älteren Bäume sind oft in großer Ausdehnung mit einer Flechte bewachsen, deren herabhängende Fasermassen täuschend dem „Greisenbart" gleichen. Es sieht fast aus, als sei der Wald unter Wasser gewesen und als sei nun nach Rücktritt des Wassers Heu, Moos ꝛc. in seinen Aesten hängen geblieben. Ungemein groß ist die Menge der dornentragenden Sträucher und Bäume, weshalb man sich immer mit einiger Vorsicht und nie ohne den Facão (spr. Fakong), das unentbehrliche große Messer, im Walde bewegt.

Nicht wenig tragen zur Steigerung dieser Undurchdringlichkeit des Waldes die Schlingpflanzen bei, welche sich bald als grüne, stacheltragende Ranken, bald als arm- oder schenkeldicke Holzseile am Stamme hinaufwinden, oft in der Mitte gespalten und mehrere Bäume umstrickend, ein Umstand, der beim Fällen des Waldes sehr häufig Unglücksfälle zur Folge hat. Dazwischen schießen, bald massenhafter, bald nur stellenweise in kleineren Beständen auftretend, Rohrgras, Taquara u. a. Bambusarten empor. An anderen Orten verlegen dornige Bromeliaceen, zumal die der Ananas ähnliche Cravatá, den Weg.

Was besonders neben der Mannigfaltigkeit der Gewächse dem Walde Brasiliens einen eigenartigen Charakter verleiht, ist die Ueberladung der Bäume mit Parasiten. Jeder einigermaßen stärkere Stamm bildet eine Art von botanischem Garten. Vom Boden her ranken Schlingpflanzen an ihm hinauf, deren Laub sich mit jenem des Gipfels der Krone mischt, und dicht gedrängt sitzen auf den Zweigen und Aesten die Schmarotzerpflanzen, zahlreiche Arten Orchideen, teils mit unscheinbaren, teils mit großen und herrlich gefärbten Blüten versehen, großblätterige Philodendron sog. Imbé mit langen Luftwurzeln, und andere Aroideen, viele Arten Bromeliaceen, zwischen deren dicht gedrängten, steifen Blättern sich immer Wasser befindet, welches einer reichen Tiergesellschaft zum Aufenthalts- oder Entwickelungsorte dient, rankende Cacteen, Farren der verschiedensten Formen. — Das alles und vieles andere kombiniert sich zu hängenden Gärten, deren Reichtum zu bewundern man namentlich dann Gelegenheit hat, wenn man ein Stück gehauenen Waldes durchstöbert. Diese geschilderte Zusammensetzung des Waldes mit seinen Palmen

und den zierlichen Wedeln der Baumfarren, deren
es mehrere Sorten gibt, mit seinem Reichtum an
buntfarbigen Papageien, an Affen und anderen Bewohnern der subtropischen Zone läßt selbst dem Laien
keinen Zweifel darüber aufkommen, daß die Wälder
Südbrasiliens mit denen des mittleren eine volle
typische Uebereinstimmung zur Schau tragen. Im
einzelnen freilich fehlt es noch ganz an einer gründ-
lichen botanischen Erforschung der Provinz, von welcher
man sich auch für die Verwertung der Waldprodukte
günstige Resultate versprechen dürfte.

Von den vielen eßbaren Früchten des Waldes, welche
namentlich den Myrtaceen und Laurineen entstammen,
sind keine von Wert, doch läßt sich wohl kaum be-
zweifeln, daß eine verständige Kultur aus manchen
derselben brauchbare Obstsorten könnte hervorgehen
lassen. Indessen denkt man bis jetzt an derartiges
nicht. Bezüglich der Obstkultur sei noch auf das
im Kapitel „Ackerbau" Bemerkte verwiesen.

Ungemein groß ist die Zahl der nutzbaren Hölzer
Rio Grandes, wie das bei der Mannigfaltigkeit der
den Urwald zusammensetzenden Laubbäume kaum anders
zu erwarten. Wenn in Deutschland der Laubwald
viele Meilen weit aus ein und derselben Art von
Bäumen gebildet wird, so hat hier selbst das geübte
Auge Mühe, denselben Baum an einer bestimmten
Stelle in mehreren Exemplaren zu entdecken. Hat
doch Herr Jakob Petersen in Porto Alegre zur Ausstellung von Porto Alegre 1882 eine später auch in
Berlin ausgestellte schöne Sammlung polierter Muster
von Nutzhölzern geliefert, welche 139 Sorten enthielt,
ohne im mindesten auf Vollständigkeit Anspruch zu
erheben! Es haben sich hinsichtlich der Verwendbarkeit
der einzelnen Holzsorten gewisse Erfahrungssätze aus-

Pflanzenwuchs. 43

gebildet, deren Kenntnis dem Kolonisten und Handwerker von großem Werte ist, weshalb wir dieselben in folgendem übersichtlich zusammenstellen. Bei Berücksichtigung dieser Erfahrungen wird mancher Kolonist sein Haus oder seinen Zaun 20, 30 und mehr Jahre aushalten sehen, während bei minder passender Auswahl das verwendete Holz schon nach wenigen Jahren den hier weit rascher und intensiver arbeitenden Einflüssen der Witterung und zerstörenden Insekten erlegen ist.

Für Möbel und Geräte, welche im Innern des Hauses aufbewahrt werden, kommt es hierauf begreiflicher Weise weniger an, ebenso für Scheidewände, Thüren ꝛc. im Innern des Hauses, wogegen für alle der Einwirkung der Witterung unmittelbar ausgesetzten Teile, wie Eckpfosten und Balken des Hauses, Hausthüren, Fenster, Laden ꝛc., dieser Umstand so wichtig ist, daß die Brasilianer die relativ geringe Zahl der hierfür empfehlenswerten Hölzer sehr wohl unterscheiden und als „Madeira de lei" bezeichnen, welches laut gesetzlicher Bestimmung allein für öffentliche Bauten Verwendung finden darf oder früher durfte. Es sind solche Hölzer, welche der Fäulnis widerstehen und an der Luft nicht spalten oder sich ziehen. Madeira ist Holz aller Art im Gegensatze zu Lenha, dem Brennholz. Madeira de lei sind hauptsächlich: Angico, Cabriuva, Cambratà, Canella preta, Carvalho vermelho, Canjerana, Cedro, Grapiapunha, Guajuvira, Ipé, Louro, Sobragy, Tajúva. Es werden zwar gelegentlich noch einige weitere Hölzer angeführt, die hier aber als minder geeignet ausgelassen sind, wie z. B. Cocão, das man sich hüten muß zu Eckpfosten von Häusern ꝛc. zu verwenden, da es binnen kurzer Zeit völlig von den Termiten zerfressen wird, was ähnlich auch mit Arroeira der Fall ist. Auch für die folgenden Angaben ist zu bemerken, daß für die angegebenen Zwecke öfters auch andere Sorten Verwendung finden, ohne aber durch gleiche Dauerhaftigkeit, Leichtigkeit der Bearbeitung u. s. w. sich zu empfehlen.

Als sehr harte, dauerhafte und schwere, im Wasser nicht schwimmende Hölzer sind voranzuführen: Angico, Cabriuva, Guajuvira, Turumã, sowie Arroeira, Jpé, Grapiapunha, Sobragy, Tajúva (oder Tajauva), von denen namentlich die vier ersten durch ihre Verwendung als Eisenbahnschwellen (Dormentes) von Bedeutung sind, da z. B. im Jahre 1882 allein über Porto Alegre 164,000 Schwellen im Werte von 200 Contos de Reis exportiert wurden, was den zehnfachen Wert von dem exportierten Bau- und Bretterholz repräsentiert.

Zum Hausbau finden als Langholz zu Balken besonders Cabriuva und Louro, zu Pfosten Angico, Grapiapunha, Cambarà, Canella preta und Canella-sassafraz, zu Eckpfosten, welche in die Erde kommen, Tarumã, Jpé, Tajúva und Canjerana Verwendung. Ganz besonders ist zu Eckpfosten, Zaun- und Brückenpfählen Tarumã als dauerhaft zu empfehlen. Das Eingraben der Pfosten in die Erde ist beim Hausbau nur für leichte, billige Wohnungen ratsam. Die Gefahr des Eindringens der Termiten in das Balkenwerk ist viel geringer, wo Pfosten, Thürgestelle ꝛc. alles auf Steinunterlage und über der Erde ruht. Zum Decken der Häuser verwendet man im Urwaldgebiete namentlich, resp. auch nur anfangs Holzschindeln, welche mittelst eines durch ein Bohrloch getriebenen Holznagels auf die Latten aufgehängt werden. Das Holz wird zu ihrer Bereitung in

Blöcke von 20—24 Zoll gesägt, worauf mit einem besonderen Schindelmesser ringsum immer den Jahrgängen folgend, die ca. 1 Zoll dicken und ¾—1 Fuß breiten Schindeln mit Hülfe eines Knüppels oder eines, am besten aus Farinha secca herzustellenden Holzschlägels abgehauen werden. Es ist wichtig, zu wissen, daß man als Schindelholz Cabriuva, Louro, Grapiapunha oder Carvalho wählt, woraus die Schindeln 20—24 Jahre halten, während sie aus Ceder höchstens 5—6 Jahre halten. Auch Pinien-Kernholz (von den roten Pinien) eignet sich. Das Balkenwerk des Daches stellt man aus beliebigem Holze her, für die darauf zu nagelnden Latten wählt man gern gespaltene Palmstämme, und zwar am liebsten, wo man es haben kann, von der Palmite. Letztere hat vor der Jerivá-Palme, die, wenn alt, sehr geeignet zur Lattenfabrikation ist, den Vorzug, sich leichter spalten zu lassen. Solche 12—14 Fuß lange Latten, deren man sechs aus einer Palmite erhält, werden beständig in großer Menge, namentlich von Tres Forquilhas nach Porto Alegre gebracht und zu 1 Milreis oder weniger das Dutzend verkauft. Eine beliebte Methode zur Dachfertigung ist auch die Spaltung der älteren Jerivá-Stämme, woraus man durch Entfernung der markartigen Innenmasse zwei Hohlschienen herstellt, welche man abwechselnd mit der Höhlung nach unten zu oder nach oben so legt, daß die Ränder übereinander greifen. Zu Herstellung feinerer Zäune taugen Pfosten von Tarumã oder rotem Carvalho, Latten von Uvá, die aber am Ende beim Nageln leicht reißen, so daß da die Löcher gebohrt werden müssen. Der Kolonist macht sich die Pfosten meist aus gabelig geteilten Aesten und darüber gelegten dicken Stangen oder Stämmen und pflanzt Dornensträucher oder Cravatá davor, was in Verbindung mit dem Graben das Vieh völlig abhält.

In der Bautischlerei finden am meisten Ceder, Louro, Cabriuva und Pinie Verwendung. Pinienbretter dienen fast allgemein für die Bekleidung der Decke und des Bodens der Zimmer, für Scheidewände, Gestelle ꝛc. im Innern des Hauses. An ihrer Stelle wird im Urwalde oft Timbauva benutzt. Das meist verarbeitete Holz der Tischlerwerkstätten ist Ceder, dasselbe Holz, welches zu Zigarrenkisten verarbeitet in Deutschland so wohl bekannt ist. Außer Ceder werden in der Möbel-Tischlerei noch Piquiá, Louro, Cabriuva, Açouta-cavallo und Guajuvira verarbeitet. Açouta-cavallo ist ein zähes Holz, das besonders zur Fabrikation von ordinären Stühlen, Tischen, gröberen Drechslerarbeiten, Sattelböcken, Gewehrkolben, Bürsten ꝛc. Verwendung findet. Ein vortreffliches, zur mannigfachsten Verwendung kommendes, wohlriechendes Holz ist das des auch offizielle Verwendung findenden Cabriuva-Baumes, welches wohl auch zum Export nach Europa geeignet wäre. Das letztere gilt auch für Guajuvira, eines der schönsten Luxushölzer der hiesigen Wälder, welches zur Fournierbereitung sich besonders eignet. Der Kern ist dunkel und wird durch die Politur dem im Süden fehlenden Jacarandaholz ähnlich, daher der Baum bei den Deutschen auch den Namen Schwarzherz führt. Das Holz muß sorgfältig im Schatten getrocknet werden, da es leicht springt und reißt. Dem Jacaranda kommt am nächsten Mataolho und noch mehr das auf Cima da Serra vorkommende Canella preta. Ein schönes, der hübschen Politur wegen gern zu Bettstellen ꝛc. verwendetes, aber schwer zu leimendes Holz ist Piquiá.

das auch zur Herstellung von Flöten, Klarinetten 2c. Verwendung findet und zum Export dienen könnte. Als Blindholz, um darauf zu fournieren, empfiehlt sich Timbauva.

Außer den beiden zuletzt genannten finden in der Drechslerei Açouta-cavallo, Araça und Marmelleira Verwendung. Für Arbeiten, bei denen es auf besondere Schwere und Dauerhaftigkeit ankommt, dient besonders Ipé, das einzige für Kegelkugeln benutzte Holz. Ipé ist so hart, daß das Fällen eines kräftigen Stammes oft mehr wie eine Axt kostet. Zu Holzschrauben wird Cocão benutzt. Material für die sehr viel getragenen Holzpantoffeln (Tamancos) liefern Açouta-cavallo und Caroba, von welch' letzterer die Blätter als Blutreinigungsmittel verwendet werden. Für die Walzen der Farinha- oder Zuckerrohrpressen wählt man am liebsten Tajauva und Ipé, andernfalls Angico oder Cabriuva. Im Mühlenbau werden Araça, Cabriuva, Angico und für die Achse gern Ipé verarbeitet. Ipé ist nebst Angico auch das Material für die Achsen der Wagen, die übrigen Radteile werden aus Angico und Guajuvira hergestellt. Die Speichen aus letzterem Holze übertreffen nach Spalding noch die Hickory-Speichen an Elastizität und Dauerhaftigkeit. Das primitive Fuhrwerk, dessen sich die Brasilianer bedienen, ist eine zweirädrige Carreta mit massiven Rädern, welche aus dicken Bohlen von Ipé hergestellt werden, die durch innere Einschlageleisten verbunden sind.

Für Stiele von Aexten, Hämmern 2c. geben Araça Cereja und Guabiroba vortreffliches und das nordamerikanische Hickory noch übertreffendes Material ab, das glatt ist und in der Hand nicht brennt. Araça eignet sich nebst Cabriuva auch besonders zur

Herstellung von Hobeln, Sägen u. a. ähnlichen Geräten. Ein schönes Material liefert auch das Holz der Orangenbäume, welches aber zur Herstellung von Hobeln zu leicht ist. Ein ganz außerordentlich hartes und dauerhaftes Holz, das aber nicht überall getroffen wird, besonders auf der Serra zu finden ist und die dauerhaftesten Eckpfosten gibt, ist Ceronilca, das zu Drechslerarbeiten ähnlich dient, wie die Knoten, welche im Stamme der Pinien an der Abgangsstelle großer Aeste angetroffen werden und zu Zuckerdosen, Vasen ꝛc. verarbeitet, ein außerordentlich schönes, halb durchsichtiges, fast an Achat erinnerndes Material liefern, welches bekannter zu sein verdiente. Im Schiffsbau sind Angico und Louro am meisten benutzt. Der schlanke, aber von der Pinie übertroffene Wuchs des Louro und der Cabriuva qualifizieren diese besonders zur Herstellung von Masten, deren man oft solche von 80—90 Palmen Länge findet. Die kleineren, aus einem einzigen Stamme ausgearbeiteten, resp. ausgehöhlten Boote, sog. Canoas (Einbäume) bereitet man ausschließlich, der Leichtigkeit der Bearbeitung halber, aus Timbauva. Als Brennholz ist besonders Camboim zu empfehlen, doch verwendet man auch alle beliebigen anderen Holzarten. Untauglich sind nur Carvalho, das nur glimmt und Timbauva, welches langsam und ohne lebhafte Flamme brennt und deshalb auch zum Fußboden in Küchen besonders tauglich ist.

An anderweitigen Nutzhölzern haben die Wälder wenig Reichtum. Von den Theewäldern wird weiter unten die Rede sein. Als Farbholz kommt wohl nur Tajauva (Broussonetia tinctoria) in betracht; es färbt gelb und wird in Porto Alegre der Sack von ca. 25 Kilogr. Sägemehl mit 2—3 Milreis bezahlt, oder in Blöcken der Kubikmeter zu 24—30 Milreis. Die Wurzel einer Schlingpflanze (Raiz de S. João) wurde zum Gelbfärben früher in beträchtlicher Menge nach London gesandt. Von offizinellen Pflanzen kommen Ipecacuanha, in Brasilien Poaya genannt, Salsaparilha in mehreren Arten, Sassafraz, Caroba, Cambara, Cabriuva und, namentlich auf der Serra, einige wahrscheinlich unbrauchbare Cinchona-Arten vor, doch soll angeblich auch der echte gelbe Chinarindenbaum, Cinch. calisaya, vorkommen. In bezug auf den Wert der in der Provinz vorkommenden Droguen werden erst gründliche Untersuchungen Aufklärung geben können. Zu erwähnen ist noch Quassia, welches leicht Export-Artikel sein könnte, sofern es hinreichend bezahlt würde. Man drechselt hier aus dem Quassiaholze Becher, in denen das eingegossene Wasser resp. Branntwein sofort bitter wird.

Kommerzielle Bedeutung hat bisher keine dieser Droguen erlangt. Am ehesten könnte dieser Fall wohl noch für die Farbematerialien eintreten. Das Tajauvaholz ist dem von den Antillen bezogenen Gelbholz ebenbürtig oder überlegen. Rotholz, das sog. Pao Brasil, welchem das Kaiserreich Brasilien seinen jetzigen Namen verdankt, soll zwar auch in Rio Grande vorkommen, als sog. Ibira-piranga (nach O. Jenselau), allein zu selten, um gesucht und verarbeitet zu werden. Häufig dagegen sind jene an Baumstämmen wachsenden Flechten, besonders Rocella-Arten, welche zur Bereitung von Orseille und anderen Farbstoffen in europäischen Fabriken Verwendung finden, jedoch in Rio Grande bisher nicht gesammelt werden.

Von anderen Waldprodukten sei noch der Rinde des Ips-Baumes gedacht, die sich durch Hämmern in zahlreiche feine Blätter zerlegen läßt, welche als feinstes natürliches Zigarettenpapier benutzt werden, ohne indessen für diesen Zweck im Lande selbst das übliche Maisstroh verdrängen zu können. Groß ist der Reichtum der Wälder an Bast (Imbirra) liefernden Sträuchern und Bäumen, sowie an zum teil holzigen aber zum Binden der Flöße dienlichen Schlingpflanzen, an vielerlei Rohren, Bambusarten ꝛc., welche für die Herstellung von Korb- und Siebwaren ganz vortrefflich sich eignen. Auf einigen Bäumen, besonders Agenta-cavallo und dem roten Figueiro, trifft man einen zur Bereitung von Zunder sehr geeigneten Feuerschwamm, der von besonderer Güte sein muß, weil er, auch ohne Beizung durch Säuren, nur mit Pottenlauge bearbeitet brauchbar wird.

Es ist keine Frage, daß die Wälder Rio Grandes noch einen großen Reichtum an nützlichen Sträuchern, Bäumen ꝛc. aufzuweisen haben und bei besserer Untersuchung derselben viele als Färbemittel, Arzeneistoffe und Droguen Bedeutung erlangen können. Mehr praktischen Wert haben bisher die Gerberinden gewonnen. Unter den etwa 14 Sorten, welche von hiesigen Gerbereien benutzt werden, gilt Araçá für die beste. Nächstdem werden Grameaninha, Canellinha und Santa Rita am meisten verwendet. Die Loherinde wird meist von ärmeren Brasilianern gewonnen, oft von arbeitsscheuen Gesellen, welche sich nicht erst die Mühe machen, Bäume zu fällen, sondern von unten her so viel Rinde abschälen, als sie bequem erreichen können. Damit wird kaum der 10. oder selbst 30. Teil der Lohe gewonnen, und der Wald durch das Abtöten der geschälten Bäume ruiniert. Von einem Anbau von Lohebeständen ist noch ebenso wenig die Rede wie von rationeller Forstkultur, obwohl eine solche ein sehr lukratives Geschäft werden könnte, da z. B. Pinienanpflanzungen nur 16—20 Jahre bedürfen, um Bauholz, 24—30 Jahre, um Bretterholz zu liefern und dann eine so hohe Rente abwerfen, daß man nicht begreift, weshalb noch nirgends zur Anpflanzung geschritten wird. Doch wird sich auch das noch ändern und es gibt jetzt schon viele Kolonisten, welche das Verderbliche der Waldverwüstung einsehen und den Wald schonen, der ihnen noch geblieben. Von seiten der Provinzialregierung ist in diesem Sinne noch nichts geschehen.

Zum Schlusse noch einige Notizen über Maß und Preise der Bretter. Das übliche Maß für diese ist 5,50 M. Länge (25 Palmen oder 18 Fuß) 33 Ctm. Breite (1½ Palmen oder 1 Fuß zu 12") und 4 Ctm. (1½ Zoll) Dicke. Von Pinien hat man zur Verschalung auch 2 Ctm. dicke Bretter, sog. taboas de forro (Futter). Die Preise variieren beständig und zwar für Cedro und Louro von 24 bis 40 Milrs per Dutzend (30 Milrs als Norm) und 12 bis 24 für Pinienbretter. Letzter Posten jetzt 19 Mils, resp. 14 Mils für die ¾ zölligen. Canellabretter stehen im Preise ungefähr wie Pinienbretter. Bohlen von Angico, Cabriuva, Crapiapunha (Länge und Breite wie oben) kosten bei 6 Ctm. Dicke 50 bis 70 Mils., bei 10 Ctm. Dicke 120 bis 140 Milr. das Dutzend. Für Eisenbahnschwellen ist der Preis 1,700 bis 1,800 Reis per Stück. Das Holzgeschäft bewegt sich wesentlich innerhalb der Provinz. Größerer Holzexport fand statt während des Paraguaykrieges. Jetzt ist der Markt von Montevideo und Buenos Aires wesentlich durch die auf dem Paraguay und Paraná-Strome geflößten Holzsendungen gedeckt, wie das angesichts der natürlichen Vorzüge dieser herrlichen Wasserstraßen kaum anders sein kann.

4*

Als eines der nützlichsten Produkte der Waldungen des südbrasilianischen Hochlandes haben wir endlich noch der Herva mate, des Mate oder Paraguay- thees zu gedenken. Wo dieser Theebaum (Ilex para- guayensis), wie vieler Orten an der Serra, auf dem Hochlande und in den Missionen, in großer Häufig- keit auftritt, nennt man diesen betreffenden Wald Herval. Die getrockneten Blätter geben einen sehr wohlschmeckenden gesunden Thee, der im südlichen Brasilien, in Argentinien und Chile in großen Quanti- täten konsumiert wird, wie aus dem Umstande hervor- geht, daß die drei südlichsten brasilianischen Provinzen jährlich über 30 Millionen Kilogramm von diesem Thee nach den La Plata-Staaten und Chile exportieren. Da der Mate ebenso belebend und anregend wirkt, wie der chinesische Thee, aber die Nerven dabei nicht aufregt und ferner hier zu ca. 20 Pfg. im Pfunde (2—3 Milreis pro Arrobe) verkauft wird, so hat er auch für Deutschland als gesundes und billiges Genuß- mittel eine große Zukunft. Wer daran gewöhnt ist, stellt ihn unbedingt über den so unendlich viel teueren chinesischen Thee, welcher übrigens in Rio Grande, sowie in S. Paulo mit Erfolg von einigen Produzenten kultiviert wird. Die Arbeit des Theemachens fällt in Rio Grande nur der lusobrasilianischen Bevölkerung zu und wird während der Monate April, Mai und Juni von dieser in höchst roher Weise im Walde vorge- nommen, wodurch der Thee fast immer einen etwas rauchigen Beigeschmack erhält, auch wenn das geeignetste Holz (von Guabiroba) zur Feuerung verwendet wird. Wenn man erst wie einst zur Blütezeit der Jesuiten- missionen wieder zur künstlichen Anpflanzung des Mate-Baumes und ferner zum Dörren der Blätter mit trockener Hitze ohne Rauch wird übergegangen sein, wird auch die Einbürgerung dieses ausgezeichnet aromatischen Thees in Europa große Dimensionen annehmen. Hier wäre ein Punkt, wo deutsches Kapital mit gutem Erfolge ansetzen könnte! Die beste mit der von Paraguay kommenden identischen Art des Mate ist die Herva congenha vom Hochlande, indessen die mehr bittere Herva cauna mehr in den Niederungen angetroffen wird.

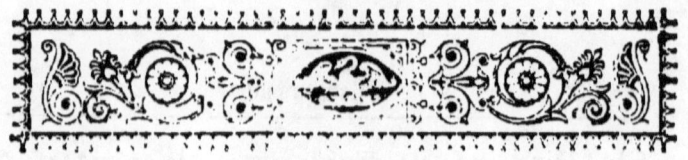

IV.

Tierwelt

Bei der großen berühmten Reichhaltigkeit der Fauna Brasiliens wird es hier nicht möglich sein, ein auch nur annähernd umfassendes, übersichtliches Bild der Tierwelt Rio Grandes zu geben, sodaß wir es vorziehen nur jene Geschöpfe anzuführen oder zu besprechen, welche als schädliche oder nützliche oder besonders häufige am meisten in die Augen fallen. Am reichsten ist das Tierleben natürlich im Waldgebiete entwickelt, auf welches daher auch die folgende Schilderung sich vorzugsweise bezieht.

Von Affen sind der rote Brüllaffe, der „Bugio", und wahrscheinlich auch der schwarze, sowie der kleinere sehr possierliche und oft gehaltene „Pfifferaffe" der Kolonisten, auch Macaco oder Mico genannt, eine Cebus-Art, zu erwähnen. Der Kolonist hat sich ihrer wie der Coatis, Papagayen und anderer Räuber oft zu wehren, wenn sie zur Erntezeit in die Milhofelder einbrechen und mehr noch ruinieren wie fressen. Der Fledermäuse würden wir hier gar nicht gedenken, wenn nicht einige Arten von „Vampyren" (Phyllostoma) dem Vieh, namentlich den Pferden bei Nacht Bißwunden beibrächten, um ihnen das Blut auszusaugen. Von Raubtieren ist das Katzengeschlecht reich vertreten. Der gefährlichste Räuber, welcher bisweilen sich auch

Tierwelt. 55

an den Menschen macht, ist die Onze, der Jaguar, oder wie er in Rio Grande gewöhnlich genannt wird, der Tiger. Er ist jetzt aus dem Koloniegebiete verdrängt und nur selten noch stattet er einen Besuch ab, der zu sofortiger Verfolgung führt. Feiger und bereits sehr selten ist der Puma oder Cuguar, den man in Rio Grande Löwen nennt. Verhältnismäßig häufig dagegen sind noch die Jaguatirica oder große Tigerkatze, sowie die kleine Tigerkatze. Von anderen Raubtieren sei u. A. noch des Fuchses, des Waschbären oder Mião pellada und der Nasenbären oder Coatis gedacht. Letztere, oft in großen Trupps zusammen lebend, sind wohl die häufigsten und gemeinsten Raubtiere der Waldgebiete. Nächst ihnen, die bisweilen verheerend in die Pflanzungen einbrechen, machen sich mancherlei Arten von Beutelratten, s. g. Stinktiere, durch ihre räuberischen, zumal den Hühnern geltenden Besuche unangenehm bemerkbar. Gute Hunde halten sie fern vom Haus. Das echte Stinktier wird nur im Camposgebiete gefunden. Reich entwickelt ist die Gruppe der Nagetiere, durch viele Waldratten, wilde Meerschweinchen oder s. g. Sandhasen, kletternde Stachelschweine, Eichhörnchen und einige größere auch als Wildpret geschätzte Arten repräsentiert. Das letztere gilt besonders von der Paca, die oft in Fallen erbeutet wird, und vom schlankeren Aguti oder Cuti. Weniger geschätzt ist das Fleisch des Cap'vary oder Wasserschweines, des größten plumpesten Nagetieres, welches wir aus der Lebewelt kennen. Nicht minder überraschende und vielfach an ausgestorbene Geschöpfe erinnernde Formen bietet die Gruppe der Zahnlosen oder Zahnarmen dar, welche durch die Gürteltiere (Tatus) und die Tamanduas oder Ameisenfresser vertreten sind, wogegen das Faultier nur dem mittleren und nördlichen Brasilien angehört.

Das Geschlecht der Hirsche ist in Rio Grande durch fünf Arten vertreten, einen echten Hirsch, der nur in Sumpfgegenden lebt, das nur in offenen Gegenden vorkommende Kampreh mit mehrendigem Gehörn und drei kleine statt des Geweihes nur mit einfachen kurzen Spießen versehene Waldreh, das Veado pardo, — virá und — berroró. Die Dickhäuter endlich sind durch den Tapir, die s. g. Anta vertreten, deren dicke Haut in gegerbtem Zustande für Herstellung von Zügel und Zaum geschätzt ist, sowie durch zwei in Rudeln zusammen lebende und gern gejagte Wildschweine, Dicotyles-Arten, von denen die größere als weißlippige, die kleinere als Tatette bekannt ist.

Unter der großen Menge von Vögeln fallen die Pfeffervögel und die Papagayen, deren es fast ein Dutzend Arten gibt, durch ihr buntes Gefieder wohl am meisten in die Augen. Sie geben eine wohlschmeckende Speise ab. Sehr zahlreich ist das Heer der Kletter- und Singvögel, der Kolibris, der Spechte, Baumläufer und Tauben. Der nützlichste unter den zahlreichen Raubvögeln ist der Aasgeyer oder Urubu, da er die Leichen gefallener Tiere rasch entdeckt, sich in großen Scharen dabei versammelt und so ein zu langes Währen der die Luft verpestenden Fäulnis verhütet.

Dem Jäger bieten viele Arten von Enten, Schnepfen u. a. Wasservögel, unter denen besonders der Kiebitz durch sein lautes Geschrei auffällt, willkommene Beute, mehr aber noch die zahlreichen Arten von Waldhühnern. Unter diesen entsprechen die drei verschiedenen langschwänzigen Jacu-Arten, unter denen sich der Jacu-tinga durch sein schönes Gefieder auszeichnet, den Fasanen, wogegen die schwanzlosen, von den Kolonisten „Schotter" genannten Jahòs und Inambus, mit verkümmerter hinterer Zehe, mehr tauben= und wachtelartig erscheinen. Hierher gehört auch der Makuko, ein braunes schwarzgewelltes Waldhuhn von der Größe einer starken Henne. Ein wahrer Leckerbissen ist der von dem Kolonisten „Ratzhinkel" genannte Uru. Die beiden auch in den La Plata=Staaten vorkommenden Arten von Rebhühnern (Perdiz) finden sich überall auf dem Kamp, von wo aus sie neuerdings in gelichtete Gegenden des Urwaldgebietes vordringen. Gleichfalls ein ausschließlicher Bewohner des Kampes ist der Arestruz der Strauß, dessen Schwanzfedern teuer bezahlt werden, und der, ebenso wie anderwärts der afrikanische Strauß, gezüchtet zu werden verdiente.

Unter den vielerlei Reptilien sind das Jacaré (Alligator latirostris), ein in den größeren Sümpfen und Flüssen nicht seltener Alligator, der aber doch nicht häufig genug ist, um seiner Haut wegen gejagt zu werden, und eine nicht eben häufige und nicht sehr groß werdende Art von Flußschildkröten (Platemys Geoffreyana) zu erwähnen. Unter den mancherlei, großenteils auf den Bäumen lebenden Eidechsen ist am bemerkenswertesten der Lagarto, eine riesige bis über 3 und selbst 4 Fuß lang werdende Tejus=Art, welche sich oft in der Nähe der Wohnungen herumtreibt, in Cravatazäunen oder hohlen Stämmen ihren Schlupfwinkel hat und dadurch, daß sie den Hühnern nachstellt und Hühnereier anbohrt und aussaugt, oft Schaden anrichtet. Aller dieser ungebetenen Gäste halber muß die Flinte, welche in keinem Hause auf dem Lande fehlen darf, stets geladen bereit stehen.

Unter den mehr als dreißig Arten von Schlangen

befindet sich nur eine verhältnismäßig kleine Zahl von giftigen. Da indessen auch der Biß mancher nicht mit Giftzähnen versehenen Schlangen unangenehme und langwierige Unfälle verursacht, wird man stets gut thun, jede Schlange zu behandeln, als sei sie eine giftige. Die großen Riesenschlangen kommen in Rio Grande nicht vor oder doch höchstens nur in großen unzugänglichen Sümpfen den s. g. Banhaden. Am längsten wird die Caninana, eine Baumschlange, welche bisweilen an oder in die Wohnungen kommt und manchmal an den Kühen Milch säuft. Andere Baumschlangen von weißgrüner Farbe sind die zierlichen überaus schnellen und lebhaften Cipos, die ihren Namen nach den Lianen oder Schlingpflanzen führen, welche an den Bäumen hinauf ranken und ihre Stiege bilden. Sie stellen namentlich den Laubfröschen nach und sind ebensowenig giftig wie die in der Erde lebenden Blindschleichen, die Amphisbaenen. Unter den giftigen fällt durch ihre schöne rot und schwarze Zeichnung die kleine Korallenschlange am meisten auf. Die Klapperschlange wird fast nur in steinigen, gebirgigen Gegenden angetroffen, alle übrigen gefährlichen Giftschlangen oder solche, die ihnen ähneln, werden gemeinhin „Jararaca" genannt. Die echten Giftschlangen haben auf dem Kopfe eben solche gekielte kleine Schuppen wie auf dem Rücken, wogegen die anderen Schlangen den Kopf von einigen wenigen großen Schildern bedeckt haben, die Bekleidung des Kopfes also von der des Rückens bei ihnen ganz verschieden ist. Unter den vielen gegen Schlangenbiß empfohlenen Mitteln hat sich nur die schleunige Einspritzung einer frisch angesetzten, einprozentigen Lösung von übermangansaurem Kali vermittelst der Provez'schen Spritze in die Umgebung der Bißwunde, bewährt. Hat man das nicht, so ist es am besten, wenn möglich, das gebissene Glied, zumal wenn es ein Finger, eine Zehe u. s. w. ist, stark zu umschnüren, um die Verbreitung des Giftes in die ganze Blut= masse zu verhindern, die Wunde zu erweitern, zu reinigen, auszusaugen und zu brennen, und dann Branntwein so viel zu trinken als man nur vertragen kann oder noch etwas mehr. Die Zahl der Todes= fälle, welche durch Schlangenbiß in Südbrasilien ver= ursacht werden, ist glücklicherweise eine sehr geringe.

Die zahlreichen Arten von Fröschen, Kröten und Laubfröschen, von denen letztere oft durch ihre laut dem Hämmern der Blechschmiede gleichende Stimme auffallen, bieten wenig hier bemerkenswertes, ebenso wie die Fische, unter denen Dourado, Piava, Curymatá und Trahira am meisten geschätzt sind, und die mit Knochenplatten bedeckten Panzerweise, die s. g. Cascudos, dem Fremden am meisten auffallen.

Unter den Wirbellosen sind es nur die Insekten, welche in vielfacher Beziehung sich bemerkbar machen. Skorpionen und Tausendfüße kommen nur in wenigen und kleinen Arten vor, während unter den Spinnen die größten bekannten Arten, die Vogelspinnen, an steinigen und sandigen Stellen gefunden werden.

Unendlich reich und mannigfaltig ist die Welt der Insekten vertreten. Zahllose durch Form und Farben auffallende Schmetterlinge und Käfer fesseln die Auf= merksamkeit, sei es wenn sie im hellen Sonnenscheine die Blüten umgaukeln, oder wenn sie gleich riesigen Diamanten nachts aus den Gebüschen hervorleuchten und gleich wandelnden Sternen die Luft durchziehen. Unter den Schmetterlingen gibt es einige einheimische Seidenspinner, deren Zucht vielleicht noch einmal von

Bedeutung werden kann. Wichtiger ist die Zucht des europäischen Seidenspinners, für dessen Kultur namentlich das üppige Gedeihen des Maulbeerbaumes von hohem Wert ist. Die Seidenzucht wird seit längerer Zeit mit bestem Erfolge in dem Schlabrendorf'schen Etablissement am Cahy betrieben und hat neuerdings einen weiteren Aufschwung durch die italienische Kolonisation gewonnen. Es steht zu hoffen, daß sie noch zu einem bedeutenden Produktionszweige Rio Grandes sich entwickele.

Von dem zahllosen Heere der Fliegen werden manche dem Menschen lästig. So vor allen die Moskitos, unseren Schnaken und Mücken entsprechend, die zumal an Orten, wo stehendes Wasser in der Nähe ist, abends und nachts zur Pein werden und vor denen man dann nur durch ein um das Bett gehängtes Moskito=Netz aus Gaze sich Ruhe schaffen kann. Andere schädigen namentlich das Vieh, indem sie, wie die Stechfliegen oder „Motucos", das Vieh stechen und ihm Blut aussaugen oder, wie die Schmeißfliegen, auf wunde Stellen ihre Eier ablegen. Die da entstehenden Maden tötet man durch Aufstreuen von etwas Calomel, hier genannt „Mercur". Das Unterlassen regelmäßigen Nachsehens, zumal bei jungen Tieren, hat oft deren Tod zur Folge. Neugeborene Kälber zieht man nicht auf, wenn man, so lange der Nabel nicht abgeheilt ist, nicht beständig nachsieht und die Maden mit Mercur tötet, welche sich da und am Zahnfleisch ansetzen. Bisweilen ist auch der Mensch von ihnen belästigt, indem Fliegeneier auf Wunden 2c. abgelegt werden. Eine Oestriden=Art legt die Eier dem Rindvieh, Hunden u. s. w. in das Bein, wo sich dann ein Geschwür entwickelt, in dessen Höhlung die

Made sitzt, das „Bicho da perna", welches man durch passenden Druck zur rechten Zeit entfernen kann. Wenn diese letzteren Parasiten nur selten den Menschen belästigen, so kann das nicht vom Sandfloh (Bicho do pé) gesagt werden, von dem wohl Niemand immer verschont bleibt. Das kleine kaum sichtbare Tierchen bohrt sich in die Fußsohle oder in die Zehen ein, wobei es sich namentlich abends durch ein leichtes Brennen oder Jucken bemerkbar macht. Mit der Nadel oder einem spitzen Messerchen entfernt man den Schmerzer, dessen Hinterleib zu einem erbsengroßen mit Eiern gefüllten Sacke anschwillt. Die Höhlung, welche nach Entfernung des Eiersacks zurückbleibt, verwächst wieder, besonders rasch, wenn man etwas Jodtinktur oder Zigarrenasche 2c. hineinbringt. Es ist ratsam immer auf seiner Hut zu sein, da eine Vernachlässigung des Eindringlings, zumal an den Zehen von schlimmen Folgen werden resp. den Verlust einer Zehe zur Folge haben kann.

Zu den lästigsten Insekten gehören die Termiten und Ameisen. Die ersteren, von den Brasilianern Cupim, von den Deutschen Erdläuse genannt, sind in mehreren Arten vertreten, von denen einige besondere oft ziemlich hohe und feste Hügel aufwerfen, wogegen andere sich in Holz, besonders in weichem oder faulem, Gänge ausarbeiten. Diese lichtscheuen weißen Tierchen vermögen im Holzwerk die ärgsten Verwüstungen binnen kurzer Zeit anzurichten und man muß daher in Häusern, welche mit Balkenwerk errichtet sind, sehr auf der Hut vor ihnen sein, da sie oft Häuser zerstören oder ein teilweises Umbauen nötig machen.

Die schlimmsten Feinde des Landmannes sind unbedingt die Ameisen. Ihre Zahl ist Milliarden, aber nur wenige Arten sind der Landwirtschaft schädlich.

Vier oder fünf Arten von ihnen haben die Gewohnheit, von Bäumen, Sträuchern ꝛc. Blattstücke mit ihren Kiefern abzuschneiden und in ihr Nest zu tragen, wo diese Blattstücke zu einer krümeligen von Pilzen durchworfenen Masse, wahrscheinlich ihrer Nahrung, sich umbilden. Die Masse von Blättern, welche sie abtragen, ist enorm und der Schaden, welchen sie an den Pflanzungen und Bäumen, zumal den jüngeren, anrichten, ist ein sehr bedeutender, sodaß man nur dann auf gute Ernte rechnen kann, wenn man der Ameisen durch Zerstörung ihrer Nester Herr geworden. Diese sind bei einigen sehr tief angebracht: bei anderen führt der Gang der „Schlepper" eine Strecke weit auf dem Baum hin, geht dann in die Erde, um sich noch viele Meter weit unterirdisch fortzusetzen, sodaß man mit einem spitzen Stecken das Erdreich so lange sondieren muß, bis man das Nest findet, um es nun mit einigen Eimern siedenden Wassers zu vertilgen. Diese Ameisen sind der schlimmste Feind des Pflanzers, gegen den es kein Radikalmittel gibt und auf den man beständig Acht haben muß — jedoch ist es ein Feind, dessen man Herr werden kann, keiner, dem gegenüber man, wie bei den Heuschreckenschwärmen Nordamerikas oder Argentiniens, ohnmächtig die Hände in den Schoß sinken zu lassen hat.

Erwähnen wir schließlich noch der vielen namentlich beim Waldhauen lästigen Wespen, Hornissen u. s. w. und der vielen Arten von wilden Bienen, so dürfte die Zahl der bemerkenswerten Insekten im wesentlichen erschöpft sein. Die zahlreichen Arten wilder Bienen (Meliponen), welche in den Waldungen Brasiliens angetroffen werden, zeichnen sich durch den Mangel eines Stachels vorteilhaft aus. Viele geben einen aroma-

tischen, angenehm schmeckenden Honig, eine aber einen
brechenerregenden. Zur Zucht wird die deutsche Biene,
neuerdings auch die italienische verwendet. Die Arbeits=
biene wurde 1845 zuerst im Kaiserreiche, 1853 in
der Provinz Rio Grande durch deren bedeutendsten
Bienenzüchter, A. Hannemann bei Rio Pardo eingeführt.
Bezüglich ihrer Zucht sei auf das im Kapitel „Vieh=
zucht" Bemerkte verwiesen.

Unter den Käfern sind zwei kleine Rüsselkäfer als
schlimme Feinde des Landwirtes zu erwähnen, welche
in der schwarzen Bohne und im Mais oft in großer
Menge auftreten und großen Schaden anstiften. Man
muß, um die Entwicklung ihrer Larven in den Kör=
nern und Bohnen zu unterbrechen, die Frucht alle paar
Wochen an die Sonne bringen. Das Rösten der
Bohnen setzt deren Schmackhaftigkeit herab. Uebrigens
kann man der lästigen Feinde Herr werden, und sicher
würden nie zerfressene Bohnen aus Rio Grande und
Rio de Janeiro ankommen, wenn der Fruchthandel in
Porto Alegre nicht in den Händen von schmierigen
kleinen Krämern, meist portugiesischer Abkunft, läge,
sondern in jenen von großen anständigen, über luftige
Speicher verfügenden Kaufleuten. Als ein probates
Mittel zur Tötung der wurmförmigen Käferlarven
ohne Schädigung der Frucht wurde kürzlich folgendes
empfohlen: gut schließende Gefäße, am besten Fässer,
werden so lange geschwefelt, bis der Schwefellappen
von selbst auslöscht; nun füllt man die Frucht ein
und läßt sie 14 Tage darin, um sie dann gut auszu=
lüften; die Gefäße können gleich wieder benutzt werden,
die Frucht leidet am Geschmack keine Einbuße, ist aber
vor dem Auftreten von „Bichos" nunmehr gesichert. Unsere
Kolonisten und Fruchthändler sollten diesen wertvollen

Rat wohl beachten, durch den der Wert der Rio Grandenser Frucht sehr erhöht würde. Es ist ja das Unglück aller Export-Artikel der Provinz, daß sie wegen ungenügender Sorgfalt in der Behandlung auswärts weniger geschätzt sind, als solche von anderen Herkunftsorten.

V.

Bevölkerung.

Die Gesamtzahl der Bewohner von Rio Grande ist selbst annähernd nicht bekannt, und beruhen daher alle bezüglichen Angaben auf Schätzung. Die letzte Volkszählung, diejenige von 1872, ergab nach der ersten vorläufigen Uebersicht eine Gesamtbevölkerung von 430 878 Seelen. Bei dieser Zählung sind aber eine Reihe von Kirchspielen vergessen, und auch da, wo die Zählung rechtzeitig vorgenommen wurde, hat man die weiter abseits Wohnenden vielfach aus Bequemlichkeit unberücksichtigt gelassen. Die Zahl der Sklaven ist in jener Zählung zu 66 876 angegeben. In Wahrheit betrug sie damals 107 948, sodaß allein für die Sklaven die betreffende Ziffer um mehr als 40 000 zu erhöhen wäre. Die Bevölkerung der Provinz ist daher in Wahrheit 1872 bereits erheblich über 500 000, gegenwärtig, resp. Ende 1883 aber sicher bereits über 700 000 Seelen gestiegen. Von 1814 bis 1863 erhob sich die Bevölkerungszahl von 70 656 auf 370 446 Bewohner. Alle diese Zahlen stehen natürlich hinter der wirklichen Einwohnerzahl erheblich zurück. Ist doch die Aufnahme der Listen vielfach in die Hände von analphabeten Inspektoren gelegt gewesen!

Unter der Bevölkerung von Rio Grande, welche, wie bemerkt, auf über 700 000 Seelen zu taxieren sein dürfte, befinden sich kaum noch etwas mehr als 1000 Indianer (Indigenas). Während diese im 17. und 18. Jahrhundert, als die Jesuitenmissionen in Blüte standen, in einer Reihe von Stämmen, die sämtlich der Gruppe der Südtupis oder Guaranys zugehörigen Patos, Minuanos, Charruas, Tapes, Guaycanans u. a. über die ganze Provinz verbreitet, deren ursprüngliche und nach vielen Tausenden zählende Bevölkerung bildete, finden sich jetzt nur noch schwache Reste von ihnen auf dem Hochlande in der Nähe des Uruguay und seiner Zuflüsse. 1860 waren es ihrer noch an 2000, welche in 6 Ansiedlungen s. g. Aldeamentos verteilt lebten. Seitdem ist namentlich durch eine Blatternepidemie, welcher auch der letzte von den verschiedenen Aldeamentos gemeinsam aner= kannte Häuptling, der Cacique Doble erlag, ihre Zahl auf die Hälfte zurückgegangen. Diese Ueberbleibsel, zum Stamme der Coroados gehörig, sind Indios mansos, d. h. zahme Indianer, im Gegensatze zu den Indios bravos, den wilden, deren es keine mehr in der Provinz gibt, wohl aber noch in St. Catharina und Paraná. Nach einem amtlichen Berichte existierten zu Anfang 1880, in 8 Ansiedelungen (Aldeamentos) verteilt, in der Provinz noch 1255 Indianer, welche bei Nonohay auf dem Campo do meio, bei der ursprünglich mit Soldaten gegründeten, ca. 500 Seelen zählenden Militärkolonie Cajeros ꝛc. verteilt leben, und unter Aufsicht eines von der Regierung ernannten Direktors stehen. Diese in kleinen Trupps angesie= delt lebenden „Bugres" treiben etwas Ackerbau oder sammeln Mate, sind Christen und stehen unter eigenen

Bevölkerung.

Häuptlingen, sog. Caciquen. Von ihnen ist Cacique Fongui der beste und Hauptmann Domingos, welcher 1880 einen friedlich als Theemacher von ihren Wohnsitzen am Iguassu in die Wälder des oberen Uruguay einwandernden Trupp von ca. 40 Guarany-Indianern meuchlings im Schlafe überfiel und größtenteils abschlachtete, der elendeste. Die Unterweisung im Christentume (Katechese) gibt aber nur eine äußere Politur. Die deutschen Kolonisten haben in früheren Jahren in der Baumschneiz ꝛc. viel von diesen Indianern, deren Steinbeile, Begräbnisurnen und Pfeifen noch ab und zu gefunden werden, gelitten. Einer der letzten Ueberfälle war jener der Horde des João grande von 1852, wo in der Kolonie Mundo novo eine Familie teils getötet, teils geraubt wurde. Die Gefangenen wurden wieder befreit.

Viel wichtiger als die rotbraunen Ureinwohner sind von den Farbigen für die Provinz seit langem die Neger. Die Sklaverei ist in Brasilien in der Abschaffung begriffen. Das von Rio Branco durchgebrachte Gesetz vom 28. September 1871 macht die von jenem Datum an geborenen Kinder der Sklaven zu Freien, bestimmt, daß jeder Sklave zu einem mäßigen, im allgemeinen zwischen 800—1000 Milreis schwankenden Preise sich loskaufen oder losgekauft werden kann, organisierte zum Loskauf der Sklaven einen Emanzipationsfonds und nahm für Ende dieses Jahrhunderts das Erlöschen des Institutes der Sklaverei in Aussicht. Die Gesamtzahl der Sklaven scheint nie recht genau bekannt geworden zu sein. Nach den 1871 der Kammer vorgelegten Daten soll sie damals 1 609 573 Seelen betragen haben, was aber eine viel zu niedrig bemessene Angabe war. Waren doch am 1. Januar 1880 noch 1 419 168 Sklaven vorhanden. In der Uebersicht über die Bevölkerung des Kaiserreiches in dem Werke „Brasilien auf der Weltausstellung von 1876 in Philadelphia", welche in vielen anderen Werken reproduziert ist, wird die Zahl der Sklaven für 1872 für die Provinz Rio Grande zu 66 876 angegeben. Nun war aber die wirkliche Zahl der Sklaven am 30. Juni 1882 noch höher, nämlich 68,703, obgleich von 1872—1882 im ganzen 23 250 Sklaven von Rio Grande nach anderen Provinzen verkauft wurden, 2 951 sich losgekauft hatten vnd 6 149 freigegeben wurden. Die Zahl der Sklaven betrug bei Aufnahme der Matrikel 1872 von Rio Grande 107 948. In ähnlicher Weise waren auch für andere Provinzen, wie São Paulo, Rio de Janeiro u. s. w. die Zahlen ungenau, sodaß die wahre Zahl der Sklaven bis zum 28. September 1871 nur wenig unter 2 Millionen geblieben sein dürfte.

Es war die Zahl von Sklaven

in den Provinzen	am 31. XII. 1879	Mitte 1882
Rio Grande do Sul	68 169	68 703
St. Catharina	12 829	11 049
Paraná	10 088	7,668
São Paulo	168 950	174 622
Minas geraes	289 919	279 010
Rio de Janeiro	279 326	268 831

In den drei südlichen Provinzen hat sich die Zahl der Sklaven seit 1871 fast auf die Hälfte vermindert, und auch diese könnten durch hohe Provinzialsteuern u. s. w. schon bald frei gemacht werden, ohne daß die wirtschaftliche Entwicklung des Südens damit in Frage gestellt werden würde. Ähnlich steht es auch im Norden des Kaiserreiches, wo die Provinz Ceará allen andern in schneller Emanzipation durch Privat-Initiative vorangehend, vor mehreren Monaten dem letzten Sklaven die Freiheit gegeben hat. Dem Beispiele Cearás folgt jetzt auch Goyaz. So wird es denn nicht ausbleiben, daß die Frage der endlichen Aufhebung der Sklaverei sich zu einem Gegensatze zwischen den südlichen und nördlichen Provinzen einerseits und dem kaffeebauenden Zentrum andererseits zuspitzt. Nur letzteres würde durch eine sofortige Aufhebung der Sklaverei sehr schwer, unberechenbar schwer geschädigt werden. Wenn daher auch der Eifer, welchen die Brasilianer im ganzen für die Emanzipation entwickeln, ihrem guten Herzen und ihrer humanen Gesinnungsweise alle Ehre macht, so ist doch nicht zu verkennen, daß eine Beschleunigung der Emanzipation, wie sie von den „Abolitionisten" erstrebt, wird eigentlich in keiner Weise im Interesse Brasiliens zu wünschen ist. Für die Weltgeschichte bleibt es gleich, ob die begonnene Emanzipation 1890 oder 1900 beendet ist, ob die letzte Sklavenarbeit in Amerika im Jahre 1900 oder einige Jahre früher oder später gethan wird. Für Brasilien aber ist das ein gewaltiger Unterschied, und an die wirtschaftliche Zukunft des Kaiserreiches ist ja schließlich doch auch diejenige der freiwerdenden Schwarzen geknüpft. Die ganze Frage sollte nicht mehr vom Standpunkte der Humanität, sondern von demjenigen der Wirtschaftspolitik behandelt werden. Es gilt: die schwindenden Verhältnisse durch andere, der neuen Lage angepaßte zu ersetzen, den Zuzug freier Kolonisten — nicht aber — Arbeiter! — welcher bisher trotz enormer Opfer der Regierung ein sehr dürftiger war, in großem Maßstabe zu organisieren. Leider läßt sich nicht verkennen daß Brasilien die ersten zehn Jahre nach Beschluß des Abolitionsgesetzes **unbenutzt** hat vorüber gehen lassen, daß die maßgebenden Politiker nach wie vor in Parteigezänk, Ministerwechseln, neuen Wahlgesetzen u. s. w. sich erschöpfen, durch Zinsengarantien die Finanzen des Staates noch mehr zerrütten und der Lage sich in keiner Weise gewachsen zeigen. Keine der beiden Parteien hat bisher zu der Einwanderungsfrage entschieden Stellung genommen, für die doch so vieles Not thäte, um das Mißtrauen, welches man in Europa gegen Brasilien noch immer hegt, zu zerstören. Statt dessen opfert man Millionen und aber Millionen zum Loskaufe von Sklaven. Durch den „Emanzipationsfonds" wurden von 1871—1881 für 9010 Conto de Reis 12898 Sklaven losgekauft, wovon auf Rio Grande 409 Conto, resp. 643 losgekaufte Sklaven entfielen. Dazu kam 1882 eine Quote für die Provinz von 125 Conto, wofür 210 Sklaven losgekauft wurden, und 1883 eine 4. von 160 Conto. Die Privatwohlthätigkeit machte in derselben Zeit etwa sechsmal so viel Sklaven frei. Im ganzen sind mit den bedeutenden Zahlungen der letzten Jahre bis jetzt über 10 000 Conto (ca. 20 Millionen Mark) vom Emanzipationsfonds verwendet. Eine solche Ausgabe wäre offenbar nur dann wirtschaftlich gerechtfertigt, wenn sie auch erheblichen Erfolg hätte. Eine Loskaufung von Sklaven aber, durch welche pro Jahr noch nicht ein per Mille des Sklavenbestandes befreit werden kann, ist, da sie gleichwohl große Summen besseren Zwecken entzieht, ein finanzieller Unsinn, eine wirtschaftliche Sünde. Denn ist es nicht ein lächerliches Resultat, wenn in 10 Jahren für 20 Millionen Mark nur $^{1}/_{2}$ Prozent des Sklavenbestandes befreit wurde?

Bevölkerung.

In der Provinz Rio Grande hat die Verminderung des Sklavenstandes auf nahezu die Hälfte keinerlei wirtschaftliche Mißstände geschaffen und wird es daher mit der andern Hälfte auch nicht anders gehen. Im Besitze von Deutsch-Brasilianern gibt es nur wenige Sklaven, auch diejenigen, welche wie in Pelotas, im Dienste industrieller Unternehmungen stehen, werden teils bleiben, teils ersetzbar sein.

Am härtesten wird ein ziemlicher Teil der luso-brasilianischen Bevölkerung d. h. also der ursprünglich portugiesische Teil derselben von der vollen Aufhebung der Sklaverei betroffen werden. Manche Familien oder einzelnstehende Personen leben noch ganz oder vorzugsweise von der Arbeit ihrer Schwarzen. Das Schlimmste für diesen mehr als $1/3$ der Bevölkerung ausmachenden Teil der Bewohner Rio Grandes ist der Umstand, daß sie sich vielfach gewöhnt haben, gemeine Arbeit als ihrer unwürdig zu betrachten, was namentlich auch vom weiblichen Geschlechte gilt. Die Sklaverei hat in dieser, wie auch in geschlechtlicher Hinsicht, demoralisierend auf die Brasilianer eingewirkt, und die Sklavenemanzipation bedingt daher nach vielen Seiten hin eine Krisis, welche Brasilien nur dann gut überwinden kann, wenn es mit dem bisherigen engherzigen nativistischen System total bricht, wenn es bei hinreichender Dezentralisation das Land nach dem Beispiele der Vereinigten Staaten ohne zu große Kosten einem ergiebigen Strome ackerbautreibender Einwanderer öffnet und es einer freieren, gesunderen wirtschaftlichen Entwicklung entgegenzuführen weiß.

Der eigentliche Typus des alten Rio Grandensers ist der den Kamp bewohnende Gaucho. Es sind kräftige, oft athletische Gestalten mit strammer Haltung,

derbem Nacken, durchdringendem Blicke, von Wind und
Wetter gebräunt. An jede Art Strapazen gewöhnt,
ist er von Jugend auf mit seinem Pferde verwachsen,
das er viel in Thätigkeit erhält. Seine Hauptbe=
schäftigung ist die Sorge um das Vieh, zu dessen
Fang der jeder Zeit am Sattel mitgeführte Lasso dient
dessen sausende Schlinge mit oft staunenswerter Sicher=
heit geworfen, selten ihr Ziel verfehlt. Stolz und
ritterlich, gastfrei im höchsten Grade, legt er, zumal
für sein Auftreten bei festlichen Gelegenheiten viel
Wert auf gute Kleidung und kostbares, silberbeschlagenes
Sattelzeug, während es ihn unberührt läßt, ob er die
Nacht in seiner halbzerfallenen, vom Winde durch=
sausten Lehmhütte zubringt, oder im Freien am Feuer
unter rasch errichtetem Zelte. Dann wird wohl ein
kräftiger Bissen Fleisch am Feuer flüchtig geröstet
(Chorasco), und wenn der Hunger gestillt ist, geht
die Cuya (eine Art kleiner Flaschenkürbiß) mit bitterem
Mate chimarão die Reihe um, welcher gesunde, die Ver=
dauung fördernde Thee durch ein metallenes Rohr
eingesogen wird. Die immer aufs neue wieder ge=
füllte Cuya mit ihrer oft silbernen Bomba macht
dann in einer für uns nicht anmutenden Weise immer
wieder die Runde. Dann wird frisches Holz auf
das flackernde Feuer nachgelegt, lebhafter wird die
Unterhaltung oder die Stimmen erheben sich, von der
nationalen Viola begleitet, durch die stille Nacht zu
einem jener schwermütig=rührenden Volksgesänge,
welche sowohl der ganzen Situation und Szenerie
angemessen sind.

Die Lusobrasilianer sind mäßig und höflich, rück=
sichtsvoll in der Familie. Ihre große Liebe zu den
Kindern macht sie gegen dieselben zu nachsichtig. In

der Arbeit fehlt es ihnen vielfach an stetiger Ausdauer, die besseren Stände werden ernster Thätigkeit häufig durch ihre Leidenschaft für Politik-Treiben entfremdet, welchem gleichwohl jeder ernste Hintergrund fehlt, da man nicht für Prinzipien und Fortschritt kämpft, sondern nur für seine Partei. Die herrschende Partei besetzt alle Stellen, die andere Partei strebt nach der Herrschaft — das ist der einzige charakteristische Unterschied zwischen den beiden Parteien des Landes, den Liberalen und den Konservativen, welche sich beständig heftig bekämpfen, in der Regel unter großem und besseren Sachen würdigerem Reichtum an Phrasen. Nur die neugebildete republikanische Partei tritt ernstlich für Ideen ein, sucht auch den Nativismus gebührend von sich abzustreifen.

Die Neuzeit bahnt auch hierin langsam Veränderungen an. Die großen „Fazenden" gehen durch Erbschaftsteilung in immer kleinere Stücke, die Bevölkerung wird dichter, die Ansprüche erhöhen sich. Während früher die Gastlichkeit eine unbegrenzte war, mit Fleisch und Häuten umgegangen wurde, als seien es keine Wertobjekte, schränkt man sich jetzt mehr ein und beginnt ökonomischer zu werden. Dabei nimmt, da die roh betriebene Viehzucht lange nicht mehr alle Hände beschäftigt und man sich an Ackerbau auf dem Kamp nicht gewöhnen will, die Zahl des arbeitsscheuen Volkes der niederen Klasse und der ungemein zahlreichen Mischlinge zu, Verbrechen aller Art werden häufiger, zumal der Viehdiebstahl nimmt in erschrecklicher Weise zu. Langsam steuert die neue Lage auf andere Ziele, andere Gewohnheiten und Beschäftigungen hin, und eindringlich ruft sie den Kindern des Landes zwei unbequeme Worte mahnend zu, die da heißen: Arbeit und Ackerbau.

Bevölkerung.

Die große Hauptmasse der Bevölkerung der Provinz besteht aus Portugiesen, den sog. Luso=Brasilianern, aus Negern und Mischlingen von beiden. Hinsichtlich letzterer läßt sich schwer eine scharfe Scheidung durchführen; übrigens ist die Mischung der Rassen keine so weitgehende, wie im Norden des Kaiserreiches, und Mischung mit Indianerblut fällt in Rio Grande ganz außer Betracht. Man nennt in Rio Grande Mulatten den kraushaarigen, mehr oder minder dunklen Mischling des Negers mit dem Weißen; Caboclo dagegen ist der straffhaarige Mischling des Indianers mit dem Neger. Die Zahl der Caboclos ist übrigens eine sehr geringe. Creole bedeutet eigentlich: im Lande geboren, wird aber, wenn es von Menschen gemeint ist, nur auf den in Brasilien geborenen Neger bezogen.

Als ein wichtiges Element hat sich neben der erwähnten noch die Kolonie=Bevölkerung entwickelt, welche aus Deutschen und seit neuester Zeit auch aus Italienern besteht. Die Letzteren sind durch den Kontrakt Pinto seit 1874 eingeführt und sämtlich auf den Staatskolonien angesiedelt. Auf den drei Staatskolonien Conde d' Eu, Donna Izabel und Caxias, deren Bewohner größtenteils Italiener, resp. Welschtiroler sind, existieren bereits über 20 000 Seelen. Durch große Genügsamkeit und vielen Fleiß haben sie trotz der ungünstigen Anlage der meisten neueren Staatskolonien, aber gefördert durch große Regierungs= zuschüsse, ungeahnt rasch ihre Ansiedelungen zu einer erfreulichen, viel verheißenden Blüte herausgearbeitet. Neben geschickten und fleißigen Kolonisten finden sich freilich auch wüste, zu Gewaltthaten leicht geneigte Gesellen unter ihnen, und andere verlassen die Ansiedelungen wieder, um sich als Arbeiter an Straßen=

Bevölkerung. 75

bau oder Eisenbahnbauten Beschäftigung zu suchen. Ein Urteil über die Zukunft dieser italienischen Kolonien läßt sich erst nach Einführung definitiver Zustände durch die Emanzipation derselben gewinnen, aber alles berechtigt zu der Erwartung, daß diese Kolonien durch große Produktion von Korn, Weizen und Wein rasch zu einem wichtigen Faktor im wirtschaftlichen Leben der Provinz sich entwickeln werden.

Ein besonders wichtiges Element bilden in der Bevölkerung von Rio Grande die Deutschen, auch Teuto-Brasilianer (Deutsch-Brasilianer) genannt. Sie sind nicht nur ihrer zwischen $1/7$ oder $1/6$ der Gesamt-Bevölkerung betragenden Menge wegen von Bedeutung, sondern auch durch die Art ihrer Wirksamkeit. Während der Brasilianer portugiesischer Abkunft auf dem Lande Viehzüchter ist, in der Stadt nach Anstellungen und kaufmännischer Thätigkeit strebt, hat der eingewanderte Deutsche den Ackerbau im Waldgebiete in größerem zusammenhängenden Umfange eingebürgert und das Handwerk in einem bis dahin unbekannten Maßstabe in Schwung gebracht. Durch die ganze Provinz hindurch findet man, auch inmitten rein luso-brasilianischer Distrikte, deutsche Handwerker verbreitet. Aus diesem Stück der kleinen Industrie ist allmählich auch unter wesentlicher Beteiligung oder Intitiative des deutschen Elementes die gegenwärtige respektable Industrie der Provinz entstanden, während andererseits deutsche Kaufleute den Großhandel an sich zogen und es, indem sie die Engländer verdrängten, dahin brachten, daß der Import der Provinz jetzt fast ganz in deutschen Händen ruht. Für zahlreiche Konsum-Artikel, wie schwarze Bohnen, Mais, Mandiokmehl, Schmalz ꝛc. deckt die deutsche Kolonie nicht nur den

Konsum der Provinz, sondern auch den eines großen Teiles der nördlichen Provinzen, und in den Exportlisten der Provinz macht sich neben den früher allein dominierenden Produkten der Viehzucht bereits die Wirksamkeit deutscher Ackerbauer und Industrieller in rasch steigender Proportion geltend. Mit Genugthuung können das Kaiserreich und die Provinz auf die Früchte blicken, welche ihnen die relativ geringen Auslagen für deutsche Kolonisation eingetragen haben.

Es ist in der That ein respektables Stück Arbeit, welches die deutschen Ansiedler da im dichten Urwald geleistet haben, welcher bis in die dreißiger und selbst in die fünfziger Jahre das unbestrittene Jagdgebiet der spärlichen Indianer-Bevölkerung bildete. Von Torres, an der Grenze von St. Catharina beginnend, zieht sich das Gebiet der deutschen Kolonien quer von Osten nach Westen bis St. Maria hin, und zahlreiche Waldbrände bekunden alljährlich zur Sommerszeit, daß die mächtige Bresche, welche bereits in den Urwaldgürtel der Provinz gelegt ist, noch immer mehr sich erweitert. Ein anderes, bereits stark bevölkertes Zentrum deutscher Kolonien bilden die Waldgebiete, welche im Süden der Provinz um Pelotas herum, resp. von der Kolonie São Lourenço ab sich ausdehnen. Die Gesamtzahl der deutsch-brasilianischen Bewohner Rio Grandes ist nicht bekannt, wird aber die Zahl 100 000 nur wenig übersteigen. Unter ihnen befindet sich nur eine ausnehmend kleine Zahl deutscher Reichsangehöriger, weil die früheren Bestimmungen gerade dem deutschen Einwanderer die Bewahrung der deutschen Staats-Angehörigkeit ebenso schwierig wie kostspielig machten. Die Eintragung in die vom Konsulat geführte und jährlich zu erneuernde Matrikel kostet

6 Mark, die Bescheinigung darüber ebensoviel, und wer daher einen gültigen Ausweis über seine Deutsche Reichs-Angehörigkeit hätte haben wollen, würde dafür jährlich 12 Mark zu zahlen gehabt haben, was selbstverständlich keinem Kolonisten einfiel. Das ist auch so ein Stück deutschen Zopfes oder richtiger eine des Deutschen Reiches unwürdige Plackerei und Steuerschraube, welcher die Angehörigen anderer europäischer Staaten natürlich auch nicht ausgesetzt waren. Die Mehrzahl der älteren deutschen Kolonisten sind weder Brasilianische noch Deutsche Unterthanen, da das von der Deutschen Reichs-Angehörigkeit handelnde Reichs-Gesetz vom 1. Juni 1870 (resp. auch das die Deutschen Konsulate im Auslande regulierende Reichs-Gesetz vom 6. Juni 1871) besagt, daß Deutsche, welche 10 Jahre hindurch im Auslande leben und die regelmäßige Immatrikulation auf dem Deutschen Konsulate unterlassen, die Deutsche Staatsangehörigkeit verlieren. Da nun diese Kolonisten weder die Matrikulierung im Konsulate besorgten, noch sich als Brasilianische Bürger naturalisieren ließen, so sind sie eigentlich keine Staatsangehörigen. Wenn ihnen trotzdem nie Verdrießlichkeiten aus dieser Lage erwuchsen, und ihre Erbschafts-Angelegenheiten wie bei Brasilianischen Unterthanen reguliert wurden, so ist das sicher kein schlechtes Zeichen für die allgemeinen bürgerlichen Verhältnisse Brasiliens. Ihre Kinder sind, als im Lande geboren, Brasilianische Staats-Angehörige. Wegen der berührten unpraktischen Bestimmungen hinsichtlich der Bewahrung der Deutschen Reichs-Angehörigkeit wird auch die 1882 abgeschlossene Deutsch-Brasilianische Konsular-Konvention an diesen Verhältnissen nichts ändern. Im übrigen brauchen auch die eingewanderten deutschen Kolonisten

nicht mehr auf Deutschen Schutz sich zu verlassen. Im Lande ansässig und Grundbesitzer, mögen sie auch, wie die übrigen Deutsch-Brasilianer durch die mit keiner= lei Kosten verknüpfte Naturalisation Bürger des Staates werden, den sie zur neuen Heimat sich und ihren Kin= dern auserkoren haben.

Die deutschen Kolonien sind, wie erwähnt, alle im Gebiete der Waldregion angelegt und zeigen daher auch nach Anlage und Beschaffenheit eine große Aehn= lichkeit. Das erste bei Anlage der einzelnen Kolonien, resp. der einzelnen Pikaden derselben, war immer das Aufhauen eines breiten Weges, einer Schneiz, wes= halb denn auch die einzelnen Ansiedelungen als Schneizen oder Pikaden bezeichnet wurden. Diese Pikaden führen zum Teil in den beiden Sprachen verschiedene Be= zeichnungen, so z. B. ist Bom Jardim = Berghahner Schneiz, Dois Irmãos = Baum=Schneiz, Pieda= de = Hamburger Berg und Hortencio = Portu= giesen=Schneiz. An dieser Straße liegen dann die einzelnen Kolonielose von 100 000 ☐ Brassen Flächen= inhalt in der Art orientiert, daß ihre Schmal= oder Front=Seite 100 Brassen (à $2{,}2$ Meter) lang ist und die Kolonie entweder von der Straße durchschnitten wird, oder was besser und auch häufiger ist, nur mit der einen Frontseite an die Straße angrenzt. Da die Tiefe der Kolonie 1000, früher sogar 1600 Brassen betrug, so beträgt die Entfernung zwischen zwei Pika= den ca. 1 Legôa. Quer=Pikaden heißen Travessões (spr. Travessongs). Die Wohnungen der Kolonisten liegen je nach dem Terrain und zumal nach den Wasser= laufs=Verhältnissen bald mehr von der Straße entfernt, bald dichter an ihr. Während die Kolonisten bei der besten Ansiedelung sich nur rohe Hütten von Holz oder

Bevölkerung.

Fachwerk aufschlagen, findet man in den älteren Pikaden durchweg freundliche, saubere und solide Häuser, mit Holzschindeln oder Ziegeln gedeckt, welche weiß getüncht sind und dadurch lebhaft gegen den die Wohnung umgebenden kleinen Hain von Palmen und Obstbäumen abstechen, unter denen zumal die im Winter mit goldigen Früchten überladenen Orangenbäume in die Augen fallen. Neben dem Hause stehen die Küche, sowie der Backofen und meist noch einige andere als Stallungen und Scheune für Mais zc. dienende leichte Bauten. Weiterhin folgt dann eine oft sehr ausgedehnte Viehweide (Potreiro), welche durch einen dichten Zaun von der Pflanzung, der „Roça", abgeschieden ist. Die Zäune sind bald aus Gruben und Wällen mit Dornpflanzen, bald aus Pfählen und schwerem Stangenholz gebildet, auch wohl in steinreichen Gegenden durch breite mühsam geschichtete Steinmauern ersetzt. An die Roça schließt sich dann noch unberührter Urwald an. Da die Pflanzungen nicht selten ziemlich weit von der Straße abliegen und die Potreiros oft durch stehen gebliebene Bäume und aufgeschossenes Buschwerk ihren wahren Charakter nicht gerade auffällig zur Schau tragen und jedes nicht in beständiger Benutzung stehende Stückchen Land sich gleich wieder mit einer dichten, rasch emporschießenden Pflanzendecke überkleidet (Capoeira), so treten die Folgen der Kultur für den Neuling, welcher durch die Pikaden zum ersten Male reitet, nicht so zu Tage, wie er wohl erwartet hätte. Schließlich kann man das aber doch wohl nicht viel anders erwarten, wenn man bedenkt, daß auf die ☐Legôa über 90 Kolonielose entfallen. Das Areal, über welches der einzelne Kolonist verfügt, ist daher ein sehr beträchtliches, und in den älteren Pikaden gibt es auch relativ wenig Kolonisten mehr, welche ein ganzes Kolonielos für sich allein bewirtschaften. An den meisten Stellen ist da durch Landverteilung an die Kinder der Grundbesitz des einzelnen Kolonisten auf $1/2$ oder $1/4$, ja selbst auf $1/8$ Kolonie reduziert, und wo es noch nicht soweit gekommen ist, wird die Teilung doch auch mit der Zeit nicht ausbleiben. Vielleicht ist eben dieser relativ große Grundbesitz von 48 resp. früher 77 Hektar der Grund, weshalb die Deutschen in Rio Grande verhältnismäßig mehr zu Wohlstand gelangt sind, als in Sta. Catharina, wo die Kolonielose nur $1/4$ oder $1/2$ so groß sind, wie in Rio Grande. So haben in Rio Grande die älteren deutschen Kolonisten, welche ihr Kolonielos geschenkt bekamen, ihren Kindern einen großen, durch vielen darauf verwandten Fleiß in blühenden Zustand versetzten Grundbesitz hinterlassen können, dessen Wert in den alten Pikaden nicht selten 20 Conto übersteigt. Die deutschen Kolonisten legen ihre Ersparnisse stets in Land an, und immerzu dehnt sich durch zahlreiche Käufe der von Deutschen in Beschlag genommene Grundbesitz aus. Großes Vermögen erwirbt indessen der deutsche Kolonist nicht, und diejenigen, welche solches besitzen, haben es meist durch Handel erworben. v. Koseritz taxiert das Verhältnis der von Deutschen erworbenen Ländereien zu denen der Luso-Brasilianer wie 1:5, und hinsichtlich des Wertes derselben wie 1:3.

In den einzelnen größeren Kolonien findet man je ein oder mehrere kleine Ortschaften, sog. Stadtplätze, deren Bevölkerung größtenteils aus Handwerkern und Geschäftsleuten besteht. Hier trifft man auch überall saubere deutsche Gasthäuser, in denen man für 2 Milr. oder weniger pro Tag Kost und Logis hat, und unter denen sich besonders diejenigen von „Papa Kröff" (Hamburger Berg), von Kehl (Taquara), Merkel (Baumschneis), Recke (S. Sebastião) und Kern (St. Cruz) auszeichnen. In Porto Alegre existiert als deutsches Hotel dasjenige von Becker, Rua Santa Catharina, und für höhere Ansprüche machende Reisende jenes von Bahlke, Hotel Brazil.

Bei dem milden, dem Europäer sehr zusagenden Klima, dessen Rio Grande sich erfreut, kann von einer eigentlichen Akklimatisation kaum die Rede sein, und der Gesundheitsstand im Gebiete der deutschen Kolonien ist daher auch ein vorzüglicher. Soweit die bezüglichen statistischen Daten hinreichen, kann man als Regel ungefähr das Verhältnis bezeichnen, daß im Jahre auf je 1000 Bewohner 8—10—15 Todesfälle und 42—58 Geburten entfallen, was einer jährlichen Bevölkerungszunahme von 30 Köpfen auf je 1000 Bewohner entspricht. Wenn es gestattet sein sollte aus dem unvollkommenen statistischen Materiale, das uns vorliegt, solche Folgerungen abzuleiten, so wäre man versucht zu behaupten, daß, je länger die Ansiedlungen bestehen und in Blüte geraten, desto günstiger das Verhältnis zwischen Todesfällen und Geburten sich entwickelt, so zwar, daß dieses auf dem Lande statt wie früher = 1 : 3 zu sein, sich jetzt wie 1 : 4, 1 : 5 oder gar 1 : 6 stellt. Wenn man bedenkt, daß in Preußen dieses selbe Verhältnis noch nicht 1 : 2 ist, so wird man nicht umhin können, diese Zahlen als ein beredtes Zeugnis für das Gedeihen der deutschen Kolonien in Rio Grande anzuerkennen. Erklärt wird die Thatsache einer sehr raschen Vermehrung, der übrigens für die Deutschen in den Vereinigten

Staaten gleichfalls konstatiert wurde, nicht sowohl durch
die allgemeinen günstigen Lebens- und Ernährungs-
bedingungen, als auch durch die rüstigen, arbeitsamen
Leute gebotene Möglichkeit, sehr frühzeitig zu heiraten.
Der deutsche Kolonist sieht in einem reichen Kinder-
segen nicht eine seinem Fortkommen hinderliche Last,
sondern eher eine Garantie gedeihlicher Entwickelung,
indem die Kinder von früh ab gewöhnt sind, ihr Teil
im Hause und in der Plantage mitzuarbeiten.

Der Konfession nach dürften in Rio Grande wohl
mehr Katholiken als Protestanten vorhanden sein,
während in der Provinz St. Katharina das evangelische Element bei weitem überwiegend ist, wie das
wohl auch in Rio Grande ursprünglich der Fall war.
Die Ursache für die größere Zunahme des Katholizismus bilden die Bestimmungen über die Mischehen.
Während nämlich Glaubensfreiheit durch die brasilianische Verfassung gewährleistet wird, ist gleichwohl
die katholische Konfession Staatsreligion, und diese
gestattet, auf den Standpunkt des Concils von Trient
sich stellend, den Katholiken nur dann eine Mischehe
einzugehen, wenn das Versprechen katholischer Kindererziehung gegeben wird. Die Eheschließung zwischen
Protestanten ist durch Dekret Nr. 3069 vom 17. April
1863 reguliert. Die vom evangelischen Geistlichen,
der von der Gemeinde gewählt und vom Staate
registriert sein muß, vollzogenen kirchlichen Handlungen
haben gesetzliche Gültigkeit. Eine vor dem Notar
abgeschlossene Ehe dagegen ist ungültig und der Notar
ist strafffällig, ebenso der evangelische Geistliche, wenn
er eine gemischte Ehe einsegnet. Wollen daher Braut-
leute gemischter Konfession von dem evangelischen
Geistlichen sich trauen lassen, so muß der katholische

Teil ein Dokument unterzeichnen, welches den erfolgten Uebertritt zum Protestantismus bezeugt. So kommen alle gemischten Ehen dem Katholizismus zu statten, zumal die Protestanten sich zu willig in die allerdings schwierigen Verhältnisse hineinfinden. Die Konsular= konvention zwischen Brasilien und dem Deutschen Reiche räumt dem Deutschen Konsul die Befugnis ein, als Standesbeamter Ehen, also auch Mischehen, zwischen deutschen Staatsangehörigen abzuschließen. Im übrigen ist die lange erstrebte Einführung der Zivilehe in Brasilien nur eine Frage der Zeit.

Wunderbar nimmt es sich aus, wenn unter solchen Umständen in Deutschland noch ab und zu von einer „Unterdrückung der Protestanten in Brasilien" die Rede ist. Den einz'gen Anhalt dafür bietet die Be= stimmung der Verfassung, daß die Gotteshäuser der Protestanten resp. der „Katholiken" keine äußeren Abzeichen als Tempel haben dürfen, allein thatsächlich wird die Bestimmung nicht aufrecht erhalten, wie denn auch die protestantischen Kirchen in St. Cruz, in der Baumschneiz und in der Kolonie Maratá u. A. schöne Türme mit Glocken besitzen. Auch hin= sichtlich der Kirchhöfe haben die verschiedenen deutschen Picaden, je nach Neigung, gemischte oder konfessionell getrennte Kirchhöfe sich angelegt, lange bevor das neue Kirchhofsgesetz über die Säkularisation der Kirchhöfe zur Beratung kam Ein weiterer Fortschritt war die 1882 erfolgte, früher verweigerte staatsrechtliche Anerkennung der Statuten der evangelischen Gemeinde von São Leopoldo. Der einzige thatsächlich unbequeme Punkt ist für die Protestanten die gesetzliche Regelung der Mischehen. Hierin eine Aenderung herbeizuführen und ferner die staatliche Besoldung von auf einer deutschen Universität rite ausgebildeten Geistlichen zu erreichen, wird eine der Aufgaben sein, an denen die seit kurzem lebhafter entwickelte Anteilnahme der Deutsch-Brasilianer am politischen Leben sich zu bethätigen haben wird. Bis jetzt sind es größtenteils Missionszöglinge, welche im Gebiete der deutschen Kolonien das mühevolle Amt der Pfarrer einnehmen. Es ist ein Mißstand, daß für die evangelischen Pfarrer kein Examen erforderlich ist, und jeder, der von einigen Bewohnern dazu erwählt wird und sich vom Staate registrieren läßt, das Amt verwalten kann. In St. Katharina besteht seit wenigen Jahren die Bestimmung, daß es zur Registrierung als Geistlicher des Nachweises der Ordinarien auf Grund theologischer Studien bedarf. Die Geistlichen sind großenteils auch als Lehrer thätig. Die Regierung hat zwar auch im Koloniegebiete eine größere Anzahl von öffentlichen Schulen geschaffen, da aber diese bei weitem nicht hinreichen, auch nicht selten von gänzlich ungeeigneten und der deutschen Sprache nicht einmal mächtigen Individuen besetzt sind, so bestehen überall noch Privatschulen. An ausreichender Gelegenheit, etwas Ordentliches zu lernen, fehlt es daher den Kindern im Koloniegebiete fast nirgends. Wenn gleichwohl viele derselben nur wenig lernen und einige Jahre, nachdem sie die Schule verlassen, das Lesen und Schreiben wieder fast ganz vergessen haben, so liegt das nicht an mangelnder Gelegenheit, sondern daran, daß die Eltern ihre Kinder erst mit 10 oder 11 Jahren und nur auf 1—2 Jahre in die Schule schicken. Es fehlt nicht an Kolonisten, welche gewissenlos genug sind, die Kinder lediglich für ihre Feldarbeit auszunutzen, ohne sie auch nur das Notwendigste lernen zu lassen. Die gesetzlichen Handhaben sind nicht hin-

Bevölkerung.

reichend, um den seit 1871 bestehenden Schulzwang zu einem wirksamen zu machen. Es gibt daher unter der jüngeren Generation viele Männer, welche kaum holperig ihren Namen schreiben können und denen das Zeitungslesen eine zu große Anstrengung ist. Und doch wäre eine allgemeine Lektüre der auf dem moralischen und wirtschaftlichen Fortschritt der Kolonie-Bevölkerung bedachten Presse das wirksamste Mittel, um der zunehmenden Rohheit und Unwissenheit zu steuern. Der Einfluß der Geistlichen ist in dieser Hinsicht leider ein sehr geringer, um so mehr müßte Schule und Presse ergänzend zur Seite treten.

Was die letztere betrifft, so ist die dreimal wöchentlich erscheinende „Koseritz Deutsche Zeitung" die gediegenste und verbreitetste, während die in ihrem 23. Jahrgange stehende „Deutsche Zeitung", welche unter C. v. Koseritz Redaktion viele Jahre hindurch das gelesenste deutsche Organ der Provinz war, infolge ihrer gegenwärtigen gehässigen Redaktion in den letzten Zügen liegt. Mit Geschick und Fleiß redigiert ist auch die von dem evangelischen Geistlichen Dr. W. Rotermund in St. Leopoldo herausgegebene „Deutsche Post". In São Leopoldo erscheint auch ein Organ der Jesuiten: das „Volksblatt". Für Belehrung der Kolonisten wirkt die einmal im Monat erscheinende „Landwirtschaftliche Zeitung". Am wirksamsten zur Vertretung gelangen die Interessen der deutschen Kolonie durch die in der Landessprache von C. v. Koseritz herausgegebene „Gazeta de Porto Alegre". Diese hat sich unter Brasilianern den Ruhm erworben, die beste doktrinäre Zeitung nicht nur der Provinz, sondern des Kaiserreiches zu sein. Die bestredigierte Zeitung der Provinz in bezug auf Handelsinteressen ist der „Coreio Mercantil" in Pelotas

Die Interessen der evangelischen Bevölkerung vertritt der Geistliche van Orden in seinem „Pregador Christão". Das Vereinsleben ist in den größeren Städten lebhaft entwickelt, teils für gesellige Zwecke, wie z. B. bei der „Germania" in Porto Alegre und Rio Grande, teils für gemeinnützige. Von letzteren sei hier nur des Deutschen Krankenvereins, des Hilfs- und des Schul-Vereins gedacht. Der erstere erfüllt seinen Zweck vollständig, indem er den Mitgliedern ärztliche Hülfe und Medikamente schafft. Dagegen entspricht infolge unzweckmäßiger Leitung der über ein beträchtliches Kapital verfügende Teutsche Hilfsverein seiner Aufgabe schlecht. Eine kürzlich beabsichtigte Verbindung mit dem Krankenverein scheiterte, was umsomehr zu bedauern ist, als es den vereinten Bestrebungen beider Vereine leicht hätte gelingen können, ein deutsches Hospital zu gründen. Ein solches würde für Porto Alegre sowohl wie für die sämtlichen Teutschen der Provinz ein wahrer Gewinn sein. Das öffentliche Krankenhaus in Porto Alegre, die Santa Casa, ist das Muster des Hospitals, wie es nicht sein soll; es verfügt zwar über große Mittel, aber über keinen einzigen angestellten und in der Anstalt wohnhaften Arzt. Die Deutschen in Chile und Buenos Aires haben längst treffliche kleine Hospitäler sich geschaffen; es wäre sehr zu wünschen, daß Porto Alegre darin nachfolgte.

In politischer Beziehung hat das deutsche Element der Provinz erst in den letzten Jahren begonnen, regeren Anteil zu nehmen, wozu ja auch früher, so lange den Naturalisierten und Akatholiken das passive Wahlrecht, d. h. die Wählbarkeit ins Parlament vorenthalten war, kein zwingender Grund vorlag. Als aber 1879 der Finanzminister Silveira Martins seine Stellung aufgab, weil auch im neuen Wahlgesetze die Protestanten Südbrasiliens wieder bei Seite geschoben werden sollten, und als darauf Silveira Martins in seiner heimatlichen Provinz in einer, das allgemeinste Aufsehen erregenden Weise gefeiert wurde, nahm 1880 Staatsrath Saraiva die Bildung des neuen Ministeriums nur unter der Bedingung an, daß der die Wählbarkeit der Akatholiken und Naturalisierten einräumende Artikel 8 der Wahlreform zugestanden werden. Der Kaiser mußte nachgeben und Saraiva erfüllte seine Mission. Der 28. Dezember 1880, an welchem im Senate in dritter Lesung die Wählbarkeit der Akatholiken und Naturalisierten durchging, bezeichnet den Beginn einer neuen Aera für die Geschichte der Einwanderung in Brasilien. Politisch sind die Deutschbrasilianer den Lusobrasilianern jetzt durch das neue Wahlgesetz Nr. 3029 vom 9. Januar 1881 völlig gleichgestellt. Infolgedessen haben auch viele Deutsche, welche früher daran nicht dachten, sich naturalisieren lassen, und man bringt im Koloniegebiete den politischen und Verwaltungs-Angelegenheiten jetzt mehr Interesse und Teilnahme entgegen, wie früher. In der aus 30 Abgeordneten zusammengesetzten Assemblea provincial hat das deutsch-brasilianische Element in den Jahren 1881 und 1882 seine Interessen sehr wirksam durch die Deputierten Fr. Haensel und W. Bartholomay vertreten gesehen, und in die Assemblea-Session von 1883—1884 sind wieder zwei Deutsch-Brasilianer, die Herren Fr. Haensel und K. von Koseritz gewählt worden, beide der liberalen Partei angehörig. Die konservative Partei verweigert in ächt nativistischer Weise dem deutsch-brasilianischen Elemente die Vertretung im Provinziallandtage, weshalb auch das deutsche Element in Rio

Grande im wesentlichen der liberalen Partei zufällt, während andererseits die Deutschen in St. Katharina in dem konservativen Abgeordneten Taunay einen sehr tüchtigen Vertreter ins Parlament entsendet haben. Wenn in Rio Grande diejenigen Deutschen, welche nach Weisung des Jesuitenpaters stimmen, zur konservativen Partei halten, so geschieht das nicht, weil jene Partei die ultramontane wäre — es gehören ihr gerade so gut wie der liberalen Freimaurer an, gegen welche die Bischöfe und der Pabst in den 70er Jahren einen verunglückten Krieg führten — sondern wegen der prononzierten anti=ultramontanen Stellung des politischen Führers des riograndenser Deutschtums, des Herrn Karl von Koseritz, welcher wohl auch der erste deutsch=brasilianische Deputierte im Parlamente werden wird. Die Polemik mit den Jesuiten, welche von Koseritz lange Jahre hindurch führte, und von der er erst in letzterer Zeit auf das Drängen seiner Freunde hin abgelassen, hat jedenfalls mehr zur Ausbildung konfessioneller Gegensätze beigetragen, wie sie in manchen Pikaden bestehen, als eine supponierte planmäßige Aufhetzung durch die Jesuiten. Will man, von allen tendenziösen Verdächtigungen absehend, einfach dem Beobachteten Ausdruck geben, so muß man sagen, daß sie sich um die Seelsorge in den Kolonien in gleicher Weise wie die evangelischen Geistlichen verdient gemacht haben, und daß die von ihnen und den „Schwestern" geleiteten, mit Pension verbundenen Unterrichtsanstalten die besten in der Provinz sind.

  Es ist nicht zu verkennen, daß auch seitens der Liberalen die Ueberwindung des Nativismus eine gezwungene und unvollständige ist, und die Zulassung deutscher Abgeordneter mehr eine durch die Klugheit gebotene Konzession an die von Jahr zu Jahr an politischer Bedeutung gewinnende Kolonie-Bevölkerung darstellt, als eine spontane Aeußerung eines freieren und billig denkenden politischen Blickes, wie er nur Männern vom Schlage eines Gaspar Silveira Martins und Henrique d'Avila eigen ist. Es steckt einmal der jeder freien großartigen Entwickelung des Landes hinderliche Nativismus zu tief im brasilianischen Wesen, als daß er anders wie langsam und allmählich könnte überwunden werden. Auch richtet sich derselbe nicht etwa speziell gegen die Teutschen (allemães spr. Allemangs), sondern gegen alle in größerer Zahl oder Bedeutung sich geltend machenden „Fremden", und mithin zumal auch gegen die als Gallegos, Bleifüße u. s. w. bezeichneten Portugiesen. Dem Brasilianer gilt der eingewanderte Portugiese als schmutzig, egoistisch und geizig, als ein unbequemes Element, das sich bloß in Brasilien durch Handel ꝛc. zu bereichern trachte, um dann wieder nach Europa zurückzukehren. So ist ihm sonderbare Weise der „Gallego" fast noch unsympathischer als der „Allemão."

Im Gebiete der deutschen Kolonien hat übrigens durch die vielen nahen Beziehungen, Vermischungen u. s. w. der nationale Gegensatz schon sehr an Schärfe verloren und Reibereien kommen nur sehr selten vor. Man hat sich an einander gewöhnt, und ist durch vielerlei Bande freundschaftlich verknüpft. Unangenehm ist die nationale Reiberei in den größeren Städten, zumal in Porto Alegre, wo es skandalsüchtigen Plebs und erbärmliche Zeitungen gibt, welche in oft niederträchtigster Weise gegen hervorragendere Personen unter den Deutschen oder auch gegen die ganze Nationalität schimpfen und hetzen, und sich ein Vergnügen daraus machen, wenn einmal eine Erregung

besteht, wie z. B. bei Vernichtung der deutsch-
brasilianischen Ausstellung von Porto Alegre am
23. Februar 1882, noch Oel ins Feuer zu gießen.
Leider gibt es unter den in der Provinz geborenen
Söhnen Deutscher, den sog. Havana-Kindern manche
unreife Jungen, welche es an Deutschenhaß noch ihren
brasilianischen Kommilitonen zuvor thun möchten und
damit die Schwierigkeit der Situation noch vermehren.
Sie ahnen nicht, wie sie sich damit bei den verständigen
Deutsch-Brasilianern verächtlich und bei den Luso-
Brasilianern, denen sie ja doch immer „allemães"
bleiben, lächerlich machen.

Diesem, übrigens eigentlich nur auf Porto Alegre
bezüglichen Verhältnisse liegt eine an und für sich
gesunde Idee zu Grunde. Es ist die, daß der hier
geborene Deutsch-Brasilianer sich gegen die Ansicht
Jener empört, welche in ihm nur ein Glied der
deutschen Kolonie sehen und ihn somit in seiner Heimat zum Fremden stempeln möchten. Es ist namentlich der frühere Deutsche Konsul in Porto Alegre gewesen,
welcher in der von ihm beeinflußten Zeitung und in
den von ihm geleiteten Vereinen diese Richtung lange
vertreten hat, die man als deutsch-nativistische bezeichnen könnte und über deren Berechtigung in früherer
Zeit sich streiten läßt. Aber die Zeiten, wo der
deutsche Klub „Germania" in Porto Alegre durch
seine Statuten nur „Deutschen" die Aufnahme ge-
stattete, nicht aber „Brasilianern und anderen Aus-
ländern" sind eben doch längst überwunden. Die Rio
Grandenser Deutschen sind stolz darauf, einer der
blühendsten und zukunftsreichsten Provinzen des Kaiserreiches anzugehören, der Provinz, welche in der Ausbildung des kleinen ländlichen Grundbesitzes und in
der allmählichen Heranbildung des neuen Zukunfts-

typus des brasilianischen Volkes allen anderen vorangeht, — sie sind in erster Linie Brasilianer, loyale und arbeitsame Bürger ihrer neuen Heimat, und die Beziehungen zum deutschen Stammlande wollen sie lediglich als geistige, als kulturelle und kommerzielle aufrecht erhalten wissen.

So sehen sich jetzt, nach erreichter politischer Gleichstellung, wo in kurzer Zeit so viele Schritte auf der Bahn des Fortschrittes in Brasilien geschehen sind, wie auch die Beziehungen zu Deutschland durch die deutsch-brasilianische Konsularkonvention von 1882 endlich passend geregelt sind und man auch in Deutschland beginnt, den in Südamerika engagierten deutschen Interessen die gebührende Beachtung zu schenken, die riograndenser Deutschen auf dem Standpunkt angelangt, den kürzlich für die Deutschen der Vereinigten Staaten unser verdienstvoller deutscher Landsmann Gustav Körner in die Worte kleidete:

„Wer einmal auf freiem Boden ist, der schließe ab mit seinem alten Vaterlande, und suche sich, unbelästigt durch Rückerinnerungen, seinen Wirkungskreis so gut er kann. Die Liebe zu seiner alten Sprache und Litteratur soll er heilig halten und seinen Kindern einzuflößen suchen. Was er edles von seinen Vätern überkommen in sich trägt, möge er nie verlieren. Er erniedrige sich nie, sein Land zu verläugnen. Das wäre Undank und Thorheit zugleich. **Wenn er so mit Aufrechterhaltung und Verfechtung seiner deutschen Tugenden seine politische Treue dem Lande seiner Wahl fest zuwendet**, ehrt er sich selbst am besten und auch das Volk, dem er entstammt ist und dem auch hier immer noch sein Herz in unvergänglicher Liebe schlägt".

VI.

Viehzucht.

Unter allen Erwerbsquellen steht für die Bevölkerung von Rio Grande do Sul die Viehzucht an Wichtigkeit und Wert seit langem und wohl auch noch für lange Zeit obenan. Etwa ⁴/₅ oder mindestens ³/₄ des Wertes aller aus der Provinz exportierten Produkte machen die productos bovinos aus, d. h. diejenigen Artikel, welche aus den großen Rindviehschlächtereien hervorgehen. Diese Etablissements, die sog. Xarqueadas (spr. Scharkeades), deren gegen 30 existieren, fast sämtlich in der Nähe von Pelotas, schlachten während der Arbeitszeit (Safra) in den Monaten Dezember bis Mai im ganzen ungefähr eine halbe Million Stück Rindvieh und verwerten die Häute, Knochen, Talg, Hörner und vor allem das getrocknete Fleisch, das sog. Xarque, welches die Brasilianer vielfach dem frischen Fleische vorziehen. Diese Produkte werden zum Teil, wie namentlich die Häute, nach Europa und den Vereinigten Staaten exportiert, während die übrigen Artikel, zumal das Dörrfleisch nach den nördlichen Häfen des Kaiserreiches verschifft werden. Der Wert dieser Exportartikel der Xarqueadas beläuft sich jährlich auf durchschnittlich über 15,000 Conto (ca. 28 Mill. Mark). Rechnet man hierzu noch den Wert der nach den

Viehzucht.

nördlichen Provinzen verkauften Maultiere, der gegerbten Pferdehäute des Leders, der Wolle u. s. w., so ist leicht zu verstehen, daß die Erzeugnisse der Viehzucht bei weitem den größten Wert der Ausfuhr bilden. Während in früherer Zeit neben den der Viehzucht entstammenden Artikeln alles Andere ganz zurücktrat, haben in den letzten Jahren Produkte der Landwirtschaft und Industrie, meist Früchte der deutschen Kolonisation, in rasch steigendem Maße für den Export der Provinz Bedeutung gewonnen, von dessen Gesamtwert sie schon fast 20 Prozent ausmachen. Bei dem Aufschwunge der Produktion im Gebiete der Kolonien, welchen das letzte Jahrzehnt zu verzeichnen hat, wird sich dieses Verhältnis fortan immer mehr zu gunsten der Landwirtschaft verändern. Im übrigen weist die wirtschaftliche Entwickelung der Provinz die Kolonien zunächst nicht sowohl darauf hin, Exportartikel zu schaffen, als vielmehr in erster Stelle danach zu trachten, daß Produkte, welche in der Provinz gebaut werden können, künftighin nicht mehr importiert werden, wie das noch immer in großem Maßstabe mit Weizenmehl, Zucker, Reis, Malz, Hopfen, Wein u. s. w. geschieht.

Von den verschiedenen Zweigen der Viehzucht kommt nur der Zucht des Rindviehes eine große Bedeutung zu, an zweiter Stelle folgt diejenige der Maultiere und Pferde, ganz unbedeutend ist die Schafzucht. Ueber den Gesamtbestand an Rindvieh liegen keine Aufnahmen vor. Die Zahl der geschlachteten Tiere läßt sich nur für die Xarqueadas ermitteln. Den einzigen brauchbaren Anhalt bieten daher die Häute, deren die Provinz jährlich ca 1,000,000 exportiert, zu welcher Zahl noch die im Lande verbrauchten resp. zu Leder verarbeiteten hinzukämen.

Da nun die Viehzüchter der Provinz im allgemeinen pro Jahr ca. 10%, ihres Viehbestandes verwerten, so wird die Gesamtmenge von Rindvieh für die Provinz Rio Grande höchstens zu 12 und mindestens zu 10 Millionen Stück Rindvieh zu taxieren sein. Es ist das ein relativ sehr günstiges Verhältnis. In Argentinien, mit seinen ca. 2½ Millionen Einwohnern, gibt man den Bestand an Rindvieh zu 15 Millionen an, was im Verhältnis zu Rio Grande nicht viel wäre. Im Königreich Preußen zählte man bei einer Oberfläche von 348,258 ☐Kilom. und 27 Millionen Einwohner 1873 ca. 6 Millionen Stück Rindvieh und über 12 Millionen Schafe. Das relative Verhältnis zeigt folgende Tabelle.

Land.	Es kommen auf je 1 ☐Kilom. Land:	
	Stück Rindvieh	Schafe
Preußen	17,2	35
Argentinien	5	19
Rio Grande	42,3	8

Land.	Es kommen auf je 100 Einwohner:	
	Stück Rindvieh	Schafe
Preußen	22 (oder 25)	44
Argentinien	630	558
Rio Grande	1670	ca. 286

Diese Zahlen sind lehrreich. Sie zeigen uns, daß zwar im Verhältnis zu der noch wenig dichten Bevölkerung — es kommen auf den Quadratkilometer in Preußen 78, in Rio Grande 3, in Argentinien 0,7 Bewohner — der Viehreichtum bedeutend ist, daß aber in bezug zur Oberfläche das Verhältnis keineswegs sehr auffallend ist. Wenn nämlich in Rio Grande auf den Kopf der Bevölkerung mehr als 60 mal soviel Rindvieh kommt wie in Preußen, so entfällt auf den gleichen Raum in Rio Grande noch nicht dreimal so viel Rindvieh als in Preußen, und diese Differenz vermindert sich noch, sobald man in Abzug bringt, daß neben dem Rindvieh noch eine respektable Quantität Schafe in Preußen gehalten wird, wogegen die Zahl derselben in Rio Grande gering und nicht näher bekannt ist. Man wird wohl nicht viel irren, wenn man sie auf 2 Millionen taxiert. Die Provinz hat außer der Deckung des eigenen bedeutenden Bedarfes an Wolle und Schafpelzen einen Export an Wolle von ca. 8—900,000 Kilo, im Werte von ca. 400 Contos.

Es lehren uns diese Zahlen zugleich, daß mit der Zunahme der Landwirtschaft die Viehzucht keineswegs zurückzugehen braucht, wie denn in der That im Gebiete der älteren deutschen Kolonien mindestens ebensoviel Vieh auf der Quadrat-Legua gehalten wird, wie auf jenen Campos der Provinz, die ausschließlich der Viehzucht dienen. Auch von diesem Gesichtspunkte aus muß die Förderung und Ausbreitung des landwirtschaftlichen Betriebes in der Provinz als ein Fortschritt betrachtet werden. Die Viehzucht wird dabei nicht zurückgehen, was sich ändern muß, ist nur die bisherige nachlässige Art, wie die Viehzucht betrieben wird. Man sollte meinen, in einer Provinz, welche wesentlich der Viehzucht die Möglichkeit einer reichen Ausfuhr verdankt, würde man alle Vorteile einer rationellen Zucht ausgebeutet und lebhafte Bestrebungen in Schwung sehen, zur möglichsten Verbesserung der Rasse. Nichts von Alledem. Die Viehzucht in Rio Grande übrigens, wie wir hinzufügen müssen, bis zur Neuzeit auch im Gebiete der La Plata-Staaten, ist das Roheste, Lüderlichste und Irrationellste, was man sich nur ausmalen kann.. Das Vieh treibt sich auf riesigen Weideplätzen unbewacht umher, ganz sich selbst und dem lieben Gott überlassen. Etwa einmal im Monat, im Winter noch seltener oder gar nicht, findet eine Revue über das Vieh statt. Bei dieser sog. Rodeia wird von den Grenzen der Weide her das Vieh gegen einen Versammlungsplatz zusammengetrieben, wo das zum Schlachten oder für anderweitigen Gebrauch bestimmte Vieh gesondert wird, junge Stiere geschnitten und gemarkt, und solche Tiere, welche Fliegenmaden in Wunden besitzen, mit Merkur (Calomel) behufs Vernichtung des Ungeziefers eingerieben werden. Auf dem Hochlande wird bei dieser Gelegenheit das Vieh im Sommer mit Salz gefüttert, während dies in den Campos des Tieflandes nicht nötig ist. Auf der Serra dagegen ist es unerläßlich, da das Vieh sonst im Fleisch abfällt und ein schlechtes Aussehen bekommt.

Während im Gebiete der deutschen Kolonien, wo das Vieh gepflegt wird, es fast das ganze Jahr über Kälber gibt, wirft das wilde Vieh der Serra solche nur zu und nach Ende des Winters (Abzucht bis Oktober) Das Vieh bleibt jahraus jahrein auf seinen großen Weiden. Keinerlei Vorrichtung dient ihm als Schutz gegen die Unbilden der Witterung, von Fütterung ist nie die Rede, so daß bei anhaltender Dürre, und zumal auch, wenn der Schnee hoch und lange liegen bleibt, viel Vieh aus Mangel an Nahrung zu Grunde geht. Das faule Volk aber, welches als Knechte bei der Rodeia und dem Treiben des verkauften Viehes dient, von wirklicher Arbeit aber zumeist gar keinen Begriff hat, ist oft noch nicht einmal zum Anpflanzen einiger Nahrungsmittel für den Haushalt zu bringen, geschweige denn zum Anpflanzen von Futterkräutern oder zum Heumachen. Auch darin äußert sich diese nachlässige Behandlung, daß das Vieh für die Zucht völlig sich selbst überlassen bleibt. Die jungen Stiere, welche man zwischen 1½—3 Jahren meist im September oder Oktober zu kastrieren pflegt (Novilhos), werden häufig zu spät geschnitten und kommen, so fern man sie als Zuchtstiere behalten will, viel zu früh zur Ausübung der geschlechtlichen Funktionen. Von Auffrischung des Blutes, Veredlung der Rasse ꝛc. ist nie die Rede. Infolge der dadurch bedingten fortwährenden Inzucht ist auch die Rasse sehr degeneriert und würden verständige Versuche zur Verbesserung derselben durch Einführung guter Renner den besten Erfolg versprechen. Zur Züchtung von Mast- und Zugochsen empfahl Sellin die ostfriesische, für die Züchtung von Milchkühen die glanthaler und angel'sche Rasse. Das schönste Vieh, welches man von der Serra kommen sieht, gehört der Frangueira-Rasse an, deren stattliche Hörner in (übrigens seltenen) Prachtexemplaren bis zu 3 Fuß lang werden.

Im Gebiete der deutschen Kolonie, wo man auf die Gewinnung guter Milch mehr Wert legt, findet bei den intelligenteren und strebsameren Kolonisten schon vielfach eine zweckentsprechende Anpflanzung von Futtergewächsen statt. Doch sollte hierauf und auf die Anschaffung von Futter- und Rüben-Schneidemaschinen noch mehr Wert gelegt werden. Kühe, welche regelmäßig morgens und abends gefüttert werden, geben viel mehr Milch und ungleich bessere Butter wie jene, welche allein auf die Nahrung angewiesen sind, die sie in den eingezäunten oft mageren Weideplätzen der Kolonisten, den sog. Potreiros, sich suchen. Viele Kolonisten überlassen nach Art der Brasilianer die Kühe sich selbst in den Potreiros und die allgemeine Einbürgerung einer mit dem Potreiro-

Wesen vereinten regelmäßigen Stallfütterung ist ein erst langsam sich anbahnender Fortschritt. Der deutsche Kolonist in Rio Grande ist nicht wie der deutsche Einwanderer der Vereinigten Staaten leicht der Belehrung und dem Fortschritt zugänglich, sondern hält vielfach grundlos am hergebrachten Schlendrian fest, aus dem vielleicht erst die Not ihn aufrütteln wird, übrigens ist er sehr fleißig. Da man hier bei passender Fütterung eine vortreffliche Butter gewinnt, die dann jederzeit einen guten Preis erzielt und der in Blechbüchsen in großen Mengen importierten miserabelen englischen Büchsen=Butter bei weitem vorzuziehen ist, so werden wenigstens diejenigen Kolonisten, welche durch bequeme Kommunikationsmittel Gelegenheit haben, ihre Produkte regelmäßig und rasch nach den Städten abzusetzen, in ihrem eigenen Interesse gut daran thun, mehr wie bisher zu einer rationellen und womöglich auch in größerem Maßstabe betriebenen Milchwirtschaft überzugehen. Käse wird auf den Kolonien wenig und nur für den Hausbedarf bereitet. Der ziemlich geschmacklose ordinäre Serraner=Käse, wovon jährlich einige Tausend Kilo vom Hochlande herunter transportiert werden, könnte bei minder primitiver Bereitungsweise und geeigneter Behandlung und Fütterung der Milchkühe an Qualität und Quantität ungleich wertvoller sein.

Fast dasselbe wie für das Rindvieh gilt auch für die Zucht der Pferde und Maultiere (Mulas). Der Brasilianer schätzt wohl schöne Reittiere, bezahlt sie auch hoch, hat aber für ihre Züchtung weder Verständnis noch ausdauernde Hingebung. So ist denn das vor Jahrhunderten eingeführte edle andalusische Pferd zu einer „Kracke", um mit Sellin zu reden, degeneriert. Die zwar sehr ausdauernden, aber kleinen und unschönen riograndenser Pferde bedürften einer verständig durchgeführten Rassen-Verbesserung. Geeignete Stuten würden aus Uruguay importiert werden können, Hengste müssen von Europa kommen, und zwar würden zur Erzielung von Führpferden der Inscholkhengst, von Reitpferden spanische (Córdoba) Hengste empfehlenswert sein. Ein Teil der Schuld an dem auch von der Regierung anerkannten Verkommen der Pferderasse trifft die Regierung, welche im Interesse ihrer Kavallerie für gut geleitete Gestüte hätte sorgen sollen, wozu die Staatsgüter, die Fazendas nacionaes, wie z. B. in Saican in Rio Grande, Gelegenheit bieten würden. Es scheint Aussicht dazu vorhanden, daß die Regierung von dem bisherigen Prinzipe des Einkaufens der am abgespitzten Ohr kenntlichen Militärpferde abgehen werde, doch wird eine Anlage von Gestüten nur in dem Falle von Erfolg gekrönt sein, wenn man sachverständige Züchter von Europa, am besten aus Preußen, engagieren würde, nicht aber nach brasilianischem Systeme die betreffenden Posten mit gut empfohlenen Stellenjägern besetzt. Ein weiterer Mißstand ist das Fehlen aller die Viehzucht betreffenden Gesetze, wie solche doch in europäischen Kulturstaaten bestehen, in denen die Viehzucht eine geringere Rolle spielt. Nicht einmal gegen die Anwendung unsinnig großer Einbrenn-Marken zum Zeichnen des Viehes sind Maßregeln ergriffen, trotzdem man seit lange weiß, daß dadurch die Rindvieh-Häute beschädigt werden und im Preise hinter jenen der Nachbarstaaten zurückstehen. Die Rio Grande-Häute, nicht nach Qualität sortiert, stehen in den Vereinigten Staaten um 80—120 Reis. pro Kilo niedriger im Preise als die Montevideo-Häute, was für die Haut fast 1 Milreis ausmacht.

Eine dies regulierende Verordnung ist indeß binnen kurzem zu erwarten und für das Munizipium Pelotas seit 1882 bereits eingeführt.

Etwas mehr Sorgfalt verwenden die Fazendeiros des Hochlandes auf die Zucht der Maultiere, welche ihres sicheren Trittes halber auf dem vielfach steinigen Terrain der Serra zum Reiten geschätzter sind und für die Transportierung der Produkte und Waren ausschließlich benutzt werden. Zur Züchtung dienen Eselhengste und Pferdestuten, nie umgekehrt. Die Mulas sind stets unfruchtbar. Der Trupp (Manada) wird zur Abwehr von Pferdehengsten noch mit einem durch Aufschlitzen des Gliedes zeugungsunfähig gemachten Pferdehengst bedacht. Die Zucht der Maultiere hat gegenwärtig wesentlich nur für die Provinz selbst Bedeutung, während früher größere Mengen derselben über das Hochland von Paraná nach der Provinz São Paulo getrieben wurden, wo in Sorocaba der bedeutendste Viehmarkt Südamerika's abgehalten wurde. Durch die in São Paulo in Betrieb gesetzten Eisenbahnen wurden große Mengen von Maultieren entbehrlich, sodaß seit jener Zeit der Mula-Export Rio Grandes nach Sorocaba bedeutend zurückgegangen ist.

Die Schafzucht hat in Rio Grande bisher nur eine sehr untergeordnete Bedeutung und wird nur an wenigen Orten, wie in der Gegend von Mostardas, in nennenswertem Umfange betrieben. Die Zahl der in der Provinz existierenden Schafe läßt sich kaum taxieren, dürfte aber schwerlich zwei Millionen übersteigen. Die meisten Fazendeiros, zumal auf dem Hochlande, halten eine mäßige Anzahl Schafe, teils zum Essen, teils nur der Wolle wegen, aus welcher grobe Decken für Pferde oder Mäntel der

Knechte gefertigt werden. Die Schafzucht hat in der Proviñz noch eine Zukunft, und es ist ihr zum Teil auch durch die beständig sich erweiternde große Rheingantz'sche Fabrik von Wollengeweben in Rio Grande ein günstiger Absatz geboten. Die feineren Rassen gedeihen nur auf bestem Camp, für minder guten ist nach der bei Alegrete gemachten Erfahrungen die Lyncoln-Rasse zu empfehlen.

Die Schweinezucht wird in den deutschen Kolonien vielfach stark betrieben, da Schmalz stets gesucht und teuer bezahlt wird, und auch fette Schweine jeder Zeit gut zu verkaufen sind. Zur Fütterung dienen u. A. Kürbisse (Aboboras), Mandioc, an den man die Tiere, um sie nicht zu vergiften, aber erst langsam gewöhnen muß, und zur Mästung namentlich Mais. In Schweinefleisch und Speck verwandelt, macht sich der Mais viel besser bezahlt, als wenn er direkt verkauft wird, weshalb die deutschen Kolonisten entschieden mit dieser Methode, den „Milho durch die Schweine zu treiben" auf gutem Wege sind. Der Brasilianer, welcher zumeist keine Schweine züchtet, nennt das Schwein das „gado allemão" (deutsches Vieh). Man züchtet eine von Europa importierte hochbeinige, spitzschnauzige Art und das von China importierte, kurzbeinige und sehr fett werdende Macao-Schwein, trifft jedoch meist Mischlinge beider an. Auch in der Schweinezucht sind die Kolonisten zu gleichgültig, sie achten nicht genügend darauf, daß die beständige Inzucht vermieden werde und öftere Kreuzungen nötig sind, und daß nur ausgewachsene kräftige, wohlgeformte Tiere zur Zucht verwendet werden dürfen, die andern aber zu kastrieren sind. Mutterschweine, welche beim ersten Wurfe nicht gleich 8—10 Junge liefern, sollten gleich beseitigt werden.

Zur Mästung wäre noch die Anschaffung von Schrotmühlen zur Zerkleinerung der Maiskörner wichtig, da viele unzerkaute Körner unverdaut den Darm passieren. Die Nichtbeachtung aller dieser Faktoren erklärt es, weshalb die gemästeten Schweine jetzt durchschnittlich nur $2^1/_2$ bis 3 Arrobas wiegen, während früher das Gewicht 4—5 Arr. betrug. Bei dieser Gewichtsangabe ist hier nur das Schmalz berechnet, d. h. ein „Schwein von 3 Arrobas" gibt 3 Arr. Schmalz. Um hierin wieder bessere Resultate zu erzielen, ist die Einfuhr guter europäischer Rasseschweine unerläßlich. Sehr zu heben wäre die Schweinezucht, wenn sich große Etablissements zur Verwertung aller Teile nach dem Muster derer von Chicago bilden wollten. Die Bedingungen sind hier ebenso günstig wie dort, und der zu versorgende Markt ist sehr groß, da gegenwärtig das nordamerikanische Schmalz Südamerika völlig überschwemmt. Nur Kapital und Unternehmungslust fehlen.

Geflügelzucht wird in kleinem Maßstabe überall betrieben, und findet man Hühner, Puter, sog. Perus, Gänse, Enten allerwärts, nicht selten auch die wegen der enormen Menge von Ameisen, welche sie vertilgen, empfehlenswerten Perlhühner.

Eine bedeutende Ausbreitung hat in Rio Grande die Bienenzucht erlangt, was zur Annahme berechtigt, daß Wachs, von dem jetzt über ca. 5000 Kilo pro Jahr exportiert werden, ein respektabler Ausfuhrgegenstand werden könne. Die deutsche Arbeitsbiene, welche 1845 zuerst in Brasilien eingeführt worden sein soll, wurde durch den bedeutendsten und den einzigen rationellen Bienenzüchter der Provinz, Fr. A. Hannemann bei Rio Pardo, 1853 in Rio Grande eingeführt. Seit 1879 hat dieser Imker

Viehzucht.

die Krainer, neuerdings auch die italienische Biene eingeführt. Die einheimischen, stachellosen Bienen würden wohl gezüchtet werden können, bieten jedoch im Vergleich zu der zugleich fruchtbareren Arbeitsbiene keinerlei Vorteil, wie denn auch seit Einführung der deutschen Biene, von welcher natürlich auch viele durchgegangene Schwärme im Walde angesiedelt sind, die einheimischen Bienen (Meliponen und Trigonen) auffallend seltener geworden sind. Die ganze Bienenzucht wird hier fast ausnahmslos sehr roh betrieben. Statt des Mobilbaues verwendet man für die Bienenwohnungen beliebige Holzkasten, die auf dem Erdboden stehen bleiben, dem Winde und Wetter schutzlos preisgegeben. Wachspressen ꝛc. kennt man nicht. Für erfahrene und umsichtige Imker bleibt die Bienenzucht hier, wo die fleißigen Insekten das ganze Jahr hindurch im Freien angetroffen werden, ein sehr lukratives Geschäft. Das ganze Kilo Wachs gilt auf der Kolonie 1 Milreis, das Kilo Honig 120—160 Reis.

Die Zucht des europäischen Seidenspinners, welche durch das üppige Wuchern des Maulbeerbaumes ermöglicht wird, ist oft von verschiedenen Seiten und seit längerer Zeit — besonders von J. F. v. Schlabrendorff am Cahy — mit Erfolg, aber noch nie in nennenswertem Umfange betrieben worden. Die Güte der gewonnenen Cocons läßt voraussetzen, daß die Seidenzucht hier noch eine Zukunft hat. Auch ein einheimischer Seidenspinner, Saturnia aurota, mit glashellem Fensterfleck im Flügel, liefert schöne Cocons, mit denen Versuche angestellt werden sollten, zumal dieselben bereits auf bezüglichen europäischen Ausstellungen Aufsehen erregten. Vielleicht ist die italienische Kolonisation der Provinz berufen, die Seidenkultur in Schwung zu bringen. Neuerdings bemüht sich das große Geschäftshaus Biuva Claussen in Porto Alegre, den Seidenbau in Gang zu bringen. Die von diesem Hause zur Prüfung nach Europa gesandten Muster wurden im Werte für die erste Qualität zu 30—35, für die zweite zu 15—18 Francs pro Kilo taxiert, welcher Preis bei sorgfältigerer Behandlung fast auf das doppelte erhöht werden könnte. Die Seide war gut, und was den Seidenbau in Rio Grande besonders empfehlenswert macht, ist der Umstand, daß man 2, ja eventuell selbst 3 mal im Jahre die Cocons ernten kann, während in Europa nur eine Ernte erzielt wird. Den Seidenbau möchten wir zumal auch jenen Einwanderern aus den besseren Ständen empfehlen, welche über etwas Kapital verfügend, mehr auf die Verwertung ihrer geistigen Befähigung als physischer Kraft hingewiesen sind.

Einiges weitere über die Rolle, welche im Haushalt des Kolonisten die Zucht von Schweinen, Hühnern u. s. w. spielt, findet man im Kapitel „Landwirtschaft", wo auch die bezüglichen Preise angegeben sind.

VII.

Landwirtschaft.

Trotz des Ueberwiegens der Viehzucht in der Verteilung des Bodens hat in Rio Grande die Landwirtschaft ihre Geschichte. In der zweiten Hälfte des vorigen und in den ersten beiden Dezennien dieses Jahrhunderts blühte der Ackerbau und die relativ reiche Produktion von Getreide verschaffte damals Rio Grande den Namen der Kornkammer Brasiliens. Schon 1768 wurde ein Export auf Weizen geschaffen, und beispielsweise 1813 exportierte die Provinz 341,087 Alqueiras Weizen (à 36,27 Liter). In den zwanziger Jahren ließ der im Süden um Cangussú, Piratiny ꝛc. lebhaft betriebene Weizenbau nach, teils weil bei mangelnder Samenerneuerung, irrationeller, erschöpfender Ausbeutung des Bodens, Auftreten des Rostes u. s. w., die Leute die Lust verloren und sich der minder anstrengenden Viehzucht zuwandten, teils auch infolge jener rücksichtslosen Vernachlässigung und Ausnützung der Provinz durch die Staatsregierung, welche zum Teil infolge der unerschwinglichen Steuern die wirtschaftliche Lage der Provinz sehr mißlich machte, und auch zu der Revolution von 1835—1844 führte. Erst jetzt hat man in kleinerem Maßstabe im Süden und in größerem in den Kolonie-Distrikten im Quellgebiete des Cahy wieder den Weizenbau aufgenommen. Da die Provinz im Süden und Westen (Missionen) viel guten Weizenboden besitzt, so wird die Begründung von weizenbauenden Kolonien im Anschluß an die jetzt entstehenden Bahnen eine vielverheißende Aufgabe für Kolonisationsgesellschaften werden. Dann wird wieder die Zeit kommen, wo alle die enormen Summen, welche gegenwärtig für Weizenmehl ins Ausland gehen, in der Provinz bleiben und Rio Grande seinen Namen der Kornkammer des Reiches wieder verdient.

Die zweite Phase in der landwirtschaftlichen Entwickelung der Provinz leitete die Gründung der deutschen Kolonien ein, welche durch ihre Produktion von Bohnen, Mais, Mandioca, Schmalz ꝛc. sich und dem Lande viel nützen. Gegenwärtig besteht darin schon teilweise eine Ueberproduktion, welche durch die schlechte Organisation des Fruchthandels der Provinz doppelt fühlbar wird und die Preise oft zu sehr niederdrückt. Es liegt daher die allgemein erkannte Notwendigkeit vor, mehr Artikel zu produzieren, welche mehr für den Export, als für den Konsum dienen, wie Tabak, Hopfen, Indigo, Reis, Zucker, Seide, Baumwolle u. s. w. Die Landwirtschaft der Provinz geht daher einer völligen Umgestaltung entgegen, was umso notwendiger ist, als die Bauern aus Bequemlichkeit und Unverstand manche Arbeit mit der Hand und der Hacke ausführen, welche, wie das Pflügen und Putzen des Bodens ꝛc. mit Maschinen und Pferden rascher und besser geleistet werden könnte. Die Bauern sind in ihrer Roça-Arbeit als „Rotineiros" vielfach versumpft und es thut Not, daß sie sich aufraffen. Fleißig sind sie, aber Fleiß allein thut es nicht, und wollen sie nicht zurückbleiben, so müssen sie aus ihrem Schlendrian und ihrer Gleichgültigkeit sich aufraffen, ehe sie die Not dazu zwingt. Die Bauern in Nordamerika und Deutschland haben den Fortschritten der Landwirtschaft folgen müssen und der Kolonist in Rio Grande wird es auch müssen, wenn er nicht von Jahr zu Jahr sein Einkommen will herabsinken sehen. Zu Anleitungen in diesem Sinne fehlt hier der Raum. Wir beschränken uns daher in Folgendem darauf, diejenigen Erfahrungen, welche im Urwaldgebiete hinsichtlich der Urbarmachung, Kultivierung des Bodens und der Behandlung der geernteten Produkte gewonnen wurden, darzustellen.

Urbarmachung des Urwaldes. Sobald dem Kolonisten seine Kolonie angewiesen worden, muß er sich genau über die Richtung der Grenzen unterrichten lassen, damit er nicht irrtümlicherweise auf das Eigentum seiner Nachbarn gerät, wodurch nicht nur Schaden, sondern auch Unfrieden entsteht. Er hat dann eine gelegene Stelle zum Wohnplatz aufzusuchen, wcmöglich nahe am Wasser, welches in dem gebirgigen Urwaldsbezirk im Ueberfluß vorhanden ist, als Flüsse, Bäche, oder als Quellen. Hierher baut er eine leichte Hütte von zeltartiger Form aus Stangen, gedeckt mit den Blättern irgend einer Palmenart, welche läufig angetroffen werden. Sie soll nur dienen, um ihm, während er „Wald haut", wie man hier sagt, Schutz gegen Regen und Thau zu gewähren, denn nachdem der Wald gebrannt, muß er auf den frei gewordenen Raum eine größere Hütte bauen, um auch für seine Familie Schutz und auch die nötigste Bequemlichkeit darin finden zu können. Zum Bau der ersten Waldhütte vereinigen sich gewöhnlich 3 bis 4 Nachbarn, die dann wenigstens des Nachts und bei Regenwetter eine gemeinschaftliche Unterkunft daselbst finden, wogegen ihre Familien unterdessen im Einwanderungshause bleiben. Ist die Hütte fertig, so beginnt der Kolonist das sog. Waldhauen damit, daß er mit einem eigentümlichen, der Happe oder Sichel ähnlichen Instrumente — jedoch mit langem Stiele — bras. fouça, vulg. Fuchs genannt, das Unterholz, die Rohre, Schlingpflanzen, Dornen u. s. w. abbuscht, wobei er die dickeren Stämme soweit aufräumt, daß sie später mit der Axt umgehauen werden können. Letztere Arbeit beginnt erst dann, wenn der Kolonist genügend Wald ausgebuscht hat. Sind auch die Bäume gehauen, so bleibt noch übrig, die nicht beim Fall gebrochenen, hoch emporstehenden Aeste der Bäume abzuhauen, doch ist dies nicht unbedingt notwendig, wohl aber zweckmäßig, da hierdurch das rasche Umsichgreifen des Feuers befördert wird. Von einem weiteren Aufräumen, Anhäufen, Schichten des Holzes ist nicht die Rede, alles — Stämme, Aeste, Stangen, Schlingpflanzen, Unterholz — bleibt liegen, wie es fällt, bis es trocken genug ist, um verbrannt werden zu können. Dies kann je nach der Witterung 8—30 Tage erfordern, auch noch länger. Man zündet alsdann die Plantage an mehreren Stellen auf der Windseite an und zwar stets am Rande, nie in der Mitte; die beste Zeit hierfür ist zwischen 11—12 Uhr mittags, und ist erforderlich, daß um gut zu brennen, der Himmel klar sei, denn bei bedecktem Himmel kann man nie ein gutes Brennen erwarten. Das Brennen selbst wird, je nach dem Grade der Trocknung und der Heftigkeit des Windes, einen Zeitraum von höchstens $1/4$—$1/2$ Stunde erfordern. Da die Richtung der fallenden Bäume oft durch die nachstehenden verändert, oder durch starke Seile der Schlingpflanzen abgeleitet wird, auch starkhängende Stämme beim Einhauen weit aufreißen, so ist beim Waldhauen schon manches Unglück passiert und daher zumal dem Neulinge die äußerste Vorsicht aufs dringendste zu empfehlen. Man haue alle Stämme, ohne Ausnahme, immer auf der Seite zuerst an, wohin sie von Natur hängen, und gebe acht, ob Schlingpflanzen hinüber nach den benachbarten Baumwipfeln reichen, welche Aeste abreißen könnten.

Schon am Tage nach dem Brennen kann der Kolonist die kaum gebrannte Plantage bepflanzen, da es weder für Mais noch für Abobras (Kürbisse) notwendig ist, dieselbe zu räumen. Er stößt mit einem zugespitzten Stocke von hartem Holze Löcher in die Erde, legt in jedes 4—5 Maiskörner und bedeckt dieselben oberflächlich, indem er neben dem ersten ein zweites Loch stößt, wodurch etwas Erde abgelöst wird. Mit Kürbis verfährt er eben so. Eine weitere Bearbeitung der Plantage ist nicht nötig; 4—5 Monate später kann der Kolonist ernten. Für andere Pflanzungen, z. B. für Gemüse, Mandioca, Kartoffeln, Bohnen u. s. w. muß er selbstverständlich räumen, d. h. das meiste Holz auf Haufen bringen und verbrennen, damit er diese Pflanzen mit der Hacke bearbeiten kann.

Nachdem der Mais geerntet, räumt der Kolonist entweder die ganze Plantage, um sie für Hackfrüchte verwendbar zu machen, oder er läßt sie, was vorteilhafter ist, ein Jahr ruhig liegen, nach welcher Zeit dieselbe mit allerlei Unkräutern, Ausschlägen u. s. w. mannshoch überwuchert ist, welches dann nebst den stehengebliebenen Maisstengeln, etwaigen Aesten der geschlagenen Stämme dergehauen wird. Dies kann man schon — je nachdem die Witterung — in 4 bis 8 Tagen brennen, doch selten gleich einpflanzen, da das nun trockene Holz erst nach und nach ganz ver-

brennt, Feuer und Rauch mithin die Arbeit in solchen
Plantagen mindestens ungemütlich macht. Notwendig
in den meisten Fällen wird es sein, daß der Kolonist
überall da nachhilft, wo das Feuer schlecht gearbeitet
hat, indem er die umherliegenden Brände, Hölzer ꝛc.
auf Haufen wirft, um sie zu verbrennen. Die dicken
Stämme, welche nicht schon Feuer gefangen, läßt
man liegen, bis sie faulen oder als Nutzholz für
Bretter, Schindeln ꝛc. Verwendung finden.

Eine solche, zweimal gebrannte Plantage macht
nunmehr wenig Arbeit, um sie vermittelst der Hacke
vom Unkraut rein zu halten, damit die Pflanzung
nicht geschädigt werde. Ueblich ist es hier, daß man
in solchen Plantagen wieder nur Mais und Abobras
pflanzt, doch eignet sie sich auch schon für Zuckerrohr,
Tabak, Mandioca, Amendoim (Oelfrucht), sowie für
Kartoffeln, Bohnen und Reis.

Soweit hergerichtete Plantagen müssen noch einige
Jahre mit der Hacke bearbeitet werden, bis die un-
terliegenden Stämme, Stubben und Wurzeln nach
und nach verbrannt oder gefault sind, dann erst kann
man pflügen. Allgemein gilt die Regel, daß man in
schwerem, humusreichem Boden den Pflug weit früher
anwenden kann, als in leichtem, weil in ersterem die
Wurzeln tiefer liegen, als in letzterem. Das Pflügen
an sich geschieht in den ersten Jahren gewöhnlich mit
sehr leichten Hackenpflügen, welche ein rasches Aus-
biegen, Wegheben über die noch liegenden dünneren
Stämme ꝛc. erlauben; sie werden von einem Pferde
oder Maultiere gezogen. Erst später, wenn die
Hindernisse mehr geschwunden, werden schwerere,
durch ein paar Ochsen gezogene Pflüge in Anwenduug
gebracht. Das erste Pflügen, eigentlich nur ein Ritzen
der Oberfläche, hat mehr den Zweck, das Unkraut zu

vertilgen, als den, den Boden zu lockern, welches letztere auch kaum nötig, da die nach und nach faulenden Wurzelfasern und Wurzeln dem Boden hinreichende Porosität gewähren.

Ist eine solche Plantage nach 10—20—30 Jahren ausgepflanzt, d. h. will sie keinen lohnenden Ertrag mehr geben, so verwandelt man sie in Weideland oder läßt sie liegen, bis sich nach 4—10 Jahren, je nach der Güte des Bodens und dem Grade seiner Erschöpfung, ein Heckenwald (Capoeira—spr. Kapoära), ein Dickicht gebildet hat, bestehend aus Hecken, Schlingpflanzen, Gräsern ꝛc., welches dann niedergebuscht und gebrannt wird. Der Boden ist durch die fallenden Blätter, die Wurzeln endlich durch die Asche und Kohle des Brandes gekräftigt genug, um wieder mehrere Jahre lohnende Ernten zu geben. An eine weitere Melioration durch Düngemittel denkt hier bis jetzt niemand. Soll hingegen ein ausgepflanztes Stück Land als Weideland dienen, so muß es eingezäunt werden, welches entweder mittelst Holzzaun, Graben mit Dornen, oder einer cyklopischen Mauer geschieht, falls passende Steine in der Nähe sind. Letztere Methode ist zwar die teuerste, aber auch die dauerhafteste. In neuerer Zeit wendet man auch Drahtzäune an.

Was die Herstellung von Wohnung und anderen Gebäulichkeiten anbetrifft, so fehlt es dem Kolonisten wohl nie am nötigen Bauholze in seinem Walde, und ebenso wenig an dickeren, für Schindeln und Bretter geeigneten Stämmen. Mehr bedarf er für die erste, doch immerhin nur provisorische Wohnung durchaus nicht. Dachlatten stellt er von Palmen oder Rohr her, welche er, in Ermangelung von Nägeln, mit Schlingflanzen (Cipós) festbindet. Diese, manchmal bis 100 Fuß langen, dünnen, schmiegsamen und zähen Cipós spielen überhaupt bei der ersten Ansiedelung eine bedeutende Rolle, sie dienen überall, bald zum Binden der verschiedensten Gegenstände, bald zum Trocknen der Wäsche, zum Zaunmachen, zur Herstellung von Lehmwänden, indem man zuerst armdicke Stangen an den oberen Wandrahmen senkrecht anbindet, über welche hinweg man dann innen und außen fingerdicke Stäbe mit diesen Cipós festbindet. Die Zwischenräume werden mit einer Mischung von Lehm und Stroh (Moos, Flechten), ausgefüllt. Ferner dienen gewisse Cipós zur Verfertigung von Körben, Wiegen, Stühlen 2c.

Hat der Kolonist eine Wohnung für sich und seine Familie, so sorgt er dafür, daß er Stallung für ein Reittier und eine Kuh herstellt; 4 Pfosten mit einem Dache aus irgend einem Material, welches etwas Schutz vor Regen und Sonnenbrand gibt, genügen für den Anfang. Ferner muß er einen möglichst dichten Hühnerstall herstellen, da das kleine Raubzeug, Katzen, Beuteltiere, Marderarten 2c. den Hühnern sehr gefährlich wird, falls sie nicht gut (d. h. des Nachts) versorgt werden. Gute wachsame Hunde, deren jeder Kolonist 2—4 hat, halten jenes Ungeziefer auch fern oder töten es. Endlich muß er noch für einen Schweinestall sorgen, damit er gleich nach der Ernte diese Tiere halten und züchten kann.

Die Hühner, welche Winter wie Sommer im Freien leben und fast gar keiner Fütterung seitens des Kolonisten bedürfen, indem sie sich bei dem hiesigen Reichtum an Insekten, Würmern, wilden Kräutern und Beeren sehr gut selbst ernähren, sind von außerordentlicher Fruchtbarkeit, auch wachsen die jungen Hühner so rasch heran, daß der Kolonist in Ermangelung andern Fleisches schon nach wenigen Monaten jeden Sonntag sein Huhn im Topfe haben kann, abgesehen davon, daß die Eier einen wertvollen Beitrag zu seinen täglichen Mahlzeiten liefern. Auch sind diese, wie auch Hühner und junge Hähne ein stets gangbarer Handelsartikel, und oft hört man, daß die Hausfrau die sämtlichen Ausgaben für die Haushaltung mit dem Erlös ihrer Hühnerzucht bestreitet. Hält man sehr viele Hühner, so muß man sie selbstverständlich füttern, doch sind die Auslagen kaum nennenswert, da der Mais gewöhnlich billig ist.

Hühner kann demnach der Kolonist noch vor seiner ersten Ernte züchten, sobald seine Plantage gebrannt ist, nicht so Schweine, da er diese nicht frei herumlaufen lassen kann, teils weil sie durch ihr Wühlen der Pflanzung zu viel Schaden thun, teils, weil sie sich im Walde, der ihnen freilich ein Uebermaß von Früchten, Würmern ꝛc. darbietet, verlaufen würden. Darum muß er sie, bis er eingezäuntes Weideland hat, eingesperrt halten und sie, falls er ein gutes Fortkommen derselben wünscht, gut füttern. Dies kann er erst dann, wenn der Mais und die Kürbisse seiner ersten Plantage zeitigen; dann erst gibt es auch verschiedene Arten Unkräuter, die gerne von den Schweinen gefressen werden, ihnen auch sehr zuträglich sind. Da die Schweine hier außerordentlich fruchtbar sind — sie werfen jährlich zweimal 6 bis 10 Junge — so ist es leicht, sich eine größere Anzahl dieser nützlichen Tiere zu verschaffen, die dem Kolonisten nicht nur einen wertvollen Beitrag zu seiner Ernährung, sondern auch mit ihrem Speck und Schmalz einen stets gesuchten Handelsartikel abgeben. Zum Mästen derselben bedient man sich fast ausschließlich der Mandioca-Wurzel, welche an Nährwert alle Wurzelgewächse Europas weit übertrifft, und auch das Mais. Beide werden auch zur Aufzucht der Schweine gefüttert, doch fügt man noch Kürbisse, Grünfutter, grüne Milho-Stengel, Zuckerrohr, Klee (Luzerne) und verschiedene Arten wildwachsende Kräuter hinzu.

Im Mais findet der Kolonist auch das Mittel, sich schon kurz nach dem Brande seiner ersten Plantage eine Kuh anzuschaffen, die ihn mit Milch und Butter versorgt. Sät oder pflanzt er Mais ziemlich dicht, so gewinnt er an den hoch und dünn emporschießenden Stengeln und Blättern ein ausgezeichnetes Grünfutter, welches nicht nur nahrhaft ist, sondern auch gern vom Rindvieh gefressen wird. Auch sein Pferd oder Maultier kann der Kolonist mit diesem Futter erhalten, bis der Mais gereift und Kürbisse vorhanden sind. Im Notfalle kann man auch aus dem Walde Futter holen, z. B. diverse Palmen, Rohrgras, Bambusenblätter u. A. m.

Ziegen und Schafe werden, da sie den jungen Baumpflanzungen schaden, fast gar nicht auf der hiesigen Kolonie angetroffen; Gänse, Enten, Truthühner, Perl- oder Angola-Hühner nur in kleiner Anzahl, da ihre Aufzucht mühevoller, der Ertrag weit geringer ist, als der der gewöhnlichen Hühner.

Die Preise der genannten Tiere sind durchschnittlich innerhalb der Kolonien für 1 Huhn 320 rs. (= 64 Pf. deutsch), 1 Hahn 160 rs. (32 Pf.), 1 Kuh 40 bis 50 Milreis (80—100 Mark), 1 Pferd 24 bis 50 Milreis, Mutterschwein mit Jungen 5—10 Milreis.

Futterpflanzen. Hierher gehören in erster Reihe: Milho, Kürbisse, Klee (Luzerne), Hafer, Zuckerrohr und als Wurzelgewächs Mandioca; in neuerer Zeit wurden noch eingeführt Serabella und Teosinte, welche letzteren beiden indes noch wenig bekannt und verbreitet sind, denen aber eine außerordentliche Bedeutung für das hiesige Klima zugesprochen wird. Erstere ist den Wicken ähnlich, letztere gehört zu den Gräsern. Milho oder Mais wird sowohl als Grün- wie als Trockenfutter stets den ersten Rang behaupten, da er in beiden Formen nicht nur einen bedeutenden Nährwert hat, sondern auch ohne große Mühe und Zeitverlust gewonnen werden kann. Um Grünfutter zu erhalten, säet oder pflanzt man ihn dicht, und schon nach 6 bis 8 Wochen kann man ihn schneiden. Er gibt Futter vom September bis Mai, im Winter wächst er nicht. Aber auch der zum Reifwerden bestimmte Mais gibt eine große Menge Grünfutter; sobald die Aehre (hier Kolben genannt) ausgewachsen ist, was man daran erkennt, daß die aus denselben hervorstehenden Blütenhaare schwarz werden, bricht man die dann noch grünen Blätter unterhalb, die Gipfel oberhalb der Aehre ab und füttert sie entweder gleich, oder trocknet sie zu Heu. Die trocknen Körner dienen zum Futter aller obengenannten Haustiere, aber auch als Nahrung des Menschen, da das Mehl derselben ein gutes, allgemein eingeführtes Brod gibt, welches von jedem Kolonisten selbst gebacken wird. Die italienischen Kolonisten und die Brasilianer benutzen dieses Mehl auch zu Polenta (bras. Angú).

Abobras oder Kürbisse werden nie für sich allein gepflanzt, sondern stets als Nebenprodukt in den Milhoplantagen gewonnen. In den Waldplantagen, d. h. nach dem ersten Brennen, ist der Ertrag derselben gewöhnlich nicht sehr groß, da sie zu üppig ins Kraut schießen, nach dem zweiten Brennen dagegen und auch später, vorausgesetzt, daß der Mais nicht zu dicht gepflanzt wurde, ist derselbe sehr bedeutend, unter günstigen Umständen sogar ein fabelhafter, so daß weit mehr verfaulen als gefüttert werden können. Man pflanzt nur solche mit gelber Blüte (die Flaschenkürbisse haben weiße), diese jedoch in mehreren Varietäten, welche sich aber in zwei Hauptabteilungen — in weiche und harte — zusammenfassen lassen. Erstere gibt größeren Ertrag, sowohl an Zahl wie an Gewicht der einzelnen Früchte, welche von 20—50 Kilo und darüber wiegen, doch erfrieren sie schon bei 0 Grad Kälte (Reif) und faulen dann. Letztere wiegen 10—30 Kilo und sind der Kälte gegenüber weit dauerhafter. Beide Arten enthalten eine sehr große Menge Samenkörner, welche ein vorzügliches Brennöl geben. Die Kürbisse bleiben in den Plantagen liegen; man holt jeden Tag nur so viel wie man füttert.

Klee, sog. ewiger, oder Luzerne, in Argentinien Alfalfa genannt, gibt hier auf gutem Boden 4—6 Schnitt jährlich, da sein Wachstum auch im Winter nicht ganz unterbrochen wird. Schreiber dieses hatte auf gutem Boden ein Stück von 5 Kilogramm Aussaat, welches ihm erlaubte, jeden Tag 2 schwere Lasten, jede von 60—80 Kilog., demselben zu entnehmen, und dies während voller 8 Monate im Jahre. Braucht man ihn nicht allen zum Grünfüttern, so macht man Heu davon, ebenso auch dann, wenn sonstiges Grünfutter im Ueberfluß vorhanden. Man düngt die Kleefelder höchstens mit Asche, selten mit Kalk und nie mit Gyps, welcher hier sehr teuer ist. Dieser Klee dauert je nach Bodenbeschaffenheit und Behandlung. d. h. Auflockerung des Bodens und Reinhaltung von Unkraut, 6—8 Jahre.

Hafer wurde bis jetzt nur zu Grünfutter angesäet, weniger, weil er einen guten Ertrag gibt, als weil er während des Winters wächst, einer Zeit, in welcher sonst wenig Grünfutter zu haben ist. In neuerer Zeit hat man ihn indeß auch der Körner halber gezogen, um sie als Pferdefutter zu verwenden. Er gibt 2 bis 4 Schnitt und dann doch noch hinreichend Samen. Pferde fressen den grünen Hafer nicht gerne, für diese sind die Reiser der Jerypá- oder Coqueira=Palme während des Winters ein beliebtes und gutes Futter. Man findet daher diese Palmen häufig in den Plantagen und in der Nähe der Kolonisten=Wohnungen angepflanzt, doch findet sich dieselbe auch wildwachsend im Walde, oft in beträchtlicher Anzahl.

Zuckerrohr wird in 5 bis 6 Arten gepflanzt, deren Zuckerwert sich so ziemlich gleich bleiben dürfte. Es zeitigt gegen Anfang des Winters (Juni), kann jedoch schon, ohne große Einbuße zu leiden, von Ende April an gefüttert werden. Pferde, Kühe und Schweine fressen es gerne, doch muß es in kleine Stücke gehackt oder geschnitten werden. Es gibt nur einen Schnitt im Jahre, doch ist derselbe sehr reichlich. Pferde und Kühe fressen das Rohr ganz, auch die Blätter, Schweine dagegen kauen es nur aus und speien die ausgesogenen Fasern desselben weg. Die Blätter berühren sie nie.

Mandioca wird gewöhnlich nur der zahlreichen und nahrhaften Wurzeln wegen angebaut, obgleich die Pferde wie Rinder auch gerne das Laub und die zerhackten Stengel fressen. Man pflanzt 2 Arten, die sich noch in verschiedene Unterabteilungen trennen: die sog. wilde oder giftige und die zahme, nicht giftige, welche auch vielfach auf den Tisch des Kolonisten kommt, und ihres Wohlgeschmackes und Nährwertes wegen allgemein beliebt ist. Beide Arten werden zum Füttern des Rindviehes und der Schweine verwendet, doch ist es nötig, daß man dieselben nach und nach daran gewöhnt, indem man ihnen anfänglich nur sehr kleine Portionen der wilden Mandioca gibt, die allmählich vergrößert werden, bis man sie satt damit füttern kann. So oft man 2—3 Wochen das Füttern mit diesen Wurzeln ausgesetzt hat, so oft muß man wieder mit kleinen Rationen anfangen. Immer, auch wenn sie daran gewöhnt sind, ist es ratsam, ihnen zuerst, wenn auch nur wenig anderes Futter, Milho, Kürbisse, u. dergl. zu geben, damit die in den wilden Mandioca-Wurzeln enthaltene Blausäure nicht unmittelbar auf die Magenschleimhaut wirken kann. Wegen Unterlassung dieser Vorsichtsmaßregeln ist schon manches Stück Vieh und manches Schwein zu Tode gefüttert worden. Trotzdem wird die wilde Mandioca von fast allen Kolonisten gepflanzt und vorgezogen, da sie nicht nur einen größeren Ertrag liefert, sondern auch mehr Nährwert hat. Zudem gibt sie auch noch reichen Ertrag in ausgepflanztem und von Natur magerem Boden. Ihres hohen Gehaltes an Stärkemehl wegen dient sie ausgezeichnet zur Mästung des Rindviehes und der Schweine, wirkt auch sehr günstig auf die Melkkühe. Pferde werden wenig mit diesen Wurzeln gefüttert, obschon sie dieselben gern fressen und ihnen auch die giftigste nie schadet. Die sog. zahme Mandioca (bras. Aipim) hat freilich kein Gift, oder doch nur wenig in der Schale, doch ist sie nicht so einträglich wie jene, auch soll ihr Stärkemehlgehalt geringer sein. Außerdem behauptet man, daß sie nicht so dauerhaft sei, und bei anhaltendem Regen und großer Nässe des Bodens leichter faule. Der Kolonist, welcher die Mandioca nur als Futterpflanze anbaut, räumt derselben selten ein eigenes Feld ein, sondern behandelt sie mehr als Zwischenpflanze, indem er in demselben Felde auch noch Bohnen oder Mais pflanzt. Die Mandioca bedarf bis zur vollen Reife 1½ bis 2 Jahre, einige zahme Arten ausgenommen, welche einjährig sind, jedoch nur zum Küchenbedarf angebaut werden.

Außer den genannten Futterpflanzen hat man noch einige Gräser, welche, obgleich sie sehr gerühmt werden, bis jetzt doch noch keine allgemeine Verbreitung erlangt haben, obschon sie, wenigstens teilweise, eine größere Beachtung seitens der Kolonisten zu verdienen scheinen.

Handelspflanzen. Unter Handelspflanzen verstehe ich nur solche, deren Produkte entweder im Naturzustande oder bearbeitet von den Kolonisten in den Handel gebracht werden. Zu den ersteren gehören: Mais, Bohnen, Kartoffeln, Tabak, Erbsen, Linsen, auch Baumwolle und Seide, sowie die Mamona, aus welcher das Ricinusöl fabriziert wird, endlich auch noch etwas Weizen, Korn und Gerste; zu den letzteren besonders Zuckerrohr, Mandioca, Reis und Amendoim (Erdmandeln oder Arachiden).

Die wichtigsten der genannten Pflanzen sind gegenwärtig Mais, Bohnen, Tabak, Reis, Mandioca und Zuckerrohr, weshalb wir ihre Kultur und weitere Behandlung, ihren Ertrag und Wert, soweit dies möglich, näher beschreiben wollen.

Mais, bras. Milho (spr. Miljo) genannt, wird entweder für sich allein, z. B. in neugebrannten Plantagen, auch in gepflügtem magerem Boden, der keine lohnende Bohnen-Ernte mehr gibt, und endlich als Nachfrucht nach Bohnen, Weizen, Korn, Gerste, Hafer, Linsen und Erbsen, welche alle um Weihnacht (hier Sommeranfang) zeitigen, gepflanzt. Man zieht das Pflanzen mit dem Spieße (siehe oben) dem mit der Hacke vor, da es 1. rascher geht, 2. der Mais in dem nicht durch die Hacke gelockerten Boden fester steht, und 3. weil die Feuchtigkeit auf diese Weise weniger rasch verdunstet, der Mais infolgedessen rascher und regelmäßiger aufgeht. Der Pflanzer stößt mit der einen Hand die Löcher, mit der anderen Hand nimmt er die bestimmte Zahl Körner aus einem angehängten Sack und legt sie in die Löcher. Hat der Boden hinreichend Feuchtigkeit, so tritt der Keim schon am 5.—6. Tage hervor. In neugebrannten Plantagen ist bis zur Ernte durchaus keine Bearbeitung erforderlich, in gepflügtem Lande oder als Nachfrucht muß er behackt und gehäufelt, auch vom Unkraut gereinigt werden. Es geschieht dies hier mit 8—10 Zoll breiten Hacken. Hat der Mais einen gewissen Grad der Reife erlangt, so knickt man ihn, indem man mit einem kurzen Stock zwischen zwei Knoten des Stengels unterhalb des Kolbens (Aehre) schlägt, stark genug, um den Stengel teilweise zu zerschmettern, in folgedessen letzterer umknickt, ohne zu brechen, die Spitze der Aehre mithin nach unten hängt. Da nun kein Regenwasser eindringen kann, so kann der Mais ohne Besorgnis vor Fäulnis bis zu seiner völligen Trocknung in der Plantage hängen bleiben, und man ihn nachher in den Milhohütten ohne Gefahr des Verderbens auf hohe und breite Haufen setzen. Auf diese Weise wird der Milho auch vor den Angriffen von zwei Arten Papagaien geschützt, welche alle aufrecht stehenden Kolben annagen und dem Verderben preisgeben. Man rechnet auf 10,000 Braças $\square$ = 48,400 Meter $\square$, je nach der Art 4—6 Quart Aussaat = 36—54 Liter, da man die einzelnen Stöcke nach allen Richtungen ca. 2 Schritt von einander entfernt pflanzt und in jedes Loch 4—5 Körner legt. Der einzelne Stock hat demnach 3—5 Stengel, welche 3—8 Aehren liefern. Durchschnittlich kann man auf einen Ertrag von 1:160 rechnen, oder vom Quart Aussaat (1 Quart = $^1/_8$ Sack = 9,07 Ltr.) 20 Sack Ernte. In den neuen Plantagen und in gutem Urwaldsboden ist die Ernte weit höher zu beziffern.

Der Mittelpreis des Mais ist per Sack, á 72,54 Ltr. 2 Milreis = 4 Mark hier auf den Kolonien, doch wird im ganzen genommen jetzt wenig Milho mehr verkauft, da es weit vorteilhafter ist, ihn zur Erzeugung von Speck, Schmalz, Butter, Eiern und Hühnern zu verwenden. Neuerdings hat man ihn auch für Branntwein und Spiritus verarbeitet, doch dürfte das gewonnene Produkt dem aus Zuckerrohr bereiteten sog. „Rum" nie gleichkommen.

Man pflanzt hier fast nur zwei Varietäten, eine gelbe und eine weiße, beide großkörnig. Die Pflanzzeit dauert von Anfang September bis Ende Dezember.

Schwarze Bohne — bras. Feijão preto. Auf den Kolonien wird fast nur diese Art gezogen, wenn auch in mehreren Varietäten. Die Bohnenkultur ist unstreitig diejenige, welche den Boden am schnellsten erschöpft, und der Boden muß schon sehr gut sein, welcher nach 5—6maligem Bepflanzen noch eine ergiebige Ernte liefert. Man pflanzt sie daher auch gewöhnlich nur in neuen Plantagen, welche mit der Hacke vom Unkraut gereinigt, nicht umgehackt werden, doch werden auch sehr viele in umgepflügtem, sehr magerem Boden gepflanzt, da solches Feld immer nach den Bohnen noch eine gute Milhoernte ergibt. Sobald nämlich die Bohnen anfangen zu zeitigen und ihr Laub fallen lassen (anfangs Dezember), so wird es schon mit Mais und Kürbissen eingepflanzt. Dasselbe Verfahren findet statt in Kartoffel=, Erbsen=, Linsenfeldern. Bei der Kultur der Bohnen verfährt man folgendermaßen: Sobald das Land von Unkraut gereinigt ist, macht man mit der Hacke 4—5 Ztm. tiefe Löcher, in ca. einen Schritt Entfernung von einander reihenweise; die Reihen haben denselben Abstand. In jedes dieser Löcher legt man 4—5 Bohnen und deckt sie mit der ausgeworfenen Erde zu. Schon am 5. Tage gehen sie auf, und dann muß nach einigen Wochen das Feld mit der Hacke vom Unkraut gereinigt werden, doch genügt ein einmaliges „Putzen" der Bohnenplantagen nur selten, immer aber sollte das zweite Putzen noch vor dem Erscheinen der Blüte stattfinden, um diese nicht zu schädigen. Will man Reis oder Mandioca als Zwischenfrucht hineinpflanzen, so darf dies erst geschehen, wenn das Feld ganz von Unkraut gesäubert ist. Im Dezember und Januar reifen die Bohnen; sie werden jetzt mit der Wurzel ausgezogen, in kleine Häufchen vereinigt und bleiben so 1—2 Tage im Felde stehen, um noch zu trocknen, sie werden dann in der Mittagszeit, wenn es recht heiß ist, auf große Tücher getragen und mit Pferden ausgeritten. Nachdem sie gesiebt, sind sie zum Verkauf fertig. In neuem schwerem Boden geben sie von 1:48—80 Korn, auch mehr, wenn die Witterung günstig, in ausgesaugtem kaum die Hälfte. Von großem Einfluß ist es, wenn man die Plantagen so anlegen kann, daß sie durch den nahestehenden Wald vor den Winden geschützt sind. Der Preis für 72,54 Liter dürfte gegenwärtig durchschnittlich 3—4 Milreis nicht übersteigen, ein sehr geringer Preis! Früher, noch vor 10 bis 12 Jahren war der Durchschnittspreis 6—8 Milreis. Da die Bohnen das Nationalessen der Brasilianer sind und ebensowenig auf dem Tische des Reichen, wie auf dem des Armen fehlen dürfen, so lohnte der Anbau derselben und brachte viel Geld auf die Kolonie; leider hat sich dies aber geändert, die immermehr sich ausdehnende und vergrößernde Kolonie brachte schließlich so viel Bohnen zu Markte, daß das Angebot die Nachfrage weit überstieg, und infolgedessen die Preise so herabgedrückt wurden, daß es kaum mehr Vorteil gewährt, solche zu kultivieren und wir demnach sehr bald in der Lage sein dürften, diese Kultur ganz oder teilweise aufzugeben und solche Artikel zu pflanzen, welche nicht, wie die Bohnen, nur auf den bras. Markt beschränkt sind, und von denen uns ja eine ganze Anzahl zur Verfügung stehen. Jetzt können wir nur dann bessere Bohnenpreise erwarten, wenn im nördlichen Brasilien Mißernten eintreten, wie dies infolge von Regenmangel in den Jahren 1876—1880 in einigen der nördlichen Provinzen, zumal in Ceará in so hohem Grade der Fall war, daß die Regierung zur Unterstützung der Hungerleidenden 74 Millionen Milreis verausgabte (!) — Summen, welche natürlich nach brasilianischem System großen= wenn nicht größtenteils in die Taschen Jener flossen, durch deren Hände sie gingen.

Augenblicklich suchen manche Kolonisten ihren Schaden dadurch auszugleichen, daß sie noch mehr Bohnen pflanzen, wie früher, im Glauben, die Masse müsse es bringen, doch dürfte durch dies Verfahren die Krisis nur beschleunigt werden.

Erbsen und Linsen werden wenig angebaut, obgleich sie gut lohnen; die Nachfrage danach ist nur gering, indem sie fast nur von den Fremden konsumiert werden, da die Brasilianer die schwarzen Bohnen allen andern Leguminosen weit vorziehen.

Doch pflanzt fast jeder Kolonist etwas Erbsen und Linsen, mehr findeß zu eigenem Gebrauch, und nur der etwaige Ueberschuß wird zu Markt gebracht. Kultur und Ernte ist dieselbe wie in Europa, doch sollen sie hier nach Behauptung urteilsfähiger Personen weit einträglicher sein wie dort. Der Preis steht gewöhnlich dem der Bohnen gleich.

Kartoffeln (bras. Batata ingleza) werden dagegen mehr angepflanzt, da sie nicht nur das Hauptnährmittel der Kolonisten bilden, sondern auch ein stets gangbarer Handelsartikel sind. Sie werden zweimal im Jahre, im Februar und im August gepflanzt; erstere Pflanzung reift im Mai und Juni, letztere im November und Dezember. Nur neuer, frischer Boden gibt, einige Ausnahmen abgerechnet, einträgliche Ernten, weßhalb sich ihre Kultur auch nicht sehr ausdehnen wird, so lange man den erschöpften Boden nicht durch Düngung zu kräftigen sucht. Ueberhaupt ist der Anbau der Kartoffeln in größerem Maßstabe ungeeignet für weitentlegene Kolonien, welche ihre Produkte per Lasttiere transportieren müssen, da sie eine schwere, verhältnismäßig wenig rentierende Ladung sind, nur die Kolonie São Lourenço und die ältesten Teile der Kolonie São Leopoldo betreiben die Kultur dieser Pflanze mehr im großen. Die Kulturmethode ist dieselbe wie in Deutschland, nur daß in neuen Plantagen, in welchen der Pflug noch nicht gebraucht werden kann, mit der Hacke bis 4 Zoll tiefe Löcher gehauen werden, in welche man 1—2 Saatkartoffeln legt. Sie geben, je nach Güte des Bodens das 4—8fache der Aussaat, auch wohl mehr, wenn die Witterung günstig ist. Der Durchschnittspreis per Sack dürfte 2 Milreis nicht übersteigen. Selbstverständlich pflanzt wohl jeder Kolonist mehr Kartoffeln, als er für seinen Haushalt nötig hat, um auch bei Mißernten genug zu haben, wogegen er seinen Ueberfluß, wenn sie gut geraten, immer verkaufen kann.

Zuckerrohr kann selbstverständlich nicht im Naturzustande in den Handel gebracht werden, sondern nur verarbeitet, entweder als Branntwein, Zucker oder Rapadura. — Um diese Artikel herzustellen, muß das schon in der Plantage von Blättern, Gipfeln und etwaigen Auswüchsen gereinigte Rohr zwischen Walzen ausgepreßt werden, welche, von Holz hergestellt, 90 bis 100 Milreis kosten, ohne die dazu gehörigen Gebäulichkeiten, welche sich der Kolonist gewöhnlich selbst errichtet. Will er sein Zuckerrohr zu Branntwein verarbeiten, so hat er eine weitere Auslage von 300 bis 350 Milreis für die gewöhnlich sehr primitiven Brennereiutensilien — Kessel, Helm und Kühlrohr — und außerdem braucht er große Gährtröge, die er aus dicken Bäumen seines Waldes herstellt, da die vom Böttcher gebundenen Bottiche der Hitze wegen unpraktisch sind, weil sie zu oft rinnen. Zur Herstellung von Zucker und Rapadura braucht man außer den Walzen nur eine große flache, kupferne Pfanne, welche 60—80 Milreis kostet, und einige Formen, die sich jeder selbst verfertigen kann.

Um Zuckerrohr pflanzen zu können, muß der Kolonist gutes Bergland haben, in einer möglichst frostfreien Lage, da es leicht erfriert. Hier legt er in Abständen von 2—3 Fuß Stücke von altem Rohr, welche wenigstens 2—3 gute Augen haben müssen, 4—5 Zoll tief in die Erde, entweder mit dem Pfluge oder mit der Hacke, je nachdem es der Boden erlaubt. Pflanzt er die Gipfel des Rohres, welche gewöhnlich, so weit es noch wässerig, abgehauen werden, so müssen diese so gelegt werden, daß sie hervorragen. Er hat nachher das Feld von Unkraut rein zu halten, doch nicht lange, denn sobald das Zuckerrohr eine gewisse Höhe erlangt hat, erstickt das Unkraut darunter. Um auszuwachsen, muß das Zuckerrohr 12—18 Monate, je nach der Art, stehen; soll es zu Branntwein verarbeitet werden, so kann man es auch schon früher ernten, nicht aber für Zucker und Rapadura, da im unreifen Zuckerrohr weniger krystallisierbarer Zucker enthalten ist, als im ausgewachsenen, jener aber für Zuckerbereitung allein Wert hat.

Soll das Zuckerrohr geerntet werden, so wird es mit großen Messern nahe am Boden abgehauen, entblättert, entgipfelt, und dann ausgepreßt. Die hierzu gebräuchlichen Walzen sind vom härtesten Holz, manchmal mit Eisen bekleidet. Sie stehen aufrecht, und sind so eingerichtet, daß, wenn die mittlere Walze durch Zugtiere vermittelst eines langen Baumes in Bewegung gesetzt wird, diese rotierende Bewegung sich vermittelst geeignet angebrachter Kämme den beiden Seitenwalzen mitteilt. Die Mittelwalze steht in unbeweglichem Zapfenlager, die Seitenwalzen können dagegen vermittelst Keilvorrichtung der ersteren nach Bedarf mehr oder weniger genähert werden, um eine möglichst vollständige Ausbeute des im Rohr enthaltenen Saftes zu erreichen. Sind die Walzen in Bewegung gesetzt, so wird eine Stange nach der anderen mit den Händen zwischen dieselben geschoben, welches mehrere Male wiederholt wird, indem man das Rohr doppelt und dreifach zusammenlegt und zusammendreht; sind die Walzen gut und wird mit Aufmerksamkeit gearbeitet, dann ist der trotzdem im Rohre zurückbleibende Saft relativ gering. Die zurückbleibenden Fasern werden hier nicht, wie im Norden, getrocknet, um als Brennmaterial zu dienen, da es bis jetzt noch nicht an Holz fehlt. Die Walzen stehen in einem großen Trog, in welchem der Saft aufgefangen wird; durch einen geeigneten Abfluß wird derselbe entweder in die Gährtröge oder in die Siedpfannen geleitet. Die Gewinnung des Branntweins aus dem vergohrenen Safte ist dieselbe, wie sie vor 40—50 Jahren in Deutschland üblich war, und braucht wohl nicht näher beschrieben zu werden, wogegen einige Worte über Zucker- und Rapadura-Fabrikation am Platze sein dürften. In beiden Fällen ist die größte Reinlichkeit ein Haupterfordernis, um gute Resultate zu erzielen; sämtliche Gerätschaften, ausnahmslos von Holz, müssen nach jedesmaligem Gebrauch gut abgewaschen werden, um all und jede Säurebildung zu verhüten. Auch muß möglichst rasch gearbeitet werden, da das warme Klima die Gährung und Säurebildung begünstigt.

Zu beiden Fabrikaten wird der gewonnene Saft geseiht, ehe er in die Siedkessel kommt, und dann entweder mit oder ohne Zusatz von Kalkmilch oder Eiweiß über freiem Feuer zum Kochen gebracht. Noch ehe der Saft kocht, bildet sich ein zäher, dichter Schaum welcher sorgfältig entfernt werden muß, ebenso wie auch der, welcher sich später beim Kochen bildet. Sobald der Saft durch Einkochen eine gewisse Konsistenz erreicht hat, füllt man ihn in längliche, hölzerne Mulden, um ihn fast bis zum Erkalten anhaltend und rasch umzurühren, wodurch ein schnelleres und vollständigeres Krystallisieren erreicht wird, und schüttet die nun ganz körnige Masse in geeignete Gefäße, Kästen, Fässer u. s. w., mit durchlöchertem Boden. Sobald die Oberfläche erstarrt, wird diese mit angefeuchtetem Thon bedeckt, in folgedessen der nicht krystallisierbare Zucker in Form von Syrup unten ausläuft. Der gewonnene Rohzucker, welcher in dieser Form hier allgemein verbraucht wird, muß, nachdem der Syrup ausgelaufen, noch getrocknet werden. Zur Fabrikation von Rapadura muß der Saft weit mehr eingedickt werden als für Zucker, und erfordert große Sorgfalt, damit er nicht anbrenne. Ist die nötige Konsistenz erreicht, so wird auch diese Masse gerührt, bis sie krystallisiert, und dann in kleine, viereckige, angefeuchtete Formen von Holz eingefüllt, in welchen sie rascher erhärtet. Die gewonnenen kleinen Kuchen werden schließlich in Maisblätter gewickelt und so in den Handel gebracht. Das Hundert solcher Kuchen, jeder ca. $1/2$ Pfund wiegend, wird hier zu 5 bis 6 Milreis verkauft.

Im ganzen genommen wird hier auf den Kolonien das Zuckerrohr überwiegend zu Branntwein verarbeitet, der stets Absatz findet. Die Pipa zu 480 Liter wird zu 80—100 Milreis verkauft. Rapadura wird fast nur da fabriziert, wo die Kolonien an brasilianische Ansiedelungen grenzen, welche die Hauptkonsumenten dieser Ware sind. Hier fabrizierter Zucker kommt fast nie in den Handel.

Die Kultur des Zuckerrohres ist sehr einträglich und lohnend, kann jedoch nur, wie bereits gesagt, in frostfreien Lagen ohne Risiko betrieben werden. Den Winden sehr ausgesetzte Lagen sind ebenfalls ungeeignet, da das Rohr leicht ausbricht und verdirbt. Auch gehört dazu etwas Kapital und hinreichende Arbeitskräfte, über welche nicht jeder verfügen kann, da eine für Tagelohn arbeitende Menschenklasse hier auf den Kolonien nicht einmal dem Namen nach existiert.

Zuckerrohr-Plantagen können von September bis Februar angelegt werden. Letztere Zeit wird hauptsächlich dann vorgezogen, wenn die Lage nicht ganz frostfrei ist. Man haut dann bei Beginn des Winters sämtliche Triebe tief unten ab und deckt sie auf die Stoppeln. So geschützt, treiben sie im Frühjahr (Sept.) rasch und kräftig aus, und geben bis Anfang des Winters (Juni) ein kräftiges, reiches Rohr. In frostfreien Lagen ist das Abhauen der Triebe überflüssig. Geerntet wird das Rohr fast immer anfangs Winter (vom Mai an), da die Erfahrung gelehrt hat, daß, sobald das Wachstum unterbrochen wird, sich mehr und besserer Zucker im Rohre vorfindet. Zur Blüte kommt dasselbe hier wohl nie, obgleich es eine Höhe von mehr als 2—3 Meter erreicht, da das Klima dieser Provinz schon zu kalt ist.

Auf dem abgeernteten Felde bleiben Gipfel und Blätter liegen, bis sie hinreichend trocken sind, dann wird Feuer an das 2—4 Zoll hoch liegende Laub gelegt, wodurch die Plantage nicht nur vom Unkraut gereinigt, sondern auch gedüngt wird. Gewöhnlich geschieht dies gegen Abend, damit das Feuer nicht zu heftig wird. Die stehengebliebenen Stöcke treiben nach dem Feuer größtenteils wieder aus, und ist nur nötig, da nachzupflanzen, wo sie, sei es durch das Feuer oder andere Ursachen, ganz abgestorben sind. Eine auf diese Weise gut behandelte Plantage kann 6—8 Jahre dauern, ehe man sie ruhen lassen muß. Es steht zu erwarten, daß die Kultur des Zuckerrohres in demselben Maße zunehmen wird, wie die Kultur der Bohnen abnimmt, da auf eine oder andere Weise Ersatz geschaffen werden muß, und damit auch die Bereitung des Zuckers eine mehr rationelle werde. Die geschilderte rohe Betriebsweise der Zuckerbereitung oder mit der Hacke ausgemacht; die Wurzeln werden abgebrochen und mit der Hand oberflächlich von der anhängenden Erde gereinigt. Dann fährt man sie in die Farinha= (spr. Farinja) Mühle, wo sie zuerst mit Messern geschabt, d. h. von der äußeren schwärzlichen oder grauen Rinde befreit, dann gewaschen und endlich vermittelst eines trichterförmigen Kastens dem Reibrad zugeführt werden, welches die Wurzeln in eine breiartige Masse umwandelt. Diese muß nun, um das darin enthaltene Wasser nebst der darin gelösten Blausäure zu entfernen, gepreßt werden. Man bedient sich dazu hölzerner Schraubenpressen, welche aber in neuerer Zeit und nachdem sich hier Eisengießereien etabliert haben, durch eiserne Schrauben ersetzt werden, da erstere nicht nur sehr plump sind, sondern auch, trotzdem sie größeren Kraftaufwand erfordern, dennoch nicht die Wirkung erzielen wie letztere. Die Masse, d. h. oben erwähnter Wurzelbrei wird nun entweder in aus Bambus oder den langen Stielen der Palmenblätter gefertigten Körben (Tiputim) gefüllt und von diesen 2—4 übereinandergestellt, unter den Preßdeckel geschoben, oder, was praktischer ist, in mit der Presse selbst verbundenen starken Kästen, welche so eingerichtet sind, daß der Saft abfließen kann. Dieser ist sehr giftig; Hunde, Katzen, Hühner, Schweine, welche davon trinken, sterben augenblicklich, weshalb auch in allen Mühlen für unterirdische Ableitung desselben gesorgt ist. Andernteils sorgt man aber auch durch Seihvorrichtungen, daß man das mit dem Safte abfließende, feinste Stärkemehl (Tapioca) gewinne, welches durch 1—2maliges Auswaschen alle giftigen Bestandteile verliert. Ist die Masse soviel wie möglich trocken gepreßt, so wird sie gesiebt, um die Fasern und etwaige nicht zerriebene Stücke zu entfernen, und dann beginnt der letzte Akt, um den noch vorhandenen Ueberrest der Blausäure zu entfernen — die Röstung. Man bedient sich hierzu eines 2—3 Meter langen Halbcylinders, über welchen ein mit vielen Armschaufeln versehener Wellbaum rotiert, der die Masse beständig umrührt, um das Anbrennen zu verhindern. Die Pfanne selbst steht über freiem Feuer und ist oben mit einem Bretterverschlage geschlossen, um das Verstäuben der feineren Teile zu verhindern. Ist die Masse soweit geröstet, daß die einzelnen Körner krachend zerspringen, wenn man darauf beißt, so ist die Farinha fertig und bildet nun ein grobes, gelbliches Mehl, in welcher Form es in den Handel gebracht wird. Die Preise variieren von 1—6 Milreis für 52,54 Ltr. Wie bereits oben erwähnt, gewinnt man als Nebenprodukt ein in Europa unter dem Namen Tapioca bekanntes Stärkemehl. Würde man sich ganz auf Herstellung dieser vortrefflichen Stärke beschränken, wie dies zweifellos auch in Zukunft geschehen wird, da schon jetzt mehr Farinha erzeugt wird, als in normalen Zeitläuften erforderlich ist, und man außerhalb Brasiliens nichts davon wissen will, so hätten wir einen stets gesuchten und wertvollen Exportartikel.

Reis wird von Tag zu Tag mehr angebaut, und in der Tat verdient diese Pflanze alle Beachtung, die man ihr schenkt, um so mehr, als es hier gelungen, einen Reis zu kultivieren, welcher eines eigentlich nassen oder auch nur an sich feuchten Bodens gar nicht bedarf. Ein bindiger Sandboden, welcher das Regenwasser leicht aufnimmt und festhält, eignet sich am besten für diese Pflanze, und gibt überdem ein Produkt, welches den sog. Wasserreis an Qualität und Wohlgeschmack weit übertrifft und immer höher bezahlt wird, als der aus andern Provinzen ꝛc. importierte Reis. Da sich auf allen Kolonien bereits Reisschälmühlen vorfinden, so wird wenig Reis mit Schale von denselben ausgeführt. Der Kolonist liefert den rohen Reis in diese Mühlen, woselbst er gestoßen und gesäubert wird, und muß für ca. 50 Kilo rohen Reis zu stoßen 1 Milreis bezahlen und kann er ihn nachher ohne Weiteres absetzen. Ist der Reis schön, so geben 150 Kilo Rohreis 120 Kilo geschälten und gereinigten Reis. Man hat hier fast nur Stampfmühlen; an guten Reisschäl=Maschinen, die auch den Reis polieren würden, was bis jetzt nicht geschieht, und wodurch er haltbarer wird, fehlt es leider noch ganz. Der Sack = 60 Ko. wird mit 10—14 Milreis bezahlt. Roher Reis wird von den Kolonien fast gar nicht ausgeführt. Schon jetzt hat, da unser riograndenser Reis ganz vorzüglich ist, und trotzdem er höher bezahlt wird, der Reisimport schon nachgelassen und wird bald dem umgekehrten Verhältnis des Reisexportes Platz machen. Seine Anpflanzung ist sehr einfach; in den durch Pflug oder Hacke gereinigten Boden macht man mit der Hacke 4—5 Ctm. tiefe Löcher, je einen Schritt eines vom andern entfernt, in welche man 4—6 Körner (mit Schale) hineinfallen läßt, welche mit dem Fuße leicht zugedeckt werden. Gut ist es, zu gleicher Zeit etwas Reis dicht zu säen, um mit diesen Pflanzen etwa ausgebliebene Stöcke ersetzen zu können. Man muß dann das Feld rein halten vom Unkraut bis zur Ernte, welche auf zweierlei Weise bewerkstelligt wird: einmal, indem man nur die Aehren einzeln abschneidet, diese auf Haufen setzt, damit sie einer leichten Gährung und Nachzeitigung unterliegen, oder, indem man den Stock im ganzen abschneidet. Ersteres ist nur bei kleinen

Ernten anwendbar, da es viel Zeit erfordert; letztere Methode verlangt, daß der Reis gleich gedroschen oder ausgeritten wird, da Fruchtstengel wie Blätter, gewöhnlich noch grün sind, wenn die Aehren schon ganz reif sind. Erstere Methode gibt anerkanntermaßen jedoch ein weit besseres Produkt, welches sich auch besser aufspeichern läßt, als der gedroschene, da dieser nur aus Körnern bestehend, sich zu fest aufeinanderlegt, und bei eintretender Gährung daher leicht verbrennt. Außerdem ist er dem Wurmfraße mehr unterworfen als jener. Wenn es auch nicht möglich ist, den Betrag der Ernte im Verhältnis zur Aussaat genau anzugeben, so kann doch mit größter Bestimmtheit versichert werden, daß die Kultur dieser Pflanze mehr Rente gibt, als die jeder andern, wozu noch kommt, daß sie gegen Mais und Bohnen nur einen relativ sehr geringen Raum beansprucht.

Tabak zählt schon jetzt auf einigen Kolonien zu den Hauptkulturen und dürfte, da wir doch über kurz oder lang genötigt sein werden, mehr Exportartikel zu kultivieren, eine immer mehr zunehmende Verbreitung gewinnen. Der hier gewonnene Tabak kann sich an Qualität freilich nicht mit dem westindischen messen, doch dürfte er vielen in Nordamerika gewonnenen Sorten keineswegs nachstehen, wenn er richtig und sorgfältig behandelt würde. Hierin liegt aber eben der Grund, weshalb diese Kultur noch lange nicht den Platz einnimmt, den sie einnehmen sollte, denn sie erfordert eine, wenn auch nur leichte, doch lang andauernde Arbeit und beständige Aufsicht. Im Juni und Juli wird der Samen gesät, im September und Oktober werden die jungen Pflanzen versetzt, was große Vorsicht erfordert, da sie sehr weich sind. Häufiges Nachpflanzen nicht angewachsener Pflanzen ist trotzdem nicht notwendig. Ungefähr um Neujahr beginnt das Gipfeln und bald nachher das Geizen (Ausbrechen) der Triebe, welche, nachdem der Gipfel abgebrochen, immer wieder aus den Blattwinkeln hervorschießen, den Stock überwuchern und alle Säfte anziehen, wodurch die Blätter verkümmern würden. Einige Wochen später beginnt die Ernte, indem man die nach und nach reifenden Blätter abbricht und auf Haufen bringt, wodurch sie in Gährung kommen und gelb werden. Hierbei ist große Vorsicht zu beobachten, damit sie sich nicht zu sehr erhitzen, und endlich werden sie auf Fäden gereiht und zum Trocknen aufgehängt. Manche warten auch, bis sämtliche Blätter des Stockes reif sind, hauen diesen dann ab und hängen ihn mit samt den Blättern auf, doch will man behaupten, daß so behandelter Tabak dem andern an Qualität nachstehe. Die Arroba wird mit 3—6 Milreis bezahlt.

1882 wurden über Porto Alegre 100 000 Arrobas Tabak exportiert. Dieser kommt wesentlich von der Kolonie St. Cruz, wo tüchtige Geschäftshäuser den Kolonisten ihr Produkt in kleinen Bündeln abnehmen, um es dann in großen Lagerräumen einer gemeinsamen, verständig geleiteten Fermentation zu unterziehen, worauf der Tabak, in größeren Ballen verpackt, zum Versand kommt. In den meisten übrigen Kolonien wird der Tabak nur für den Bedarf verarbeitet und einer sehr scharfen Fermentation unterworfen. So bearbeitet gilt die Arroba 8—12 Milreis. Er dient, fein geschnitten, zur Füllung der Zigaretten. Tabak könnte auch noch auf vielen anderen Kolonien ein Exportartikel sein, doch sind alle Versuche der Kolonisten, ihn dazu zu machen, vergebens, so lange nicht reiche und völlig sachverständige Geschäftshäuser Ankauf, Sortierung, Fermentation und Verpackung der Ware in die Hand nehmen. Nur von letzteren kann die Hebung der Tabaksproduktion ausgehen, welche sehr zu wünschen wäre.

Amendoim, Erdmandeln (Arachis) geben hier das beste Speiseöl; man pflanzt sie in Stufen von ca. 1 Fuß Entfernung von einander im September oder Oktober. Sie reifen im März, und um sie zu ernten, reißt man die ganzen Stöcke aus, faßt die Stengel an der Spitze zusammen und schlägt das Wurzelende, an welchem sich die Nüsse befinden, so lange über die scharfe Kante eines Brettes, bis sich sämtliche Nüsse (Mandeln) gelöst haben. Sie brauchen dann nur getrocknet zu werden, um sie zu Oel zu verarbeiten, was hier mittelst Stampfmühlen geschieht. Der Sack — 80 Liter — gibt 12—15 fl. Oel, welches, wenn auch nicht dem feineren Olivenöl, doch dem Baumöl an Qualität gleichsteht, obgleich es nie geläutert wird. Es wird außer als Speiseöl auch als Brennöl verwendet. Eine weitere Oelpflanze ist die

Mamona, welche das bekannte Ricinusöl gibt. Die z. B. im südlichen Frankreich nur einjährige Pflanze dauert hier 6—8 Jahre und bildet mit der Zeit große, dickstämmige Sträucher. Obgleich sie einen sehr reichen Ertrag geben, so wird doch wenig davon angepflanzt, da dieser auf unsern gewöhnlichen Oelmühlen nicht verarbeitet werden kann, und bis jetzt hier in der Provinz nur eine Fabrik existiert, welche diese Frucht zu Ricinusöl verarbeitet. Export derselben aber findet bis jetzt nicht statt, und so sind die Preise gedrückt. Die erwähnte Fabrik von Leão & Alves in Porto Alegre bezahlt gegenwärtig 4 Milreis per Sack, was ein günstiger Preis wäre, wenn man jederzeit auf feste Nachfrage, resp. Abnahme rechnen könnte. Der Sack à 80 Ltr. gibt 37—40 fl. rohes Oel.

Lein wird bis jetzt sehr wenig gebaut, soll jedoch nach Ansicht Sachverständiger solche reiche Ernte an Samen geben, daß er, ganz abgesehen von den Fasern, eine gute Rente gewährt. Unsere Oelmühlen sind jedoch im allgemeinen nicht eingerichtet, um das Oel aus diesem Samen zu gewinnen, doch könnten diese sowohl wie die beiden obengenannten Oelfrüchte, falls sie in größeren Mengen angebaut würden, lohnende Exportartikel bilden.

Baumwolle, Seide und Flachs sind in neuerer Zeit oft erwähnt und ihre Kultur, resp. Zucht angelegentlich empfohlen worden, bis jetzt leider ohne nennenswerten Erfolg. Die Spinnerei von Rhein=gantz in Rio Grande bietet für entkörnte Baumwolle den hohen Preis von 9 Milreis per Arroba, und hoffentlich wird dieses aufmunternde Gebot nicht ohne Einfluß bleiben. Es macht sich gerade jetzt unter den Kolonisten das Bedürfnis nach Einführung lohnender Kulturen sehr geltend, und Baumwolle dürfte unter den dafür ins Auge zu fassenden Pflanzen obenan=stehen, namentlich, sobald erst einmal Erfahrungen darüber gewonnen sind, welche der zahllosen Varie=täten in bezug auf rasche Reifung den hiesigen Ver=hältnissen am meisten angepaßt ist. Deutschen Maschinenfabrikanten sei das jetzt hier hervortretende Bedürfnis nach praktischen und nicht zu teuren Ent=körnungs=Maschinen (Eagle) zur Beachtung empfohlen, da sonst Nordamerika den Markt einnehmen wird. Es ist überhaupt für landwirtschaftliche Maschinen ein reiches Feld in Rio Grande und sollten sich deutsche Fabrikanten zu einer permanenten Muster=

ausstellung in Porto Alegre verbinden. Schrotmühlen Futterschneidmaschinen, Pflüge, Exstirpatoren und alle dem Preise nach für kleine Grundbesitzer zugänglichen Maschinen haben viele Chancen, ebenso Dreschmaschinen für Bohnen und Reis, Reisschälmaschinen u. s. w. Sehr hebend und heilsam könnte eine landwirtschaftliche Schule in der Provinz wirken. Die Errichtung einer solchen ist auch bereits beschlossen; ob sie aber brauchbar ist, wird davon abhängen, ob man als Lehrer und Leiter erfahrene Ausländer beruft, oder aber einer neuen Mißgeburt brasilianischer Verwaltung das Leben schenkt.

Uebersehen wir den Stand unserer gegenwärtigen landwirtschaftlichen Verhältnisse, so müssen wir gestehen, daß wir augenblicklich mitten in eine Krisis geraten sind, welche die bisherigen Kulturen wesentlich umgestalten dürfte. So lange Bohnen und Mais reichliche Renten gaben, Kulturen, wie sie für unsern Urwald paßten, ja eigens dafür erschaffen schienen, so lange war keine Aussicht, daß die Kultur von Exportartikeln Eingang finden würde. Und wozu auch? die Einnahmen waren glänzend, freilich nur bis zu dem Zeitpunkt, wo eine Ueberproduktion eintrat, und die Folgen derselben sich durch äußerst niedrige Preise bemerkbar machten. Daß es anders werden muß, sieht Jeder ein, doch was pflanzen? das ist die große, viel ventilierte Tagesfrage. Viele Kolonisten haben bereits Auswege gefunden, indem sie Reis, Tabak, Zuckerrohr pflanzen oder sich ganz auf Erzeugung von Schmalz und Speck legen, andere schwanken noch hin und her wie Buridan's Esel. Dieser Zustand kann indeß nicht lange dauern! An Artikeln, welche für den Export in Kultur genommen

werden können, fehlt es uns nicht, doch ist es voraus-
zusehen, daß die notwendige Lehrzeit, Mißgriffe, wohl
auch ein gewisses Widerstreben der weniger Einsichts-
vollen uns noch manches Opfer und manchen Verlust auferlegen werden. Doch behalten wir Frieden,
tritt kein Mißwachs in den nördlichen Provinzen ein,
so dürfte sich die Wandlung zum Besseren sehr rasch
— vielleicht in wenigen Jahren vollzogen haben.

Baum- und Gartenkultur. Da es sicher
für Manchen interessant sein dürfte, auch hierüber
Einiges zu vernehmen, so mögen schließlich noch einige
Worte darüber hier folgen.

Als eigentliches Baumobst haben wir hier nur
die Orange (Apfelsine, bras. Laranja) in verschiedenen
Varietäten, Pommeranzen, Limonen (Limas) und
Zitronen (Limão), Aprikosen und Pfirsiche, diese aber
in solchem Ueberfluß, daß sogar die Schweine nicht
alle fressen können und mögen, und die größere
Hälfte unter den Bäumen verfault. Den Vorzug
vor allen verdient die Orange, sowohl ihres Wohlgeschmackes wegen, als auch hauptsächlich deßwegen,
weil diese Frucht vom Mai bis Dezember an den
Bäumen hängen bleibt und während dieser langen
Zeit immer frisch von den Bäumen gebrochen werden
kann. Dabei ist ihre Aufzucht leicht, da kein Oku-
lieren oder Pfropfen nötig ist; man legt im Frühjahr
einige Kerne in die Erde, verpflanzt sie nach 2 bis
3 Jahren in 4 bis 6 Meter Abstand von einander
und nach 6 bis 8 Jahren hat man schon Orangen.
Die einzige Mühe, welche man hat, besteht darin,
daß man das Unkraut fern hält und die Ameisen
vertilgt, welche das Laub dieser Bäume gerne abtragen. Dabei wachsen sie auf jedem Boden, solchen
ausgenommen, dessen Untergrund sehr thonhaltig

mithin sehr wasserreich ist. Der Baum bildet von
selbst eine schöne Krone, von selbst wirft er, was in
derselben zu viel ist, ab, macht mithin gar keine Arbeit,
gibt seine herrlichen, erquickenden Früchte so zu sagen
ganz umsonst. Verwendung hat man außer zum
Essen wenig für sie; man kocht sie zusammen mit
Zuckerrohrsaft zu einem wohlschmeckenden Mus, kann
auch Wein davon machen, dazu gehören aber die
nötigen Kenntnisse. Auch zu Branntwein sind sie
bereits verarbeitet worden. In ähnlichem Ueberfluß,
und mit ebenso wenig Mühe, gedeihen die Pfirsiche,
nur daß diese blos kurze Zeit ihre Früchte spenden,
indem sie, einmal ausgereift, rasch abfallen. Man
dörrt dieselben im Backofen, an der Sonne und auf
andere Weise, benutzt sie zu Mus und stellt auch einen
Pfirsich-Essig für den Hausbedarf davon her. Ebenso
häufig findet man die von Südeuropa eingeführte
Feige, welche nur durch Wurzelschößlinge fortgepflanzt
werden kann. Sie liefert fortwährend Früchte von
Neujahr bis Ende April. Außer diesen haben wir
noch die Banane und die Ananas, jedoch ist deren Anbau
nur in frostfreien Lagen wirklich lohnend, hier aber
wachsen sie so üppig, daß sie wie das Unkraut kaum
mehr zu vertilgen sind, und reichlich Früchte tragen.
Die Ananas wird häufig zu Zaunanlagen benutzt, da
sie, ihrer langen, mit Dornen besetzten Blätter halber,
sich gut dazu eignet, und letztere sich auch infolge der stets
hervorbrechenden Wurzelschößlinge so dicht stellen, daß
sie schon nach wenigen Jahren ein undurchdringliches
Dickicht bilden. Zu Zäunen wird auch der Quitten-
strauch, (brasilianisch Marmelleiro) verwendet; seine
Früchte werden teils mit Zucker eingekocht, teils
wie die Apfelschnitte getrocknet.

Reben haben wir hier mehrere Arten, doch wird im allgemeinen die rote, amerikanische am meisten kultiviert, da diese die geringste Sorgfalt erfordert, trotzdem aber den reichsten Ertrag gibt. Gleich nach Einführung dieser Traube wollte jeder Kolonist Wein machen, ohne die nötigsten Kenntnisse — ja ohne die notwendigsten Requisiten dafür zu haben. Keller z. B. fehlen durchgängig auf den Kolonien. Es darf daher nicht auffallen, daß ein sog. Wein produziert wurde, der den berühmten Dreimännerwein weit an Säure übertraf und den Magen völlig umkehrte. Eigentümlicherweise warf man die Schuld dieser Mißerfolge auf die Rebe, die Weinlauben verschwanden ebenso rasch, wie sie entstanden waren. Von dem Zeug kann man keinen Wein machen! hieß es allgemein, jedoch irrtümlich, wie die Fabrikate vieler Kolonisten beweisen, welche nicht nur trinkbar, sondern auch wohlschmeckend und jedenfalls gesünder sind, als die mit Blauholz und Bleizucker gefälschten importierten sog. Port= und Bordeaux=Weine.

Neuerdings ist die Weinproduktion der Provinz in eine neue Phase getreten durch die Weinlauben der italienischen Kolonien, welche ihrer höheren Lage wegen den Vorzug haben und die Trauben später und gleichmäßiger reifen zu sehen, als das im Niederungsgebiet der Fall ist. Trotzdem haben die Kolonisten es bis jetzt noch nicht verstanden, einen guten, versandfähigen Wein zu erzeugen, weßhalb sie ihn meistens selbst konsumieren, worin sie, ebenso wie in der Bewältigung von Polenta und von mit Netzen gefangenen Singvögeln ihren heimischen Gewohnheiten treu geblieben sind. Es steht aber zu erwarten, daß der riograndenser Nationalwein den schlechten, schweren portugiesischen Vinho Tinto ganz verdrängen wird. Alle deutschen Gemüsearten gedeihen hier ebenso wie die südeuropäischen vortrefflich. Allerdings ist dabei zu bemerken, daß manche derselben, z. B. Kopfkohl, Kohlraben, Rüben, Rotrüben und Möhren nur selten oder gar nicht Samen tragen, oder daß, wenn sie welchen geben, dieser nur entartete Pflanzen hervorbringt. Diesem Mangel wird indes durch jährlich frisch importierten Samen abgeholfen. Für Kopfkohl und Zwiebeln ist dies aber kaum mehr nötig, da es gelungen ist, eine Art Kopfkohl in mehreren Varietäten zu erzielen, welcher gar nicht mehr in Samen geht und nur durch Schößlinge fortgepflanzt werden kann, die in großer Anzahl hervorbrechen, sobald der Kopf. abgehauen wird. Dabei steht er dem aus importiertem Samen gezogenen durchaus nicht nach, widersteht besser der Hitze und lang andauerndem Regenwetter, wie jener, und hat endlich den sehr großen Vorteil, daß man ihn zu jeder Jahreszeit pflanzen, man mithin bei einiger Pflege fast immer — Winter wie Sommer — frisches Gemüse haben kann. Zwiebeln werden ebenfalls wenig aus Samen gezogen; man pflanzt im März ganze Zwiebeln, welche bis Juni oder Juli so viele Schößlinge treiben, als man bedarf. In den genannten Monaten werden sie versetzt, und jeder einzelne Schößling gibt bis Anfang Dezember vollkommen ausgewachsene Zwiebeln. Diese Methode gibt, obgleich man eine Anzahl Zwiebeln dabei verliert, bessere und sicherere Resultate, als wenn man Samen säet, der oft genug fehl schlägt. Gurken, Kopfsalat, Endivien, Radies, Rettige und sämtliche Küchenkräuter gibt es im Ueberfluß. Kümmel, Anis, Fenchel und Senf (schwarzen) einmal angesäet, sind kaum mehr auszurotten. Feine Gemüse, wie Spargel, Blumen- und Rosenkohl, Schwarzwurzel 2c. werden auf den Kolonien fast gar nicht gezogen, obgleich sie, richtig behandelt, sehr gut geraten. Tomaten, (Liebesäpfel) gibt es im Ueberfluß, sie werden aber auch wenig beachtet. Ueberhaupt ist unser Klima jedem Gemüse günstig, wenn man es richtig behandelt und rechtzeitig säet oder pflanzt. Für europäische Sämereien ist die beste Zeit Ende Sommer, also im März; der leichte Winter schadet selten. Die Pflanzzeit für Gurken ist erst im September (hier Frühjahr), für Kopfsalat vom Februar bis September, ebenso für Radies u. dergl.; für Stecken- und Buschbohnen zum Grünessen, deren man eine Menge Varietäten hat, im Juli bis September. Als ein vielgebrauchtes Gewürz haben wir in vielen Varietäten den spanischen Pfeffer. Außerdem haben wir mancherlei Gemüse ꝛc., welche in Deutschland kaum bekannt sind. Hierzu zählt vor Allem der Aipim (spr. Aipieng) oder die süße, d. i. zahme Mandioca, deren Wurzeln ein allgemein beliebtes und sehr nahrhaftes Essen geben, ferner die süße Batata in mehreren Arten, die schon deshalb von manchen Kolonisten gehaßt wird, weil sie gar nicht mehr zu vertreiben ist und die Jujú, ein gurkenartiges Gewächs, dessen stachliche Früchte nur einen Kern enthalten, die aber zu den besten Gemüsen gerechnet werden müssen, welche es gibt, und auf mancherlei Weise zubereitet werden, als einfaches Gemüse, als Salat, eingemacht wie Gurken (nur junge) oder auch in Scheiben geschnitten, wie Sauerkraut. Sie wachsen ohne Pflege, sowohl über Gerüsten, wie auch ohne solche und sind sehr einträglich.*)

---

*) Uebersichtliche Zusammenstellung siehe Seite 146 und 147.

Uebersichtliche Zusammenstellung

der

Pflanz- und Ernte-Zeiten

hiesiger Kultur-Produkte.

Pflanz-

Januar.	Februar.	März.	April.	Mai.	Juni.
Mais Kürbisse Zuckerrohr.	Kartoffeln.	Kartoffeln Hafer Luzerne.	Futterhafer Luzerne Pferdebohnen.	Weizen Korn Hafer Gerste Luzerne Pferdebohnen.	Weizen Korn Hafer Gerste Luzerne Tabaksamen Erbsen Linsen.

Ernte-

Milho Kartoffeln Weizen Korn.	Milho Reis Tabak Kürbisse.	Milho Reis Kürbisse Erdnüsse Tabak.	Milho Reis Erdnüsse Kürbisse Mandioca Baumwolle Tabak.	Milho Kartoffeln Baumwolle Zuckerrohr Kürbisse Mandioca Kartoffeln Reis.	Milho Kartoffeln Zuckerrohr Kürbisse Mandioca Baumwolle.

Zeiten.

Juli.	August.	September.	Oktober.	November.	Dezember.
Gerste Kartoffeln Hafer Tabaksamen Bohnen.	Bohnen Kartoffeln Mandioca Baumwolle Zuckerrohr.	Bohnen Mandioca Mais Reis Zuckerrohr Batatas Tabakpflanzen Erdnüsse Baumwolle Kürbisse.	Reis Mais Mandioca Zuckerrohr Tabakpflanzen Kürbisse.	Reis Mais Mandioca Zuckerrohr Tabak Kürbisse.	Mais Zuckerrohr Kürbisse.

Zeiten.

Zuckerrohr Mandioca Kürbisse.	Zuckerrohr Mandioca Kürbisse Grünhafer.	Mandioca Grünhafer.		Gerste Pferdebohnen.	Gerste Weizen Korn Bohnen Linsen Erbsen Pferdebohnen Hafer.

VIII.

Verkehrsmittel.

Die Provinz Rio Grande unterhält nicht nur einen lebhaften Importhandel, sondern hat auch in den exportierten Häuten, Charque, Bohnen, Schmalz, Tabak ꝛc. Massen von Waren, welche einen regen Zusammenhang mit der Außenwelt durch Schiffsverkehr bedingen. Diese gesamte Einfuhr und Ausfuhr, welche im Finanzjahre 1881/1882 einen Gesamtwert von 50 000 Conto, oder fast 100 Millionen Mark repräsentierte, nimmt ihren Weg über die Barre von Rio Grande. Die Seeküste von Rio Grande weist nur den einzigen Hafen von Rio Grande auf, und dieser ist infolge der Versandung des Rio Grande, resp. der von demselben an seiner Ausmündung in's Meer angehäuften Sandbänke, der sog. Barre, nur schwer zugänglich, und viele Schiffe wurden bereits ein Opfer dieser ungünstigen Verhältnisse. Während Schiffe von 16 Palmen (à 0,22 Meter) und mehr Tiefgang früher einlaufen konnten, haben jetzt Schiffe von 12—14 Palmen Tiefgang oft tagelang zu warten, bis das an Tiefe beständig wechselnde Fahrwasser ein Passieren der Barre gestattet. Die Tiefe der Barre wird des Lootsendienstes halber beständig gemessen und durch Flaggensignale angezeigt. Diese ungünstigen Verhältnisse, die schon im Jahre 1737 bei

Gründung der Stadt Rio Grande erkannt und beklagt wurden, wären, wenn auch nicht ohne bedeutende Kosten zu ändern, allein bis in die neueste Zeit geschah hierfür gar nichts.

Die Herstellung der freien Einfahrt über die Barre ist für die Provinz Rio Grande geradezu eine Frage des Seins oder Nichtseins. Bereits ist es dahin gekommen, daß die Fracht von Europa, resp. Liverpool, welche pro Tonne nach Rio de Janeiro auf 22, nach Montevideo auf 25 Schilling sich beläuft, nach Rio Grande 60, ja selbst zeitweise 80 Sch. kostet und dennoch gemieden ist. Ebenso haben die Versicherungs-Gesellschaften für die Fracht nach Rio Grande ihre Sätze von 1 und 1½ % auf 3½ und mehr erhöht. Man hat daran gedacht, den Hafen von Torres im Norden der Provinz zu eröffnen, was übrigens auch eine kostspielige Sache sein würde, und denselben durch eine Eisenbahn zugänglich zu machen. Allein weder eine solche Bahn, noch die Küstenbahn nach St. Catharina können den Verkehr über die Barre ersetzen, weil die Produkte des Südens der Provinz, als Häute, Charque, Haare, Hörner ec. die Verteurung der Fracht durch eine lange Fahrt per Eisenbahn, und hätte sie auch die denkbar niedrigsten Sätze, nicht vertragen können. Unter diesen Umständen war es für die Provinz von höchster Wichtigkeit, daß in der vorjährigen Session des Parlaments in Rio de Janeiro, die Vertreter der Provinz die Herstellung der Barre-Einfahrt durchsetzten. Vor allem kommt es dabei darauf an, die Ufer durch geeignete Bauten festzulegen; während bisher das Ufer durch Abschwemmung nicht selten um 50 M. und mehr landeinwärts verlegt wurde, nur im Laufe eines Jahres. Ist einmal die Hauptquelle der steten

Versandung verstopft, und der Lauf des Rio Grande korrigiert, so wird man mittelst Baggerarbeiten das Fahrwasser jederzeit hinreichend tief genug erhalten können. Es wurden sofort die Baggerarbeiten in Gang gebracht und für diese, sowie für die Anschaffung zweier mächtiger Baggermaschinen 840 Conto bestimmt, während das Kapital zur Ausführung der definitiven Bauten zu 14 000 Conto oder ca. 26 Millionen Mark normiert wurde. Die Deckung der Zinsen und Amortisationskosten soll durch Erhebung von Gebühren seitens der einfahrenden Schiffe geschehen. Trotz der dadurch entstehenden jährlichen Belastung des Handels um 1000 Conto wird sich die wirkliche Entlastung desselben im Vergleiche zum jetzigen Stande auf mehr als 4000 Conto pro Jahr belaufen.

Zur Erläuterung des Schiffsverkehrs von Rio Grande diene folgende Tabelle:

Zahl der über die Barre eingelaufenen Schiffe:

Nationalität	1878	1880	1881	1882
Engländer	83	79	69	63
Deutsche	45	56	51	62
Holländer	38	35	49	48
Portugiesen	19	18	36	44
Dänen	2	24	25	23
Norweger	31	27	13	22
Schweden	9	12	9	11
Italiener				
Franzosen				
Spanier	55	52	17	21
Oesterreicher				
Nordamerikaner und Argentinier			137	171
Brasilianer	281	279		
Dampfer			125	180
Im ganzen	608	619	531	650

Es ergibt sich bei genauerer Prüfunge des Schiffs=
verkehrs von Rio Grande, daß derselb im letzten
Dezennium sich fast gleichgeblieben ist, jedenfalls in=
folge der berührten ungünstigen Verhältnisse. Ver=
ändert hat sich wesentlich nur die Beteiligung des
englischen und deutschen Schiffsverkehrs, indem ersterer
ab=, letzterer zugenommen hat. Setzt man den Pro=
zentanteil der englischen Schiffahrt am außerbrasilia=
nischen Schiffsverkehr zu 100, so war berechnet in
Prozenten davon der Anteil der deutschen Schiff=
fahrt am außerbrasilianischen Schiffsverkehr in Rio
de Janeiro 1878 = $30_{,3}$ Prozent, und in Rio
Grande 1878 = 53 Prozent, 1880 = $70_{,8}$ Pro=
zent, 1881 = 74 Prozent, 1882 = $98_{,4}$ Prozent.
Wenn dieses Verhältnis anhält, wird in Rio Grande
von allen überseeisch kommenden Schiffen bald die
deutsche Flagge die meist vertretene sein, wie sie jetzt
schon der englischen fast gleichsteht. Man sehe doch
einmal zu, wo dem englischen Handel gegenüber der
deutsche ähnliche Erfolge errungen hat, man werfe
einen Blick auf den Zustand der riograndenser=deutschen
Kolonien; man halte sich an diese Thatsachen und
Zahlen und — dann frage man sich, ob nicht that=
sächlich bedeutende und erweiterungsfähige deutsche
Interessen in Rio Grande engagiert sind, und ob es
nicht endlich an der Zeit wäre, diesen Interessen in
Deutschland die gebührende Aufmerksamkeit zu schenken,
statt sie wie bisher mit Füßen zu treten.

Auffallend ist es, daß unter den 54 deutschen
Schiffen, welche 1880 von Rio Grande ausliefen,
nur eines nach einem deutschen Hafen bestimmt war,
was auf unnatürliche Verhältnisse zwischen Import
und Export hinzuweisen scheint. Man darf jedoch

hierbei nicht außer Acht lassen, daß viele deutsche
Schiffe erst in den Häfen des mittleren und nördlichen
Brasiliens Kaffee, Kautschuk u. a. Rückfracht einnehmen
werden, wobei ihnen die Freiheit der brasilianischen
Küstenschiffahrt (Cabotagem) zu statten kommt. Brasilianische Rheder sind beständig bemüht, diese wieder
abzuschaffen und von Neuem durch ein Monopol für
die brasilianische Handelsmarine zu ersetzen, allein der
Handel, welcher seit der 1867 erfolgten Freigebung
der Küstenfahrt, die Frachtsätze um mehr als die
Hälfte hat herabsetzen sehen, würde schwer durch
eine solche unverständige, nur das Wohl weniger
Interessen berücksichtigende protektionistische Maßregel
geschädigt werden, namentlich für die Xarqueadas
würde es ein schwerer Schlag sein.

Den regelmäßigen Dampferverkehr Rio Grandes
mit Rio de Janeiro vermitteln die Dampfer der
vom Staate subventionierten Nationallinie, neben
welcher auch die englische Linie Lambert & Holt mit
den Dampfern Cervantes, Calderon, Canova, Cavour
und Chatam noch Fahrten unterhält, durch welche
aber gegenwärtig nur noch Fracht befördert wird.
Die schönen Dampfer der Nationallinie sind der Rio
Grande, Rio de Janeiro, Rio Negro, Rio Apa und
der vor kurzem d. h. 1883 in der Bai von Parana-
guá gestrandete und noch nicht ersetzte Rio Branco.
Die Abfahrtstage der Dampfer von Rio sind der 3.,
11., 17., 25. und 30. jeden Monats, indessen wird
die Zeit wegen der durch die Barre von Rio Grande
bedingten Unregelmäßigkeiten nicht streng eingehalten.
Die sehr teure Passage Rio Grande — Rio de Janeiro währt 5—6 Tage und kostet für die Kajüte
(de ré) 110 Milreis, für das Deck (passageiros

de prôa) 40 Milreis. Bei direkten Billeten von Hamburg aus stellt sich der Preis billiger, als wenn man in Rio ein anderes Billet für die Passage nach Süden löst. Eine europäische Linie, welche direkte Fahrten mit Rio Grande unterhielte, fehlt noch und wäre ein dringendes Bedürfnis. Die Dampfer der Hamburger südamerikanischen Dampfschifffahrt-Gesellschaft dehnen ihre Reisen nur bis Santos aus. Nach Abschluß der Barre-Arbeiten wird wohl eine direkte deutsche Dampfer-Verbindung nicht auf sich warten lassen. Sicher würde eine (eventuell subventionierte) deutsche Dampferlinie nach Rio Grande dem sehr bedeutenden Handel Deutschlands nach Rio Grande in hohem Grade zu statten kommen. Eine früher eingerichtete Rio Grande do Sul Steamship — Company konnte nicht bestehen. Diejenigen Dampfer oder Segelschiffe, welche einmal die Barre glücklich passiert haben, können eben sowohl in dem noch 11 Kilometer von der Barre entfernten Hafen von Rio Grande vor Anker gehen, als in Pelotas oder Porto Alegre. Nur sehr tief gehende Schiffe können nicht bis zur Stadt Rio Grande do Sul gelangen, sondern müssen dieser Stadt gegenüber auf der Rhede von S. José do Norte vor Anker gehen, wo sich daher eine Zollstation (Mesa de rendas) befindet, und die Umladung der Fracht erfolgt. Pelotas hat mit großer Energie die Einfahrt in die Mündung des S. Gonçalo-Flusses, die „Barre" desselben, ausgetieft, welche seit der 1882 erfolgten Beendung der Bagger-Arbeiten für Schiffe von 16 Palmen Tiefengang passierbar ist. Die Untiefen, welche an einigen Stellen die Schifffahrt auf der Lagôa dos patos nach Porto Alegre gefährden, werden bald beseitigt sein. Seeschiffe können daher direkt von Europa nach Porto Alegre gehen, welches am linken Ufer des Süßwasser führenden Guahyba-Stromes gelegen ist. Am östlichen Ufer der Lagôa dos patos befinden sich die folgenden 5 Leuchttürme (pharocs, von pharol): Itapoam, Christovão, Pereira, Capão da Marca, Bujurú und Estreito. Weiterhin folgt dann noch der große Leuchtturm an der Barre des Rio Grande (Pontal da Barra), dessen 33 M. über dem Meeresniveau liegendes Drehlicht 28 Kilometer weit sichtbar ist. Von dem in der Nähe desselben stehenden Wartturm (Atalaia) aus wird den Schiffen die Wasserhöhe angezeigt durch Flaggensignale.

Der Personen- und Frachtverkehr zwischen Rio Grande und Porto Alegre wird durch die Dampfer Itapuam und Humaytá regelmäßig unterhalten. Von Porto Alegre fährt man in ca. 21 Stunden nach Pelotas und nach kurzem Aufenthalt von da in weiteren 3—4 Stunden nach Rio Grande. Die Passage kostet von Porto Alegre bis Rio Grande 25 Milreis (!) für die Kajüte, 10 Milreis für das Zwischendeck. Auch der nach Montevideo fahrende Dampfer „Montevideo" befördert Passagiere von Porto Alegre und Rio Grande. Preise 20 und 8 Dollar, resp. 70 und 35 Milreis bis Montevideo. Die Fahrpreise sind infolge mangelnder Konkurrenz auf allen brasilianischen Küstendampfern unverhältnismäßig teuer. Auf allen brasilianischen Dampfern muß man, zumal wenn Militär mitfährt, sehr auf die Sicherheit seiner Habe Obacht geben. Die Fahrt von Hamburg bis Rio de Janeiro kostet für die Kajüte 600 Mark, und 180 Mark (resp. von Rio nach Hamburg 125 Milreis also 25 % teurer) für Zwischendeck und von Hamburg bis Porto Alegre

Verkehrsmittel. 155

720 Mark, für Kajüte und 260 Mark für Deck. Agent für die Dampfer der Hamburg-Südamerikanischen Dampfschifffahrt-Gesellschaft ist R. O. Lobedanz in Hamburg, Roedingmarkt 51. Kinder unter 10 Jahren zahlen die Hälfte, Säuglinge nichts. Die Dampfer gehen in Hamburg am 4. und 18. jeden Monats ab, legen in Lissabon und Bahia an und brauchen 24—28 Tage für die Fahrt. In Rio de Janeiro hat man einige Tage Aufenthalt und geht dann mit einem Dampfer der Nationallinie weiter. Hoffentlich vermehrt die Hamburger Linie später die Zahl ihrer Schiffe, um auch die Tour nach Südbrasilien in ihren Plan aufzunehmen. Retourbillets für die Kajüte von Porto Alegre nach Hamburg haben Gültigkeit von 12 Monaten und kosten 855 Mark. Für die Fahrt nach Rio de Janeiro kommt noch der Bremer Lloyd in betracht, der am 25. jeden Monats ein Schiff nach Rio de Janeiro expediert. Die Passage kostet 660 Mark inkl. Tischwein.

Zwischen Rio Grande und Pelotas fährt regelmäßig der S. Pedro. Von Rio Grande gehen ferner nach St. Vittoria do Palmar an der Lagoa mirim der Piratinim und nach Jaguarão der Mirim. Auf der Lagoa mirim darf nach dem Vertrage von 1852 die Republika Oriental (Uruguay) keine Schifffahrt unterhalten. Sehr rege ist der Verkehr auf den Flüssen, von denen besonders der Jacuhy viel und täglich befahren ist, von Porto Alegre bis Cachoeira oder bis zum Passo do Jacuhy. In trockner Sommerzeit kommt es vor, daß die Dampfer nicht mehr bis Rio Pardo gelangen können. Von Porto Alegre bis Rio Pardo fährt man ca. 18 Stunden, resp. abwärts 12 Stunden. Der zu teure Passagepreis beläuft sich ohne Beköstigung auf 8 Milreis für Kajüte und 3 für Deck. Dampfer, die Passagiere befördern, sind es zur Zeit 7, darunter 3 von der brillant geleiteten und 27 % Dividende gebenden Companhia Fluvial.

Nächst dem Jacuhy ist der Cahy am meisten befahren, und zwar bis S. Sebastião. Zur Zeit sind es 3 Dampfer, die jede Woche eine Rundreise machen. Passage bis Sebastião 4, resp. 2 Milreis, Dauer der Fahrt ca. 9 Stunden. Zwei andere Dampfer fahren zweimal wöchentlich zwischen Porto Alegre und S. João. Auch bei diesem Fluß ist wie bei den übrigen durch niedrigen Wasserstand die Schifffahrt zuweilen erschwert oder gehemmt. Der Taquary wird durch einen Dampfer bis Taquary, bei günstigem Wasserstande auch bis Estrella, der Rio dos Sinos von 2 Dampfern bis Mundo novo befahren. Zwischen Porto Alegre und S. Leopoldo fährt der „Guahyba".

Der Rio dos Sinos könnte ohne große Kosten (20—25 Conto) zu einer wichtigen Verkehrsader umgebildet werden, während gegenwärtig die Schifffahrt mit großen Schwierigkeiten zu kämpfen hat. Am wenigsten entwickelt ist die Schifffahrt auf dem Gravatahy. Der Dampfer Protector befährt ihn zwischen Porto Alegre und Aldea dos Anjos, so oft der Wasserstand und die zu niedrig gespannte Eisenbahnbrücke es gestatten. Auch die Eisenbahnbrücke über den Rio dos Sinos ist zu niedrig gespannt und hemmt oft den Verkehr. Trotzdem wird kein beweglicher Durchlaß hergestellt. Wozu eigentlich in Brasilien das Institut der Fiscalisation besteht, ist eines der vielen Rätsel, welche die Administration dem gesunden Menschenverstande zur Lösung bietet.

Für die Reinigung dieser in den Guahyba mündenden Ströme ist erst wenig geschehen. 1881 schuf, um diesem Mißstande abzuhelfen, die Assemblea der Provinz eine Flußsteuer — 500 Milreis für je 1500 Kilo Fracht, die auf den Zuflüssen des Guahyba verschifft wird, — welche bereits in 2 Jahren 36 Conto ergeben hat, die nun durch unfähige Präsidenten der Provinz, entgegen der Bestimmung der Assembla, für Vorstudien und Ankauf eines Dampfers ꝛc. wieder verwirtschaftet werden. Die beiden letzten Präsidenten der Provinz Godoy und Souza Lima lebten mit den maßgebenden politischen Kreisen der Provinz auf gespanntem Fuße, daher die Mißwirtschaft, welche man im Interesse dieser herrlichen Provinz tief beklagen muß. Mit diesem Gelde hätte ein Präsident, welcher wirkliches Interesse für die Provinz hegte, viel Gutes leisten können.

Von anderen schiffbaren Flüssen der Provinz ist noch zu erwähnen der Vaccacahy, welcher bei nicht zu niedrigem Wasserstande bis S. Gabriel durch kleine Dampfer befahren wird und der Jbicuhy, welcher bei Hochwasser zwischen Cacquy und dem Uruguay von Lanchoes befahren wird. Beide Flüsse haben für den Verkehr noch wenig Bedeutung, können solche aber durch geeignete Korrektion und Reinigung der Betten erhalten. Durch die neuerdings erfolgte Reinigung des Sangradouro (Abfluß eines Sees, der Lagoa mirim), resp. also des Rio S. Gonçalo ist die Schifffahrt zwischen Pelotas und der Lagoa mirim; resp. auch Jaguarão freigeworden, die früher nur schwierig zu bewerkstelligen war.

Die Schifffahrt auf dem Uruguay, soweit er für Rio Grande in betracht kommt, kann nur durch kleine

Dampfer vermittelt werden. Bei hohem Wasserstand
kommen schwere Kähne von Nonohay aus abwärts.
Für das Fahrwasser des Uruguay sollte an einigen
schlimmen Stellen etwas geschehen. Der regelmäßige
Verkehr auf dem Uruguay wird seit dem August 1881
durch eine Dampfschifffahrt-Gesellschaft in Uruguayana
besorgt, welche seitens der Provinzial-Regierung eine
jährliche Subvention von 6 Conto erhält. Die drei
Dampfer der Gesellschaft (Federacion, Uruguay und
Neptun) fahren von Uruguayana bis zum Paß von
S. Isidoro und legen auch in den argentinischen Ortschaften Monte Caseros, Restauracion und S. Tomé
an. Dieselben Touren machen die argentinischen
Dampfer Mensajero, Estrella und Mosquito. Der
jetzt in seinem oberen Laufe noch wenig befahrene
Uruguay ist berufen, dereinst die Verkehrsader herrlicher
Kolonisationsgebiete zu werden. Es wird der Rhein
von Rio Grande werden.

Eisenbahnen haben bisher im Handel und
Verkehr der Provinz fast keine Rolle gespielt, und
der eifrig betriebene Ausbau des großartigen Eisenbahnnetzes der Provinz, der aller Wahrscheinlichkeit
nach vor Ablauf des jetzigen Dezennium beendet sein
wird, muß daher für die wirtschaftliche Entwickelung
von Rio Grande eine neue Aera eröffnen. In der
Anlage der Bahnen ist viel gefehlt worden. Nach
brasilianischem System hat man zunächst die mehr bevölkerten Gegenden durch Bahnen verbunden, obgleich
sie sämtlich durch bequeme Wasserstraßen bereits in
hinreichender Verbindung standen, statt der produktiven
Koloniezone die Möglichkeit eines billigen und leichten
Absatzes zuzusichern und weiter abgelegene Gebiete
der Kolonisation zu erschließen. Auch die beiden großen,

gegenwärtig quer durch die Provinz erbauten Bahnen sind rein strategischer Natur und die soeben diesen hinzugefügte Küstenbahn, die D. Pedro I. Bahn, ist ein wirtschaftlicher Unsinn und strategisch durch ihre, der Küste so sehr genäherte Lage nicht gesichert. In wirtschaftlicher, wie strategischer Beziehung fehlt dem Süden am meisten eine fern von der Küste gebaute Bahn, welche über das Hochland von Rio Grande und Paraná verlaufend, die südlichen Grenzdistrikte des Kaiserreichs mit dem Zentrum verbinden, resp. mit dem schon über Sorocaba hinausentwickelten Bahnnetz der Provinz S. Paulo in Zusammenhang setzen würde. In der That hat auch bereits das Kriegsministerium die bezüglichen Aufnahmen zu einer solchen, übrigens auch der Kolonisation in eminenter Weise zu statten kommenden Bahn verfügt, doch möchte das Projekt jetzt wohl einschlafen, nachdem durch die teure Küstenbahn eine Verbindung mit dem Zentrum in Aussicht gestellt worden. Es kann ja keinem Zweifel unterliegen, daß, wenn erst durch die D. Pedro I. Bahn die Provinz Rio Grande mit dem Hafenorte S. Francisco in St. Catharina verbunden sein wird, auch das fehlende Stück der Küstenbahn durch die Provinz Paraná nicht auf sich warten lassen kann, worauf man dann von Rio de Janeiro über Buenos Aires nach Chile per Eisenbahn wird fahren können.

Andererseits wird die Sorge für die Landesverteidigung Brasilien doch zwingen, die Hochlandbahn vom Uruguay nach S. Paulo bald zu bauen, da für Brasilien im Kriegsfalle sonst die Möglichkeit der Truppenbeförderung nach dem Süden nur durch den Seetransport und die, feindlichen Ueberfällen sehr exponierte Küstenbahn dargeboten würde. Einer solchen ganz vom Zustande der feindlichen Flotte bedingten Eventualität wird sich aber Brasilien um so weniger aussetzen dürfen, als die Nachbar-Republiken vom La Plata bereits an beiden Seiten des Uruguay Eisenbahnen in Betrieb haben und binnen wenigen Tagen durch Dampfer und Lokomotive Truppen an die südliche Grenze des Kaiserreichs werfen können.

Durch den Bau der Hochlandbahn und die Fertigstellung der großen, im Bau begriffenen Bahnlinien wird die in bezug auf Kommunikations-Verhältnisse bisher so arg vernachlässigte Provinz Rio Grande mit einem Schlage in glänzende, eine großartige Zukunft gewährleistende Verkehrs-Bedingungen versetzt werden. Betrachten wir in Folgendem das Bahnnetz die Provinz mit Rücksicht auf die im Betrieb und Bau befindlichen, sowie die bereits konzessionierten, aber noch nicht begonnenen Linien, wobei nur noch zu erwähnen bliebe, daß außer diesen dem Verkehr bestimmten Bahnen noch eine 19 Kilometer lange Bahn von S. Jeronymo nach dem Kohlenbergwerk am Arroio dos Ratos führt, welche aber lediglich für den Transport der Steinkohlen bestimmt ist. Von der Aufführung von konzessionierten, aber aussichtslosen Bahnprojekten sehen wir ab.

1. **Die Bahn von Porto Alegre nach Neu-Hamburg**, 43 Kilometer lang, seit 1874 in Betrieb, ist höchst ungeschickt angelegt. Die größere Strecke (33 Kilometer) derselben, bis S. Leopoldo, führt so ziemlich neben dem Rio dos Sinos hin, welcher in dieser ganzen Strecke jederzeit fahrbar ist. Daher fehlt es der Bahn, so lange sie nicht passend verlängert oder mit anderen Linien in Verbindung gebracht wird, an hinreichender Fracht. Sie arbeitet

mit beständigem Defizit, welches am härtesten die Provinzialregierung betrifft, die für das im Voranschlage zu 2600 Contos berechnete Anlagekapital bis zur Höhe von 1800 Contos eine 7 prozentige Zinsengarantie (in Gold) übernahm. Da aber die Bahn durch schlechte Anlage und ungeschickte Verwaltung während der ersten Zeit fast auf die doppelte Summe zu stehen kam, so beläuft sich allein die privilegierte englische Schuld auf 3260 Contos, und die in der Provinz größtenteils bei Deutschen untergebrachten Aktien (in S. Leopoldo ca. 4500 à 20 Pfund Sterling) erhalten gar keine Zinsen und sind fast wertlos. Der Provinz selbst verschlingt die Zinsengarantie ca. 7% ihrer jährlichen Einnahme. Die Provinz hat von 1872—1882 schon 1400 Contos zum Betrieb, resp. der Zinsendeckung der Bahn beigetragen, und da die Garantie auf 60 Jahre sich erstreckt, so wäre dringend zu wünschen, daß die Regierung die ganze Bahn ankaufen und durch die Verbindung mit der D. Pedro I. Bahn auch rentabel machen würde. Der Fahrpreis beträgt bis S. Leopoldo für die erste Klasse 2,800 Reis, für die zweite 1,400 Reis, nach Neu-Hamburg 2,600 und 1,800 Reis. Die Spurweite der Bahn beträgt wie bei allen Bahnen der Provinz 1 M. (in Uruguay ist sie 1,44 M.).

2. **Die Nordbahn.** Sie geht vom rechten Ufer des Taquary (Triumpho gegenüber) an bis zur Station Cacequy, wo sich mit ihr die von Rio Grande über Pelotas, Bagé, S. Gabriel führende Linie vereinigt. Die Verlängerung dieser 380 Kilometer langen Bahn Taquary — Cacequy bildet die Cacequy — Uruguayana-Bahn, welche in Uruguayana am Uruguay endet. Von dieser Nordbahn, welche die Zentralre-

gierung baut, ist seit März 1881 die Strecke vom Taquary über Rio Pardo bis Cachoeira (148 Kilometer) in Betrieb. Die Sektion Cachoeira — Santa Maria (116 Kilometer) ist bereits größtenteils fertig, und die ganze Strecke hätte in Betrieb sein können, wenn die Regierung nicht den schon 1876 begonnenen Bau sehr langsam betrieben hätte. Die Herstellung dieser Bahn, welche 180 Kilometer weit dem linken Ufer des Jacuhy entlang läuft, ist durch die zahllosen Wasserdurchlässe, kleineren Brücken ꝛc. sehr kostspielig und stellt sich keinesfalls auf weniger, als 75 Conto pro Kilometer, — eine Folge der ungeschickten Anlage. Um letztere zu krönen, war anfangs auch noch der Bau der Strecke Porto Alegre bis zum Taquary (80 Kilometer) geplant, welcher des prachtvollen nebenher fließenden Jacuhystromes halber überflüssig und wegen der Ueberbrückung von vier großen Strömen höchst kostspielig wäre. Den Jacuhy wird die Nordbahn mit einer 174 M. langen Brücke überschreiten. Verausgabt waren bis Ende 1882 mit dem Unternehmen schon 2 Millionen Pfund Sterling. Der Fahrpreis beläuft sich bis Cachoeira auf 10,300 Reis für die erste und 5 Milreis für die zweite Klasse.

3. Die Südbahn von Rio Grande, über Pelotas und Piratinim nach Bagé führend, wird 280 Kilometer lang. Sie ist noch weit zurück, da erst die Strecke Rio Grande — Pelotas, welche der Dampfer-Verbindung wegen überflüssig war und den breiten S. Gonçalo zu überschreiten hat, beinah fertig ist. Die Zentralregierung gewährt dem Unternehmen bis zu der im Voranschlage berechneten Höhe des Kapitals von 13,500 Contos eine 7 prozentige Zinsengarantie. Die Bahn wurde begonnen von einer französischen

Verkehrsmittel.

Gesellschaft, der Compagnie imperiale du chemin de fer de Rio Grande do Sul, ist dann in die Hände einer englischen Gesellschaft, der Southern Brasilian Rio Grande do Sul Railway Company übergegangen. Die Engländer werden wohl besser vorwärts damit kommen, als die Franzosen, welche überhaupt mit ihren Eisenbahnunternehmungen in Brasilien noch keine Lorbeeren gepflückt haben.

4. Die Bahn Bagé-Cacequy-Uruguayana. Sie zerfällt in zwei gesonderte Abteilungen: die Bahn Bagé bis Cacequy (210 Kilometer) und Cacequy bis Uruguayana (262 Kilometer). Die Station am Cacequy-Fluß, auch Entroncamento (Einmündung) genannt, ist der Punkt, an welchem sich die Nordbahn und die verlängerte Südbahn vereinigen. Diese Bahn wird von einer englischen Gesellschaft, der Rio Grande do Sul Railway Company limited gebaut, welche von der Regierung durch eine 7prozentige Zinsengarantie gesichert wird. Das Kapital der Gesellschaft beläuft sich auf 2,500,000 Pfund Sterling (125,000 Aktien à 20 Pfund). Die Arbeiten an der Strecke Cacequy — Uruguayana haben begonnen und sollen in vier Jahren beendet sein.

5. Die Quarahim-Bahn geht vom rechten Ufer des Quarahim aus, dem Uruguay entlang über Uruguayana bis Itaqui, von wo sie event. später bis S. Borja fortgesetzt werden soll. Die Bahn wird 200 Kilometer lang und von der Regierung durch eine 6prozentige Zinsengarantie auf das Anlage-Kapital bis zur Höhe von 6000 Contos für die Dauer von 30 Jahren unterstützt. Der Unternehmer José Candido Gomes hat die Konzession an eine englische Gesellschaft, die Brasil Great Southern

Railway Company limited, verkauft, welche Privileg für 90 Jahre hat. Diese Bahn ist eine Fortsetzung der im Gebiete des Estado oriental am linken Ufer des Uruguay vom Salto bis St. Rosas (am linken Ufer des Quarahim) verlaufenden Eisenbahn. Bis Salto ist der Uruguay schiffbar für große Seeschiffe. Diese später zu verlängernde Bahn verspricht für das zukunftsreiche Gebiet der ehemaligen Jesuiten=Missionen von großer Bedeutung zu werden und müßte späterhin durch das große Waldgebiet des oberen Uruguay und das Hochland der Provinz Paraná weiter geführt werden, behufs Anschluß an die Bahnen von S. Paulo.

6. Die projektierte Taquary=Bahn soll von dem kleinen Orte Taquary ausgehen, welcher nicht zu verwechseln ist mit der am rechten Ufer des Flusses, Triumpho gegenüber, gelegenen Anfangsstation der Nordbahn. Von Taquary soll die Bahn am linken Ufer des Taquary nach Estrella (47 Kilometer) und von da weiter nach der Kolonie Teutonia (noch 27 Kilometer) gehen. Für später ist die Verlängerung über Conde d'Eu nach Soledade und Passo fundo auf dem Hochlande der Provinz in Aussicht genommen. Ob der Konzessionär Anton Taaffe, da die Assemblea provincial nur die Konzession und keine Zinsengarantie bewilligte, das über 2000 Contos betragende Kapital zusammen bringen werde, scheint nach der bisherigen Verzögerung fraglich, obwohl die Bahn günstige Bedingungen für hinreichende Fracht aufweisen könnte. Für die sehr entwickelungsfähigen Regionen am Taquary und die italienischen Hochlandkolonien wäre der Bau der Bahn als zuverlässige Garantie eines glänzenden Aufschwunges von großer Bedeutung.

7. Die projektierte Santa Cruz-Bahn (29 Kilometer) soll nach Santa Cruz als Zweigbahn der Nordbahn in der Nähe von Rio Pardo abgehen. Die seit längerer Zeit bestehende Konzession ging neuerdings an den Ingenieur Herrn Bartholmay über, von dem zu erwarten steht, daß er die für die Kolonie Santa Cruz so wichtige Bahn zur Ausführung bringen werde, welche bei völlig ebenem Terrain keine hohen Kosten wird verursachen können (ca. 1400 Contos). Zinsengarantie ist nicht vorhanden.

8. Die Dom Pedro I. Bahn, 384 Kilometer lang, soll Porto Alegre mit der Provinz St. Catharina verbinden, und zwar mit dem Hafenorte S. Francisco. Die „Dom Pedro I. Railway Company," welche die von dem Ingenieur S. A. R. Braga seit langen Jahren projektierte Bahn bauen will, erhielt eine Garantie von 6 % Zinsen für das Kapital von 4,000,000 Pfund Sterling zugestanden. Die Zinsengarantie dauert 30, das Privileg der Gesellschaft 50 Jahre. Spurweite 1 Mt. Unentschieden ist noch die Lagerung der Bahn in ihrem Beginn. Das Braga'sche Projekt läßt die Bahn von Porto Alegre aus über S. Antonio nach Torres ziehen, über öden, unbevölkerten und sterilen Camp. Dem gegenüber ist man andererseits bestrebt, die Bahn von Neu-Hamburg aus durch die deutschen Kolonien am Hügelland vor der Serra hingehen zu lassen. Wenn bei dieser Bahn, von der eine Rentabilität ohnehin nicht zu erwarten steht, nur irgendwie dem gesunden Menschenverstand Rechnung getragen werden soll, wird die Verlegung im angedeuteten Sinne nicht ausbleiben.

Post. Das Postwesen ist im allgemeinen ziemlich gut geordnet und die Beförderung der Sendungen infolge der Zugehörigkeit Brasiliens zum Weltpost-

Verein nicht zu teuer. Der Brief in der Provinz kostet 100 Reis, nach Deutschland 200 Reis. Das Generalpostamt befindet sich in Porto Alegre. Große Unordnung besteht vielfach in den kleineren brasilianischen Agenturen, wo nur rekommandierte („registrado") Briefe mit Sorgfalt behandelt werden, weshalb es sich immer empfiehlt, Briefe, an denen etwas gelegen ist, „registrado" gehen zu lassen. Besser ist es in den Postagenturen im Gebiete der deutschen Kolonien, deren es Dank der wirksamen Bestrebungen des Herrn v. Koseritz jetzt viele gibt. Postagenturen bestehen im Gebiete der deutschen Kolonien an folgenden Plätzen: S. Leopoldo, Neu-Hamburg, Taquara de mundo novo, Tres Forquilhas, Mont Alverne, Santa Cruz, Taquary, Estrella, Teutonia, S. Sabastião, Bom Jardim (Berghahner Schneiz), Baumschneiz (Dois Irmãos), S. Lourenço.

Telegraphen-Wesen. Abgesehen von der die Eisenbahn Porto Alegre—S. Leopoldo—Neu-Hamburg begleitenden Linie existieren in der Provinz 2096 Kilometer Telegraphenleitung und 28 Stationen. Dieselbe zerfällt in folgende Linien: Nordlinie von Torres über Conceição do Arroio nach Porto Alegre, Camaquam, S. Lourenço, Pelotas, Jaguarão. Von Pelotas geht eine Zweiglinie nach Rio Grande, eine andere über Cangussú, Piratinim, Cacimbinhas bis Bagé. Diese sog. innere Linie bedarf noch der Verlängerung von Bagé auf S. Gabriel (150 Kilometer). Die Campanha-Linie geht von Porto Alegre über Triumpho, Rio Pardo, Cachoeira, Caçapava, S. Gabriel, Rosario, Alegrete nach Uruguayana und hat Zweiglinien von Rosario nach S. Anna do Livramento, von Alegrete nach S. Borja bis Itaqui und (als Serralinie) von Cachoeira über S. Maria bis Cruz

Alta. Dazu wird jetzt noch eine Leitung über Santa Cruz nach Passo fundo kommen.

Die Wege lassen selbst in den schon mehr bevölkerten Distrikten noch viel zu wünschen übrig. Während auf dem Camp die Natur meist gute Wege geschaffen, ist es in dem vielfach lehmigen Alluvial-Boden der Urwaldgebiete, in welchen die deutschen Kolonien liegen, schwierig, Wege zu schaffen, welche nicht, bei anhaltendem Regen im Winter, schwer passierbar und selbst gefährlich würden. Die Regierung kann nicht jeden einzelnen Weg bauen und im Stand halten lassen, die Munizipalkammern haben meist zu geringe Mittel, um mehr als die Kosten für die Ausbesserung einzelner schlimmer Stellen, den Bau kleinerer Brücken 2c. bestreiten zu können. Die Provinzial-Regierung hat, zumal auch im Gebiete der deutschen Kolonien bereits mehrere größere massive Brücken bauen lassen, wie über den Rio Feitoria, zwischen Berghahner Schneiz und 48. Pikade, und über denselben Fluß in der Baumschneiz. Eine stattliche, von der Munizipalkammer (auf Pump!) erbaute Brücke überspannt bei S. Leopoldo den Rio dos Sinos, unterhalb der Eisenbahnbrücke. Die größte und wichtigste Brücke der Provinz ist diejenige, auf welcher die Straße von Cachoeira nach S. Maria den Jacuhy überschreitet (Steinpfeiler mit Holz belegt). Neben dieser soeben in Reparatur befindlichen Brücke wird jetzt die Eisenbahnbrücke gebaut. Von anderen bedeutenden Brücken seien noch die steinernen über den Botucarahy unweit Cachoeira und die aus Steinpfeilern und Holzkonstruktion errichteten Brücken über den Rio Pardo (bei Rio Pardo), sowie zwei andere über den Rio Pardinho in der Kolonie Santa Cruz erwähnt. In Aussicht genommen ist u. A.

noch der Bau einer Brücke über den Rio Cadea in der Neuschneiz, in Arbeit eine andere über denselben Fluß in der Baumschneiz.

Die Herstellung der Wege in den einzelnen Pikaden muß Sache dieser letzteren selbst bleiben. Da es nun überall verständige, für das Gemeinwohl thätige Leute neben solchen gibt, die sich egoistisch zurückziehen, so war es eine ebenso verständige, wie gerechte Maßregel, daß die beiden deutschen Deputierten, Fr. Haensel und W. Bartholmay, in der Session der Assemblea provincial von 1882 einen Gesetzentwurf einbrachten, welcher auch durchging, durch welchen im Koloniebereich für die Dauer von 5 Jahren jeder Kolonist gezwungen wird, 4 Tage im Jahre unter Leitung einer von den Bewohnern zu wählenden Wegekommission an der Straße zu arbeiten. Die günstigen Folgen des „Wegegesetzes" machen sich allerwärts fühlbar, doch verstehen es die Kolonisten vielfach nicht, durch Regulierung des Wasserlaufes mittelst seitlicher Gräben und Durchlässe eine dauerhafte Arbeit zu liefern. —

IX.

Industrie und Handel.

Die Geschichte der inneren Entwickelung der Provinz Rio Grande kann nicht geschrieben werden ohne eingehende Würdigung der kulturbringenden Mission des deutschen eingewanderten Elementes. Während die Bevölkerung der Provinz in früherer Zeit fast nur der Viehzucht oblag und die durch diese gewonnenen Produkte die einzigen Ausfuhrartikel bildeten, wie sie denn auch heute noch ca. $^4/_5$ der ganzen Ausfuhr dem Werte nach repräsentieren, wurden Ackerbau in größerem, für die Ausfuhr berechnetem Maßstabe und Handwerksbetrieb in weiterem Umfange erst durch die deutsche Einwanderung eingebürgert. Namentlich in den Städten, zumal in Porto Alegre, etablierten deutsche Handwerker ihre Werkstätten und fabrizierten Hüte, Sattelzeuge, Leder, Stühle, Bier, Seife und vieles Andere. Die Rohmaterialien wurden größtenteils aus Deutschland bezogen, und aus diesen ersten bescheidenen Anfängen eines deutschen Importes ging nach und nach unter geschickter Benutzung aller sich bietenden Chancen und mit energischer ausdauernder Arbeit der gegenwärtige große Importhandel der Provinz hervor, welcher fast ganz in deutschen Händen ruht, und wenn auch nicht ausschließlich, so doch vorzugsweise aus der alten Heimat die Ware bezieht.

So gestaltete sich die Provinz Rio Grande zu einem wertvollen Markte für deutsche Fabrikate, dessen Bedeutung erst neuerdings durch die zielbewußte Propaganda des Berliner Zentral-Vereins für Handelsgeographie in weiteren Kreisen bekannt geworden, der aber gleichwohl noch weit davon entfernt ist, allerseits die richtige Würdigung zu erfahren. Es gilt dies namentlich auch von der deutschen Reichsregierung, welche bisher nur für die Schattenseiten der brasilianischen Verwaltung und Kolonisation ein offenes Auge gehabt, aber noch nie verstanden hat, auch die thatsächlich in Südbrasilien engagierten deutschen Interessen einer vorurteilsfreien Prüfung zu unterziehen, geschweige denn sie zu fördern. Wäre dem anders, so würde das Deutsche Reich nicht nur auf den Weltausstellungen in Australien die Bestrebungen des deutschen Handels unterstützt haben, sondern auch den mindestens ebenso wichtigen und viel günstigeren und erweiterungsfähigeren Markt von Rio Grande der Beachtung wert befunden haben. Statt dessen hat sie durch ihr ablehnendes Verhalten gegen die deutsch-brasilianische Ausstellung, welche im letzten Vierteljahr von 1881 in Porto Alegre abgehalten wurde, deren Erfolg beeinträchtigt und mittelbar auch durch die Förderung der Opposition infolge der schmachvollen, feindseligen Haltung des deutschen Konsuls, die Zerstörung derselben durch den aufgehetzten Pöbel am 23. Februar 1882 verschuldet. Engländer wissen ihre Interessen im Auslande anders zu wahren!

Der deutsche Export nach Rio Grande hat nicht nur eine wichtige Bedeutung bereits erlangt, sondern wäre bei verständiger Pflege auch enorm erweiterungsfähig. Die beiden Hauptbedingungen dafür wären Leitung der deutschen Auswanderung nach den gemäßigten Gegenden von Südamerika und Herstellung regelmäßiger Dampfer-Verbindung zwischen Deutschland und Rio Grande. In dem Maße, als dadurch das Absatzgebiet größer und die Verbindung reger würde, müßte auch die deutsche Ausfuhr intensiv und extensiv gesteigert werden. Natürlich wird man nicht erwarten können, Südbrasilien jeder Zeit als Absatzgebiet für alle Zweige der Industrie zu behalten. Das ist schon jetzt nicht der Fall, wo bereits über 100 Dampfmaschinen in Rio Grande thätig sind. Allein die Entfaltung der einheimischen Industrie wird sich naturgemäß solchen bisher noch importierten Fabrikaten zuwenden, welche bei relativ geringen Betriebskosten auch für ein kleines Bevölkerungsgebiet einen günstigen Markt darbieten, wie etwa ordinäre Glas- und Porzellan-Waren, Kattune (Chitas) oder Papier, zumal für Zeitungen, wozu Bananenblätter, ausgepreßtes Zuckerrohr rc. treffliches, billigstes Material abgeben würde. Alle diejenigen Zweige der deutschen Industrie dagegen, deren Produkte als minder häufig gebrauchte oder Luxusartikel auf den Weltmarkt angewiesen sind, und welche durch weitgehende Spezialisierung und teure, durch die Fortschritte der Technik beständig ergänzte oder veränderte Maschinen ein großes Kapital und weites Exportgebiet erfordern, werden noch auf Jahrhunderte in Südbrasilien einen günstigen Markt vor sich haben. Deshalb, und weil im romanischen Südamerika das Deutschtum sich als solches erhält und kräftig weiter entwickelte, verdiente im Interesse des deutschen Ausfuhr-Handels die Kolonisation Südbrasiliens, wie überhaupt des gemäßigten Südamerikas, besonders also noch Argentiniens, von Deutschland aus gefördert zu werden, während ja die deutschen Auswanderer nach Nordamerika der alten Heimat als Konsumenten verloren gehen, im Gegenteil ihr Konkurrenz machen.

Wie bemerkt, ist die Industrie der Provinz, mit Ausnahme der Xarqueadas, wesentlich von Deutschen geschaffen und auch in deren Händen verhältnismäßig stark entwickelt, und sie wird darin von keiner andern Provinz des Kaiserreiches überboten. Während in der ersten Hälfte des Jahrhunderts selbst Backsteine aus Europa nach Brasilien exportiert wurden, hat die Provinz Rio Grande jetzt neben zahllosen kleineren Ziegeleien und Sägemühlen vortreffliche Dampfziegeleien und Dampfschneidemühlen. Gerbereien liefern den Bedarf an Leder, der namentlich auch für die schwunghaft betriebene Fabrikation von Sattelzeugen ein beträchtlicher ist, wogegen Schuhzeug noch in großen Quantitäten (80—100,000 Paar pro Jahr) aus Deutschland importiert wird. Von den Hutfabriken liefern einzelne, wie besonders die von C. Sommer in Porto Alegre und Cordeiro & Wiener in Pelotas, vortreffliche Fabrikate, für welche das Rohmaterial meist aus Deutschland importiert wird, obwohl der einheimische aber seltene Rataõ (Myopotamus coypus) treffliches Material abgiebt. In Porto Alegre gibt es zahlreiche Möbel-, besonders Stuhlfabriken, unter denen jene von Obst und von Kappel obenanstehen, auch Korbmöbel werden gut gefertigt. Daneben bestehen in Porto Alegre Fabriken von Bürsten und Pinseln (Jakob Petersen), Feilen, Ricinusöl (Leão & Alves), Toiletten-Seifen (Voigt) u. s. w., sowie Bierbrauereien, von denen diejenigen von F. Christoffel und von Becker obenanstehen. Es fehlt nicht an Schnapsbrennereien und Destillationen. Seit kurzem arbeitet in Porto Alegre eine Eismaschine. Die bedeutendsten Fabriken in Porto Alegre sind wohl die Maschinen-Fabriken von José Becker und von J. M. da Silva Só, welche zugleich Eisen- und Bronze-Gießerei haben und je ca. 40 Arbeiter beschäftigen. Sie leisten durch die Fabrikation und Reparatur von Dampfmaschinen, die letztere Firma auch durch Kupferarbeiten, zumal von Destilierblasen wichtige Dienste.

Das bedeutendste industrielle Etablissement der Provinz ist die Spinnerei von Rheingantz in Rio Grande, die ca. 200 Arbeiter beschäftigt und in beständiger Erweiterung begriffen ist. Sie produziert Flanell, wollene Decken, Stoff zu Mänteln und ordinäre Tuche, von denen die letzteren zu Winteranzügen im Gebiete der deutschen Kolonien eine große Zukunft haben, da sie sehr solid gearbeitet sind und nur bezüglich des Aussehens, zumal der Farbe, noch zu wünschen übrig lassen. Die Fabrik verarbeitet Wolle aus der Provinz und hat neuerdings auch vielversprechende Versuche mit der Herstellung von Baumwoll-Geweben gemacht.

Der zukunftsreichste und bedeutendste Industrie-Ort der Provinz ist Pelotas, jetzt eine Stadt von über 20,000 Einwohner. Der Haupt-Industriezweig wird durch die Xarqueadas repräsentiert, d. h. die großartigen Schlachtereien, deren es dort an 30 gibt, welche jährlich fast eine halbe Million Stück Rindvieh schlachten und verarbeiten. Das Haupt-Produkt bildet das Dörrfleisch oder Xarque (spr. Scharke), welches durch Salzen und Trocknen an der Luft präpariert und in großen Quantitäten nach dem Norden des Kaiserreichs exportiert wird. Die Häute kommen getrocknet oder gesalzen in den Handel, erstere größtenteils nach Nordamerika, diese nach Deutschland und England. Andere exportierte Produkte der Xarqueadas sind Fett, Talg, Hörner, Zungen, Haare und Knochen.

Früher wurden die Knochen und Abfälle der Xarqueadas nur unvollkommen oder gar nicht benutzt und, bei Seite geworfen, verpesteten sie die Luft der Umgebung. Dem Unternehmungsgeiste eines deutschen Industriellen, des Herrn Hugo Elste in Pelotas, blieb es vorbehalten, aus diesen Abfällen wertvolle Ware zu schaffen. Kleine Dampfer holen für ihn alltäglich zur Zeit der Schlachtsaison (Safra) Blut, Eingeweide, Knochen rc. von den sämtlich am Flußufer gelegenen Xarqueadas ab nach seiner Fabrik, wo aus ihnen calcinierte Knochen (zur Zucker-Raffination rc.), Knochenöl, sog. oleo de mocotó, Knochenmehl zur Düngung und künstlicher Guano fabriziert wird.

Sodann werden in Pelotas im Anschluß an die geschilderten Etablissements Leim, Seife und Lichter (Lang & Co.) fabriziert. Außerdem besitzt Pelotas noch vielerlei nicht hiermit in Verbindung stehende Fabriken, z. B. von Rauch-Tabak und Zigarren (von Jakob Klaes und von Ruiz Dias), von Wagen (Luschke & Jansen), Hüten, Besen (F. de Sousa Freitas), Chokolade (Santos Irm.) und anderem mehr. In der Nähe von Porto Alegre existiert auch eine Fleischextrakt-Fabrik (von Fr. J. de Sousa e Silva, gegründet von Dr. Ubatuba), welche zwar ein gutes Fabrikat liefert, aber gegen die riesigen Etablissements am La Plata nicht ankommen kann. Zur Fabrikation von Glas- und Porzellan-Waren sind einige schwache Versuche gemacht, welche aber beim Mangel größeren Betriebskapitales aussichtslos erscheinen, ebenso steht es bis jetzt mit Leinen-Webereien.

Nach dem bisher Mitgeteilten wird es kaum anders erwartet werden können, als daß der Export

Industrie und Handel.   175

der Provinz wesentlich von den Produkten der Xarqueadas gebildet werde. Der Umfang der bezüglichen Ausfuhr wird am besten durch folgende Zahlen erläutert. Im Jahre 1879—80 wurden exportiert aus der Provinz:

```
Häute: 1,150,708 Stück im Werte von     . . . .   7,265 : 858 Milreis
Xarque: 23,708,837 Kilogramm im Werte von         6,786 : 563    „
Fett (graxa): 2,060,807 Kilogramm im Werte von      701 : 664    „
Talg (sebo): 1,850,420      „         „    „   „    756 : 620    „
Hörner (chifres): 1,102,359 Stück im Werte von .    102 : 286    „
Zungen:        „     296,749    „     „   „   „      80 : 000    „
Haare:            489,540 Kilogramm im Werte v.     337 : 197    „
Knochen:       „    2,652,590    „      „   „   „    74 : 200    „
Knochenmehl: 9,141,313 Kilogramm im Werte
  von . . . . . . . . . . . . .                     230 : 598    „
```

Produkte der Xarqueadas im Werte von 16,334 : 981 Milreis

Zu dieser Summe von ca. 32 Millionen Mark wären noch die exportierten Mula's, Pferde, Wolle, Leder, Pferdehäute, Schmalz ꝛc. hinzuzurechnen, wenn man den vollen Wert der durch die Viehzucht für den Export der Provinz geschaffenen Werte berechnen wollte, und bei dieser Berechnung entzieht sich immer noch durch Unterschlagung und vor Allem durch Schmuggel an der Grenze vieles der Berücksichtigung.

Die übrigen Produkte, welche exportiert werden, sind teils Konsum-Artikel, für Rio de Janeiro und den Norden des Kaiserreiches berechnet, und Industrieprodukte, teils Tabak und wenige andere nach Europa bestimmte Waren. Alle diese größtenteils dem Gebiete der deutschen Kolonien entstammenden Artikel gehen wesentlich über Porto Alegre, und sei daher zur Ergänzung der obigen über Pelotas und Rio Grande exportierten Erzeugnisse der „Industria bovina" hier der Export über Porto Alegre angeführt. Derselbe stellte sich 1882 folgendermaßen:

```
Schmalz: 41,100 Arrobas im Werte von . . . .      300 : 000 Milreis
Mandioca-Mehl: 228,674 Sack im Werte von .        550 : 000     „
Schwarze Bohnen: 190,044  „    „    „    .        950 : 000     „
Tabak: 10,000 Arrobas im Werte von . . . .        300 : 000     „
Mais: 14,314 Sack im Werte von . . . . . .        133 : 000     „
Branntwein: 616 Pipen im Werte von . . . .         56 : 000     „
Amendoim-Oel: 66,632 Liter im Werte von .          24 : 000     „
Speck: 1,200 Arrobas im Werte von  . . . .          7 : 000     „
Verschiedene Ackerbau-Produkte ꝛc. . . . .        180 : 000     „
Viehzucht-Produkte (Häute, Xarque ꝛc.) . .      1,900 : 000     „
Gewerbe-Produkte . . . . . . . . . .              650 : 000     „
                                         ─────────────────────────
                              Summa:  5,050 : 000 Milreis.
```

Unter letzteren seien besonders hervorgehoben: Schwellen und Achatsteine im Werte von je 200 Contos, Nationalbier und Steinkohlen für je 30 Contos, Mate mit 60, Sattelzeuge, Rapaduras und Bretter mit je 20 Contos. Von den Ackerbauprodukten und Gewerbeprodukten, welche zusammen 3,150 Contos Wert repräsentieren, entfallen $^9/_{10}$ auf die deutschen Kolonien und deutschen Produzenten. Es machen sich mithin für die Provinz Rio Grande, welche früher ausschließlich Viehzucht-Produkte exportierte, die Früchte der deutschen Kolonisation so offenbar bemerklich, daß eine verständige Förderung der Einwanderung nach Rio Grande offenbar die Provinz einem großartigen wirtschaftlichen Aufschwunge entgegenführen müßte. Für die deutschen Kolonien wird die Steigerung des Exportes vor Allem an die Bevorzugung des Anbaues von Handelspflanzen anknüpfen, welchen, wie Tabak, Zucker, Reis, Stärke, Hopfen, Erdnüssen, resp. Amendoimöl ꝛc. ein weites Absatzgebiet geöffnet ist. Vor Allem aber ist die nächste Aufgabe für die Produktion der Provinz und für etwaige neu angelegte Kolonien, diejenigen Artikel zu produzieren, welche in der Provinz gedeihen und gleichwohl noch importiert werden. Hierher gehören vor allem Weizen, Reis und Zucker. Am ehesten

Industrie und Handel.

wird der Reisimport aufhören, da im Gebiete der deutschen Kolonien die Reisproduktion in den letzten zwei Jahren sehr bedeutend zugenommen hat. Gleichwohl wurden 1882 noch 31,000 Sack (à 60 Kilo) Reis über die Barre von Rio Grande importiert, im Werte von ca. 372 Contos. Am besten ist der riograndenser Reis (arroz nacional), der jetzt mit 14—15 Milreis pro Sack bezahlt wird. Nächst ihm ist Karolina-Reis, am wenigsten der Reis von Piemont und Indien geschätzt. An Zucker wurden im Jahre 1881 in Rio Grande von Pernambuco aus 52,000 Faß und 58,000 Sack im Werte von 3,273 Contos importiert. Diese Summen könnten ganz oder größtenteils im Lande verdient werden. Am besten würde dafür die Gegend des Alto Uruguay dienen, wenn da eine Kolonisations-Gesellschaft mit großem Kapitale Zuckerfabriken in großem Stile anlegen wollte. Dort würde auch der Kaffee-Konsum der Provinz gedeckt werden können, welcher sich 1881 auf 23,998 Sack (à 60 Kilo) im Werte von 576 Contos de reis belief. Zucker kann auch im Gebiet der deutschen Kolonien und gegen die Küste hin in großer Quantität erzeugt werden, doch fehlt es an passenden Dampffabriken. Eine der nächsten und wichtigsten Aufgaben der wirtschaftlichen Produktion ist aber die, das Geld im Lande zu verdienen, welches alljährlich für Weizenmehl nach dem Auslande geht. Im Jahre 1882 wurden in der Provinz 62,460 Faß (à ca. 25,000 Reis) und 59,338 Sack (à ca. 11,000 Reis) Weizenmehl importiert, erstere von Nordamerika (Richmond) und Triest, letztere vom La Plata. Die 2,200 Contos (ca. 4 Millionen Mark) könnten in der Provinz verdient werden, welche im vorigen Jahrhundert und in den ersten zwei Dezennien dieses Jahrhunderts Weizen exportierte (1813 : 341,000 Alqueiras) und trefflichen Weizenboden besitzt. Welch' eine Basis und Garantie für das Gedeihen neuer großer deutscher Kolonisations-Unternehmen in Rio Grande!

Der **Import** der Provinz, welcher mit dem Export nahezu gleich steht, weist außer den bereits erwähnten Artikeln u. A. große Quantitäten von Viehsalz auf, welches für die Viehzüchter und für die Xarqueadas in großen Quantitäten erforderlich ist. Im letzten Jahre (1882) wurden von diesem ordinären Salze 487,960 Alqueiras (zu 40 Liter) im Werte von 560 Contos eingeführt. Die eingeführten Fabrikate, unter denen namentlich Eisenwaren obenan stehen, sind größtenteils deutschen Ursprunges, wie auch die für hiesige Fabrikanten nötigen präparierten Rohmaterialien. Zur Beurteilung des Importes aus Deutschland fehlt es leider an statistischem Material. Von Deutschland gingen 1881 für $29^1/_2$ Millionen Mark deutsche Waren nach Brasilien. Davon entfällt über 43% auf Rio Grande, welches im Jahre für ca. 12 Millionen Mark Waren bezieht, die außer durch Dampfer und über Rio de Janeiro rc. auch durch 20—30 direkt von Hamburg nach Rio Grande oder Porto Alegre fahrende Segelschiffe befördert werden. In Wahrheit ist die Einfuhr von Waren noch bedeutender, weil ein großer Teil über Montevideo und Uruguayana eingeschmuggelt wird, doch sind diese Waren vorwiegend englischen und französischen Ursprunges. Die Bekämpfung dieses Schmuggels würde dem deutschen Importe sehr zu gute kommen. Die Ausfuhr deutscher Waren betrug in Millionen Kilogramm im Jahre 1881 nach Brasilien 37,8, und nach Australien 8,9. Da Rio

Grande mindestens ein Drittel des deutsch-brasilianischen Importes absorbiert, so ist zur Zeit für Deutschland der riograndenser Markt bedeutend wichtiger, als der australische.

Das Importgeschäft ruht, wie schon erwähnt, größtenteils in Händen deutscher Firmen, ebenso aber auch die von diesen mit Waren versorgten Geschäftshäuser zweiter Hand. Diese letzteren bedienen sich zur Vermittelung des Geschäftes mit den „Venden" im Kolonie-Distrikte, der sog. Musterreiter, einer Art Kommis voyageurs, welche unter Bezugnahme auf mitgebrachte Proben Bestellungen in Empfang nehmen und Geld einkassieren. Diese Einrichtung hat auf der Kolonie schon viele Leute in's Verderben gestürzt, indem sie sich zu häufigeren und größeren Bestellungen überreden ließen, als ihre Verhältnisse es gestatteten, während den in scharfer Konkurrenz die Kolonie mit Musterreitern beständig beschickenden Firmen der Hauptstadt die Spesen sehr erhöht werden. Mit der Ausdehnung des Eisenbahnnetzes wird wohl successive ein für beide Teile vorteilhafterer Modus des Geschäfts-Verkehres an die Stelle des gegenwärtigen treten.

Im allgemeinen befindet sich der Handel der Provinz zur Zeit in gedrückten Verhältnissen, wozu der immer lebhafter betriebene Schmuggel von der Grenze her die Veranlassung abgibt. Bekanntlich hat Brasilien sehr hohe Importzölle (direitos da importação), welche fast $4/5$ der Staatseinnahme einbringen. Von den viel billiger importierenden benachbarten La Plata-Staaten aus findet daher ein starker Schmuggel nach dem Süden der Provinz statt, welcher das früher sehr ergiebige Geschäft mit der Campanha in den letzten Jahren völlig lahm gelegt

hat und den Handel der Provinz um so empfindlicher
schädigt, als jenen Staaten auch weit billigere Frachtsätze zu gute kommen, als das nach den geschilderten
Verhältnissen der Barre für Rio Grande der Fall
ist. Die Regierung hat den argen Unterschleifen
an der Zollstation in Uruguayana noch kein Ziel
zu setzen getrachtet. Das einzige, was geschah, war
die Einrichtung von Zollermäßigungen für die vom
Schmuggel am meisten betroffenen beiden Provinzen
Rio Grande und Matto Grosso. Im allgemeinen
wird vom Import in Brasilien ein nach einer amtlichen Tabelle abtaxierter Wertzoll von 30% des
Wertes erhoben, zu welchem noch ein „Addicionalzoll" von 50% hinzukommt, der 1882 noch um
10% erhöht wurde, so daß im ganzen mehr als
50% des Wertes als Zoll erhoben wird, bei manchen
Artikeln aber infolge der Differenz zwischen taxiertem
und wirklichem Werte bis zu 150%, wie z. B. bei
billigerem Schuhzeug. Rio Grande ist nun von dem
Addicionalzolle befreit und hat für manche der durch
den Schmuggel besonders gefährdeten Artikel noch
Zollermäßigung. Dieser Spezialzoll-Tarif, welcher
am 1. Januar 1879 in Kraft trat, ist indessen nur
eine halbe Maßregel, welche zwar vorübergehend
eine Hebung des überseeischen Geschäftsverkehres zur
Folge hatte, aber doch nur in Verbindung mit einer
erfolgreichen Bekämpfung des Schmuggels (contra-
bando) den Handel auf normale Verhältnisse zurück-
führen könnte. Trotzdem ist diese Vergünstigung seitens
der neidischen Nordprovinzen ein Gegenstand beständiger
Anfeindung, indem sie vorgeben, die Staatseinnahmen
würden dadurch zu sehr geschädigt. In Wahrheit
sind seit Einführung des Spezialtarifes die Einnahmen
der Alfandegas, d. h. der Zollstationen, erheblich ge-

stiegen und nicht zurückgegangen, wie aus folgenden Zahlen erhellt. Die Steuerämter der Provinz, von denen die bedeutendsten in Porto Alegre und Rio Grande, kleinere in dem zur Zeit durch den Einfluß des rivalisierenden Rio Grande unterdrückten Pelotas und in Uruguayana sich befinden, ergaben:

1876—77 = 3,322 Contos
1877—78 = 2,874 „
1879—80 = 4,248 „
1889—81 = 4,061 „

Die 10% Eingangszoll, welche im vorigen Jahre dem Addicionalzoll hinzugefügt wurden, erstrecken sich nicht auf Rio Grande. Der Spezialtarif hat eben sowohl der Staatskasse, wie der Provinz Rio Grande genützt. Die Beseitigung desselben, wie ihn die Nordprovinzen erstreben, wäre, zumal bei jetziger Lage des Schmuggels, ein so schwerer Schlag für die Provinz, daß diese schwerlich sich ihn würde ruhig gefallen lassen. Gerade die im Norden des Kaiserreiches allgemein gehegte Befürchtung, die blühende südlichste Provinz werde sich über kurz und lang vom übrigen Reiche losreißen, mag den Grund bilden für die frühere Vernachlässigung Rio Grandes und die Mißgunst, mit der jede Errungenschaft der Provinz von den nördlichen Provinzen aufgenommen wird. Trotzdem ist es Thatsache, daß die in ganz Brasilien umsich greifende Propaganda zu gunsten der Republik in Rio Grande nicht mehr Halt hat, als in den anderen Provinzen auch, und das, was die Provinz jetzt erstrebt, nicht Losreißung ist, sondern die auf konstitutionellem Wege erstrebte Dezentralisation. Erreicht Rio Grande die gewünschte größere Autonomie in Verwaltungs-Angelegenheiten, Sicherung der Grenzen gegen unvorhergesehene feindliche Invasion

und eine erfolgreiche Regulierung der Zoll- und
Schmuggel-Angelegenheiten, so werden die Gerüchte
von einer geplanten Losreißung der Provinz von selbst
verstummen.

Zu läugnen ist freilich nicht, daß überall in Brasilien stramm für die Republik gearbeitet wird und
in Porto Alegre hat im März des Jahres der „Republikanische Kongreß" bereits eine Kommission eingesetzt zur Ausarbeitung der Statuten des künftigen
riograndenser Freistaates, indes beziehen sich alle
diese Bestrebungen mehr auf die zukünftige Regierungs-
form, als auf den Zusammenhang mit den benachbarten durch Geschichte, Kultur und Sympathie innig
verbundenen Provinzen des südlichen Brasiliens.

Behufs Unterstützung des Handels und einheitlicher
Regulierung der vom Staate und den Provinzen
erhobenen Zölle hat die Regierung unlängst eine
Unterstützungskommission eingesetzt. Dieselbe wird
sich leicht davon überzeugen können, daß auf diesem
Gebiete viele wirtschaftliche Sünden zu verzeichnen
sind. So z. B. sind Häute und Xarque der Provinz
durch Exportsteuern gegenüber der durch billigere
Fracht ohnehin im Vorteil befindlichen Konkurrenz
von Montevideo um 7% im Nachteil, so daß die
Produzenten vom La Plata in Rio de Janeiro ihre
Xarque billiger absetzen können, als die nationale
Industrie. Am schwersten aber lastet auf der Provinz der Schmuggel von den La Plata-Staaten her,
namentlich jener offizielle, welcher durch die Alfandega von Uruguayana betrieben wird. Es sind für
ca. 8,000 Contos Ware, welche in Rio Grande eingeschmuggelt werden. Für diese müßten ca. 2,500 Contos
Abgaben erhoben werden, wogegen in Wahrheit
die betrügerische Zollstation in Uruguayana nur

ca. 300 Contos einbringt. Da das Unwesen dort zu tief eingewurzelt ist, und einem mit Geld beladenen Esel die Thore bekanntlich offen stehen, zumal in Brasilien, so bleibt nichts übrig, wenn die Regierung dem Schmuggel ein Ende machen und den ehrlichen Handel retten will, als die Alfandega von Uruguayana zu schließen und den Import nur über die Barre gehen zu lassen. Außerdem müssen einige der am meisten geschmuggelten Waren (Chitas [Kattun], Hemden, Baumwolle ꝛc.) im Zolltarif so herabgesetzt werden, daß der Schmuggel nicht mehr das Risiko lohnt und überhaupt die Besteuerung der Waren nach ihrem Werte durchgeführt werden.

Handelskammern bestehen in Rio Grande, Pelotas, und Porto Alegre. Von Banken ist als bedeutend die Provinzial-Bank zu nennen, welche über ein Kapital von 2000 Contos verfügt, von denen aber nur 1,200 Contos eingezahlt sind. Die Aktien à 200 Milreis (auf die also 120 Milreis eingezahlt sind) stehen im Werte auf 160 Milreis, da sie durchschnittlich 11% Dividende abwerfen. Die Bank ist gewissenhaft verwaltet und leistet dem Handel gute Dienste. Die Taxen der Bank sind seit April des Jahres: Diskonto von Wechseln mit 2—4 und 6 Monate Ziel 8—9—10 Prozent. Zinsfuß für Debitoren in Conto-Kurrent 9%, d. h. die Bank leiht zu 9% Geld aus. Für deponiertes Geld, welches zur Disposition bleibt, zahlt die Bank keine Zinsen, für solches, welches ihr nach den Stipulationen der Bankbücher übergeben wird, zahlt sie 5%. Im gewöhnlichen geschäftlichen Leben ist in Rio Grande der Zinsfuß 6—8 Prozent. Im vorigen Jahre wurde in Porto Alegre noch eine Filiale der bedeutenden englischen Bank in Rio de Janeiro, der New London and

Brasilian Bank limited gegründet, deren Gerant in Porto Alegre J. J. Dias ist.

Ein sehr störender und schädigender Umstand ist im geschäftlichen Verkehre von Brasilien mit dem Auslande das beständige Schwanken des Kurses. Man hat in Brasilien außer den Kupfermünzen von 20 Reis, dem sog. Vintem (= 4 Pf.) und $^1/_2$ und 2 Vintemstücken, sowie Nickelstücken von 200 und 100 Reis, nur Papiergeld. Der Milreis = 1,000 Reis ist in seinem Werte vom Kurs abhängig. Bei dem früheren Kurs von 27, vor dem Kriege mit Paraguay, wurden 27 Pence, englisch für 1,000 Reis gezahlt. Seitdem ist der Kurs beträchtlich zurückgegangen und hielt sich im letzten Jahre zwischen 21 und 22. Die folgende Tabelle diene zur Orientierung. Die erste Kolonne gibt den Kurs an, d. h. also die Zahl der engl. Pence, (12 = 1 Shilling), welche für 1,000 Reis gezahlt werden.

Kurs von:	Für 1 Pfund Sterling oder 20 Reichsmark werden gezahlt:	Für 1 Mark wird gezahlt:	Für 1 Franc wird gezahlt.
18	13,333	666	529
20	12,000	600	476
21	11,429	571	453
22	10,909	545	433
24	10,000	500	397
27	8,889	444	352

Zu bemerken ist noch, daß englisches Gold immer etwas höher im Kurse steht, als deutsches. Den Kurs findet man in den Tagesblättern. Auf dem Lande wird natürlich Gold nicht zum vollen Kurs angenommen. (Siehe auch Kapitel 13).

X.
Verwaltung und Finanzen.

An der Spitze der Verwaltung der Provinz steht als Vertreter der vollziehenden Gewalt der vom Kaiser ernannte Präsident der Provinz. Sitz der Präsidentur und Provinzial-Hauptstadt ist Porto Alegre, die größte Stadt der Provinz mit ca. 35,000 Einwohnern. Die Präsidenten stehen und fallen mit der jeweiligen politischen Situation, daher der häufige den Interessen der Provinz nachteilige Wechsel. Ein weiterer Mißstand ist es, daß diese Präsidenten, die eine Amtsdauer von wenigen Monaten vor sich sehen, meist zur Disposition stehende Politiker anderer Provinzen sind, welche mit den Verhältnissen des ihnen anvertrauten Regierungsbezirkes unbekannt, selten die Fähigkeit oder auch nur den Willen haben, sich ihrem neuen Amte mit Hingebung und Ernst zu widmen. Die liberale Partei der Provinz erstrebt im Einklange mit dem sonst fast vergessenen Parteiprogramme von 1868 die Autonomie der Munizipien und Provinzen, resp. die Wahl des Präsidenten der Provinz aus der Mitte der Assemblea provincial, womit wenigstens ein Schritt zu der ohne Zweifel notwendigen Besserung geschehen wäre. Vermutlich wird diese Dezentralisation rasch sich verwirklichen, da das neue Ministerium (Lafayette) diese Reformbestrebungen zum Programm erhob.

Die gesetzgebende Gewalt der Provinz übt die Assemblea legislativa provincial oder gemeinhin Assemblea provincial, der Provinzial-Landtag aus. Dieselbe besteht aus 30 Abgeordneten (Deputados provinciales), je 5 für jeden der 6 Wahlkreise, und tritt in der Regel im März jedes Jahr zu einer Session zusammen. Sie berät die zu erlassenden Gesetze, neue Steuern ꝛc. und stellt das Budget (orçamento) der Provinz fest. Die dekretierten Gesetze erlangen durch die Sanktion des Präsidenten Gültigkeit.

Die Wahlen sind direkte, doch ist durch das neue Wahlgesetz Nr. 3029 vom 9. Januar 1881 die Zahl der Wähler sehr beschränkt worden, indem von der ländlichen Bevölkerung wesentlich nur diejenigen Bürger von über 21 Jahren das Wahlrecht erhalten, welche als Handwerker oder für ein Geschäft Steuern an die Collectoria geral zahlen. Grundbesitz von 3—400 Milreis berechtigt auch zur Wählerschaft; allein da die deutschen Kolonisten ihr Land, wenn es auch weit mehr Wert haben sollte, fast stets zu viel niederigem Preise erworben haben und die etwas kostspielige Taxation scheuen, so sind sie fast alle vom Wahlrecht ausgeschlossen, woran übrigens den meisten wenig liegt, da sie doch die Notwendigkeit noch nicht einsehen, durch wohlüberlegte Teilnahme an den Wahlen eine angemessene Berücksichtigung ihrer Interessen sich zu sichern. Von allen Provinzen des Kaiserreiches hat Rio Grande die relativ größte Zahl von Wählern (31 auf 1000 Bewohner), ein Umstand, auf den man in Rio Grande stolz ist, weil ja die Rente der Maßstab der Qualifikation ist. Durch das neue Wahlge-

Verwaltung und Finanzen.

setz ist, Dank der Bemühungen von Silveira Martins und der Festigkeit des damaligen Minister-Präsidenten Saraiva, die Wählbarkeit der Akatholiken und Naturalisierten zu Parlaments-Mitgliedern festgesetzt und die volle politische Gleichberechtigung der eingewanderten brasilianischen Bürger anerkannt worden. Zum Parlamente entsendet die Provinz 3 Senatoren und 6 Deputierte (Deputados geraes). Die Senatoren werden für Lebensdauer vom Kaiser ernannt, indem derselbe von den 3 gewählten Kandidaten einen annimmt. Die Wahlen für die Assemblea geral finden alle 4, jene zur Assemblea provincial alle 2 Jahre statt. Die Provinz zerfällt in 6 Wahlkreise (circulos). Zum ersten gehören Porto Alegre, S. Leopoldo und das deutsche Koloniegebiet am Cahy und Rio dos Sinos, zum zweiten S. Antonio, Cima da Serra, Cruz Alta, zum dritten S. Gabriel, S. Borja, Uruguayana, zum vierten Pelotas und Bagé, zum fünften Rio Grande, Caçapava und Camaquam, zum sechsten Triumpho, Rio Pardo, St. Cruz, Taquary, Cachoeira und S. Maria.

Nächst der Präsidentur und dem Provinzial-Landtage ist für die Verwaltung der Provinz das Munizipium (municipio oder termo municipal) das wichtigste Element. Die Zahl der Munizipien beträgt jetzt 57 gegen 34 im Jahre 1872. Man hat in den letzten Jahren unverständiger Weise zu viele kleine Munizipien geschaffen, deren geringe Einnahmen dann größtenteils von der Verwaltung absorbiert werden. Die Angelegenheiten des Munizipes, bestehend zumeist in Verbesserungen der Wege, Brücken rc., Verwaltungssachen, Vorschläge zur Verteilung der Schulen u. s. w., werden geleitet von der Camara municipal, der Muni=

zipalkammer, deren Mitglieder, die Kammerräte oder
Vereadores, von den Wählern auf die Dauer von
4 Jahren gewählt werden. Es ist sehr zu bedauern,
daß die deutschen Kolonisten auf diese Wahlen nicht
mehr Wert legen, denn es sind ihre eigensten Ange=
legenheiten, über welche da verhandelt und ihre Gelder,
über die da verfügt wird. Wohin diese Vernachlässigung
der Benutzung dieser Volksrechte führt, hat die Ver=
waltung des Munizipes von S. Leopoldo gezeigt, wo
bis zum Jahre 1881 eine herrschende Klique in
schamlosester Weise die öffentlichen Gelder stahl und
vergeudete. Die Munizipien zerfallen in eine Anzahl
von Kirchspielen (Freguezias), diese in Friedensgerichts=
distrikte (Districtos de paz), deren Unterabteilung die
Viertel (Quarteirãos) sind, denen je ein Inspektor
vorsteht. Letztere Stelle, sowie diejenige der Friedens=
richter, Subdelegados und Kammerräte sind Ehren=
ämter.

Für die Rechtspflege gibt es noch größere Kreise
als die Munizipien, nämlich die sog. Comarcas. In
der Regel bilden mehrere Munizipien eine Comarca.
Die Rechtspflege innerhalb der Comarca ist der Leitung
des vom Kaiser auf Lebenszeit ernannten Rechtsrichters,
des Juiz de direito, anvertraut. Jedes Munizip hat
einen Munizipalrichter, jeder Distrikt einen Friedens=
richter, Juiz de paz, der den Vergleich auf gütlichem
Wege zu erreichen suchen muß. Für kriminelle Fälle
ist der Subdelegado in der Freguezia maßgebend.
Soll gegen die „Sentenz" des Juiz de direito Re=
kurs erhoben werden, so ist das Obergericht (Relação)
die nächste und für die Provinz höchste Instanz. Die
Relação von Porto Alegre ist auch für die Provinz
St. Catharina das Obergericht. Der Juiz de direito

Verwaltung und Finanzen.

hat auch die Jury, das Geschworenengericht, der Comarca zu leiten. In die Verhandlungen der Jurados mischt sich nicht selten die persönliche Beeinflussung durch maßgebende Politiker, wodurch bisweilen überwiesene Mörder frei gemacht werden. Die Rechtspflege ist im allgemeinen in Brasilien sehr schleppend und kostspielig, so daß der deutsche Kolonist sich nie in einen Prozeß einlassen sollte. Bei allen Mängeln der Justiz in Brasilien ist doch wieder anzuerkennen, daß die Provinz Rio Grande zu den relativ bestbestellten Provinzen gehört, daß die Eingewanderten gegenwärtig im allgemeinen vor Gericht nicht anders behandelt werden, wie die Einheimischen, und daß die Sicherheit des Lebens und Eigentums der Kolonisten besser gewährleistet ist, als im allgemeinen im Norden des Kaiserreiches oder etwa im Innern Argentiniens. Am übelsten noch steht es mit der Polizei, die ein unzuverlässiges, brutales Korps darstellt, vor dem man in den Städten vielfach mehr Angst hat, als vor den Spitzbuben, gegen welche sie schützen sollte.

Die kleineren im Entstehen begriffenen Ortschaften heißen Povoação oder Capella curada, die nächste Stufe Freguezia: als Hauptstadt eines Munizipes wird der Ort zur Villa. Nächst der Villa folgt die Cidade oder Stadt, welche meist Sitz einer Comarca ist. Städte sind Porto Alegre, Rio Grande, Pelotas, S. Leopoldo, Rio Pardo, Alegrete, Bagé, Cachoeira, Jaguarão, Cruz Alta, S. Gabriel, St. Anna do Livramento, Uruguayana, Itaqui und St. Maria da boca do Monte.

Folgendes ist die Liste der bestehenden Comarcas und Munizipien. Jeder Comarca entspricht dabei ein gleichnamiges Munizip; wo noch andere Munizipien zu derselben Comarca gehören, haben wir diese in Klammer nachgesetzt. Es sind 33 Comarcas und 54 Munizipien, zu denen als neueste noch nicht fertig organisierte Munizipien noch S. João Baptista do Herval, St. Izabel und S. Antonio das Lavras hinzukommen. Folgendes sind die Namen: Porto Alegre. Viamão (Anjos de Gravatahy). S. Leopoldo. St. Christina do Pinhal (S. Francisco de Paula de Cima da Serra). S. Sebastião. S. João do Montenegro. Rio dos Sinos (aus den 3 Munizipien S. Antonio da Patrulha, Conceição do Arroio, S. Domingo das Torres bestehend). Camaquam (aus 2 Munizipien bestehend: S. João Baptista de C. und Dores de C.) Taquary (S. Antonio da Estrella, S. Amaro). Triumpho (S. Jeronymo) Rio pardo (St. Cruz). Encruzilhada. Cachocira (S. Sepé) Caçapava. S. Maria da Bocca do Monte. (S. Martinho) S. Gabriel. Rio Grande (S. José do Norte). Pelotas, Jaguarão (Arroio Grande) St. Victoria do Palmar. Piratiny (Cangussú, Caçimbinhas). Bagé. St. Anna do Livramento. Alegrete (Quarahy) D. Pedrito Rosario (S. Vicente) Uruguayana. Itaquy. S. Borja. Cruz Alta. (S. Antonio da Palmeira). S. Angelo. (S. Luiz Gonçaga). S. Maria da Soledade. Passo fundo. Vaccaria oder Oliveira. (S. Paulo da Lagôa vermelha).

Die Zahl der Truppen der Provinz beträgt der gesetzlichen Bestimmung nach 4,502 Mann, doch sind es effektiv zur Zeit nur 3,602. Die Armee des Kaiserreiches ist zu 13,500 Mann normiert, woran aber ca. 2000 Mann fehlen. In Garnison liegen: in Porto Alegre das 13., in Rio Grande das 17.,

Verwaltung und Finanzen.

in Rio Pardo das 12., in Jaguarão das 3., in S. Gabriel das 4, in Uruguayana das 6., in Alegrete das 18. Infanterie-Bataillon. In Jaguarão liegt das 2., in St. Anna do livramento das 4., in Bagé das 5., und in S. Borja das 3. Kavallerie-Regiment, und in S. Gabriel noch 1. Regiment reitender Artillerie. In Porto Alegre existiert ein gutes Kriegs-Arsenal und eine stark besuchte Militärschule. Auf der Lagôa dos patos sind die beiden Kanonenboote Henrique Dias und Araguary stationiert. Befestigt ist nur Rio Grande. Im Kriegsfalle kommt zur regulären Armee noch die Nationalgarde hinzu, mit deren bisher nur auf dem Papier vorhandener Organisation man beschäftigt ist. Das Polizei-Korps der Provinz ist einschließlich der Offiziere 765 Mann stark.

Das Schulwesen bedarf noch erheblicher Reformen. Es bestehen 402 öffentliche konfessionslose Schulen, von denen 103 noch unbesetzt sind und in denen 12,000 Kinder unentgeltlich unterrichtet werden. Die Ausbildung der Lehrer vermittelt die „Normalschule" in Porto Alegre. Für die Schulstellen im Gebiete der deutschen Kolonien wurden früher deutsche „kontrahierte Lehrer" vom Generaldirektor angestellt. Neuerdings ist man davon zurückgekommen, hat aber vielfach Regierungslehrer nach den Kolonien gesandt, welche nicht deutsch verstehen! Ueberhaupt wäre es angebracht, wenn die Provinzial-Assemblea der Regelung des Schulwesens der deutschen Kolonien diejenige Sorgfalt zuzuwenden sich entschließen wollte, welche die besonderen dort bestehenden Verhältnisse erheischen. Wo die Regierungsschulen nicht ausreichen (aulas-publicas), haben, sofern es irgend anging, die Bewohner der einzelnen deutschen Pikaden sich Privat-

Schulen geschaffen, wobei sie für jedes Kind dem Lehrer monatlich 1,000 Reis zahlen. Wenn gleichwohl die Schulbildung der jüngeren Generationen auf den deutschen Kolonien eine sehr mangelhafte ist, so liegt das weniger am Mangel von Schulen, als an der ungenügenden Art, wie die Kolonisten ihre Kinder dieselben benutzen lassen. Statt die Kinder 5—6 Jahre hineingehen zu lassen, sind sie vielfach gewissenlos genug, dieselben nur für sich in Haus und Feld arbeiten zu lassen. Erst ein wirksamer Schulzwang kann da abhelfen, denn der seit 1871 für Kinder von 7—15 Jahren eingeführte Schulzwang wird bis jetzt noch nicht durchgeführt.

In religiöser Hinsicht macht sich für die Protestanten oder „Akatholiken" der Umstand, daß die katholische Konfession Staatsreligion ist, insofern unangenehm bemerkbar, als Katholiken, welche eine gemischte Ehe eingehen wollen, gehalten sind, behufs Erlangung des bischöflichen Dispens das Versprechen der katholischen Kindererziehung abzugeben. Hoffentlich wird das jetzt dem Parlament vorliegende Projekt der Zivilehe hierin bald Abhilfe schaffen. Im Uebrigen ist die durch Artikel 5 der Verfassung garantierte Religionsfreiheit in vollem Umfange durchgeführt. Bezüglich der Stellung des evangelischen Elementes sei auf das Kapitel „Bevölkerung" verwiesen. Die Provinz ist ein Bistum, mit dem Sitze des Bischofs in Porto Alegre.

Steuern (direitos oder impostos) werden von dem Staate (durch die Collectoria geral), von der Provinz (durch die Collectoria provincial) und von den Munizipal-Kammern erhoben. An die Collectoria geral sind Abgaben für Geschäfte, Wirtschaften,

Verwaltung und Finanzen.

Fabriken und Professionsbetrieb zu entrichten. Der Betrag bestimmt sich für erstere zum Teil nach dem Umfange des Geschäftes, für Handwerker beläuft er sich zumeist auf 15 Milreis pro Jahr. Letztere zahlen außerdem noch 10 Milreis an die Munizipal-Kammer. Handwerker, welche nicht mit Gesellen arbeiten, haben nur die Munizipalsteuer zu bezahlen. Für Uebertragung von Grundeigentum erhebt die Collectoria geral eine Siza von 6%, wozu die Provinz noch 1% hinzufügte, so daß im ganzen 7% erhoben werden, welche aber der einwandernde Kolonist für den ersten Ankauf nicht zu zahlen hat. Die Provinz erhebt Steuern von den exportierten Produkten (4% vom Werte), Schlachtsteuer, Häusersteuer, die sog. decima urbana, welche nur in den Städten erhoben wird, Sklavensteuer, Abgabe von Erbschaften und Legaten u. A., die Munizipal-Kammern erheben Gewerbesteuer, Ausfuhrzölle, Aichungs-, Fuhrwerks- u. a. Steuern, deren Gesamt-Ertrag jedoch ein relativ geringer ist. Der Kolonist hat keine direkten Steuern zu zahlen. Eine munizipale Grundsteuer, durch welche die Kolonisten in geringer Weise, die bisher gar nicht besteuerten Großgrundbesitzer und Landspekulanten aber kräftig herangezogen würden, wird erstrebt.

Die Finanzen der Provinz sind im Verhältnisse zum Reichtume derselben nicht ungünstig. Die Gesamtschuld der Provinz ist wenig höher, als ihre einmalige jährliche Einnahme. Die letztere ist im Budget für 1882—83 — das Finanzjahr geht in Brasilien vom 1. Juli bis zum 30. Juni — zu 2,504 Contos eingeschätzt. Die Ausgabe ist zu 3,030 Contos angesetzt, was einem Defizit von 526 Contos entspricht. Dieses wird übrigens thatsächlich weit geringer ausfallen, weil ins Budget auch die Ausgaben für die noch nicht besetzten Schulstellen aufgenommen sind. Die vielerlei einmaligen außerordentlichen Ausgaben der Provinz haben die letzten Finanzjahre trotz neuer Steuern mit Defizits abschließen lassen. Das letzte Finanzjahr, über welches die Berechnungen abgeschlossen vorlagen, war dasjenige von 1880—81; die Einnahmen betrugen 2,380 Contos, die Ausgaben 2,805 Contos, das Defizit 425 Contos.

Eine Hauptquelle für die ungünstigen Finanzverhältnisse des letzten Dezenniums bildet die erste in der Provinz gebaute und sehr leichtsinnig entrierte Eisenbahn Porto Alegre — S. Leopoldo — Neu-Hamburg. Diese hat seitens der Provinz bis zur Höhe von 1800 Contos Anlage-Kapital 7% Zinsengarantie, aber NB. in Gold, so daß infolge der Kurs-Differenzen in Wahrheit fast 9% bezahlt werden. Da aber die Bahn nicht einmal ihre Betriebskosten deckt, so hat die Provinz in den ersten 10 Jahren des Betriebes der Bahn, d. h. von 1872—1882 ca. 1400 Contos Auslagen für dieses verfehlte Unternehmen gehabt. Es besteht daher seitens der Provinz die Absicht, die Aktien der Bahn anzukaufen, doch haben sich infolge unverständiger Wirtschaft die Anlagekosten der Bahn auf 3,375 Contos gestellt. Jedenfalls wird in dieser Richtung bald etwas geschehen, sei es durch Ankauf der Bahn, sei es durch Verlängerung oder Verbindung mit andern Bahnen, wodurch eine Rentabiliät ermöglicht wird.

Durch diese Verhältnisse der S. Leopoldo-Bahn, durch Schiffbarmachen des Rio Gonçalo, Quai-Bauten in Rio Grande ꝛc. hat sich die Schuld der Provinz, welche bei Abschluß des Verwaltungsjahres 1870—71 sich auf 450 Contos belief, bis Ende 1882 auf 3,822 Contos erhoben. Zu Ende 1881 wurde behufs Konsolidierung der schwebenden zu 7—8% verzinslichen Schuld der

Verwaltung und Finanzen.

Provinz in Rio de Janeiro eine Anleihe abgeschlossen zum nominellen Werte von 2,444 Contos. Die Provinz erhielt, da die Emission zu 90% erfolgte, 2,200 Contos, und zahlte von 1882—83 an jährlich 6% Zinsen und 2% Amortisation, so daß die Schuld in 24 Jahren getilgt sein soll. Die Titel lauten auf 1 Conto oder auf 500 Milreis und haben Coupons. Die gesamte konsolidierte Schuld der Provinz belief sich Ende 1882 auf 3,595 Contos, die schwebende Schuld auf 227 Contos. Im übrigen hat diese Operation dazu beigetragen, den Kredit der Provinz zu heben, so daß sie für die kleineren Kreditoperationen jetzt Geld zu 4% erhält, während sie vorher 7 und 8 Prozent zahlen mußte. Obwohl die Schuld der Provinz keine bedenkliche ist, werden doch offenbar künftighin alle Anstrengungen der Assemblea provincial auf Beschränkung der Ausgaben gerichtet sein müssen, sowie auf ein befriedigendes Arrangement mit der S. Leopoldo-Eisenbahn-Gesellschaft, um das jährliche Defizit aus dem Budget auszumerzen und keine größere schwebende Schuld mehr aufkommen zu lassen.

Jedenfalls liegt für Rio Grande die Möglichkeit einer günstigen Ordnung seiner Finanzen vor, während man an der Durchführung der gleichen Aufgabe für das Kaiserreich verzweifeln möchte, da dieses bei einer Einnahme von 130,000 Contos, resp. bei gleicher Ausgabe die Summe von 41,117 Contos oder 82 Millionen Mark jährlich an Zinsen für Staatsschulden zahlt, und noch keinerlei Miene macht, mit der bisherigen unsinnigen Wirtschaft, mit ihren Zinsengarantien, Emanzipations-Fonds ꝛc. und der teueren, aber gleichwohl miserabelen und eine Unmasse von überzähligen Beamten unterhaltenden Verwaltung zu brechen.

XI.

Landverhältnisse und Einwanderung.

Den wesentlichen Unterschied in bezug auf Ländereien und ihre Kultivierung bedingt wieder den Gegensatz zwischen Wald= und Camp=Land. Die Kolonisation in Rio Grande hat sich bisher nur jenem zugewendet. Der deutsche Kolonist zieht die Ansiedelung im Urwalde trotz der großen damit verbundenen Arbeitslast bei weitem vor. Zwar sind die Wege schwierig und erst nach vieljährigen Bemühungen in guten Stand zu bringen, zwar ist die Arbeit des Waldhauens in unseren dicht verwobenen und an Ungeziefer aller Art reichen Urwalde die denkbar schwerste und nicht ohne Gefahr, allein dafür steht dem Ansiedler für Einzäumungen, Bauten ꝛc. Nutz= und Brennholz aller Art zu Gebot, der Boden ist größtenteils von vorzüglicher Fruchtbarkeit und gibt sofort nach dem Brennen ohne alle weitere Bearbeitung gute Ernten von dem gepflanzten Mais. Düngung ist noch viele Dezennien lang nicht nötig. Will sich der Kolonist späterhin zu solcher nicht verstehen, so läßt er den abgebauten Grund als Viehweide oder unbenutzt liegen, worauf derselbe sich mit Hecken und Strauchwerk oder niedrigen Bäumen bedeckt und zur „Capoeira" wird, und haut sich eine neue Strecke Wald auf. Freilich wird in diesem Sinne bisher vielfach zu unsinnig darauf los gewirtschaftet,

Landverhältnisse und Einwanderung.

und können nachteilige Wirkungen der zunehmenden Entwaldung der Serra-Vorberge nicht ausbleiben, zumal, wenn nicht die Provinzial-Regierung sich endlich zu irgend welchen Waldgesetzen oder sonstigen geeigneten Maßregeln entschließt. Selbst der schmählichsten Waldverwüstung durch die Lohschäler und Theesammler hat der Provinzial-Landtag bisher noch kein Ziel gesetzt.

Die Güte des Waldlandes ersieht der Kenner leicht aus dem Pflanzenwuchse. Auf gutem fruchtbarem Boden befinden sich dicke und vollkommene Cabrinvas, Louros, Açouta-cavallos und Timbúavas, und zwar stehen diese schweren, dicken Stämme im allgemeinen nicht sehr dicht zusammen, wogegen das aus Schlingpflanzen, Rohrgras, Dornbüschen und Stangenholz bestehende Dickicht sehr geschlossen und schwer durchdringlich zu sein pflegt. Große Umbús, Brennesselbäume und mächtige Corticeiras pflegen nur auf gutem schwerem Boden mit tiefer Ackerkrume sich vorzufinden. Ein roter, harter Boden, auch wenn er guten Pflanzenwuchs aufweist, oder solcher, der überwiegend Pinien trägt, ist selten besonders fruchtbar. Hinsichtlich der verschiedenen Bodenarten gelten sonst die in Deutschland gemachten Erfahrungen auch hier. Sehr fruchtbar pflegt der Boden meist in den Niederungen an den Flüssen zu sein, doch muß man hier zuerst sich genau über das ungefähre Gebiet der jährlichen Ueberschwemmungen orientieren, und die Gebäude weiter zurückstellen. Viele Niederlassungen wurden deshalb verlassen, und es überrascht dann den Reisenden nicht wenig, wenn er auf der Fahrt mit dem Flußdampfer die Waldvegetation plötzlich durch einen verwilderten kleinen Orangenhain voll goldiger Früchte unterbrochen sieht.

Der Urwaldstreifen des Küstengebirges ist im allgemeinen von Kolonisten schon ziemlich besetzt und bietet nur in seiner östlichen und westlichen Endpartie noch geschlossene Distrikte zur Kolonisation dar. Diese Gebiete, von denen besonders die zwischen Mundo novo und Tres Forquilhas gelegenen durch den Bau der Dom Pedro I. Bahn einer glänzenden Zukunft entgegen sehen, befinden sich größtenteils in Händen von Landspekulanten und sind vielfach Gegenstand endloser Prozesse. Große Landstrecken liegen unberührt, weil ihre Eigentümer, unter denen der Baron von Jacuhy den meisten Besitz in einer Hand vereint, dieselben liegen lassen, bis sie höheren Wert erreicht haben. Die Mehrzahl dieser Landspekulanten erschwindelt ihren nach Quadrat-Meilen zählenden Grundbesitz von der Zentral-Regierung unter der Vorspiegelung, Kolonien anlegen zu wollen. Gegenwärtig beabsichtigt die Regierung denjenigen Spekulanten, welche ihre Bedingungen nicht erfüllt haben, das Land wieder abzunehmen, es vermessen und an Einwanderer verkaufen zu lassen. Sollte diese verständige Maßregel nicht durch Partei- oder System-Wechsel und politische Intriguen im Interesse der Spekulanten rückgängig gemacht werden, so würde für viele Tausende von Kolonisten im Urwaldstreifen des Küstengebirges noch Platz geschaffen. Für größere kolonisatorische Unternehmungen ist in diesem Gebiete schon deshalb kein Raum, weil hier das Land bereits einen zu hohen Wert hat, indem unter 1000 Milreis selbst an abgelegenen Punkten eine Kolonie Land kaum je zu haben ist. Wenn daher in dieser Region die Regierung Land vermessen und an Einwanderer zu 50 Milreis pro Kolonie verkaufen lassen will, so macht sie diesen ein schönes Geschenk, zumal in besiedelten Pikaden der Wert der Kolonie rasch auf 2—4 Contos sich erhebt, während in den älteren Pikaden die Kolonielose bereits zu 8, 12 und selbst 24 Contos verkauft werden.

Ein zweites Waldgebiet, welches für Kolonisation in betracht kommt, liegt im Süden der Provinz an der Serra do Herval und Serra dos Taipes. Das bei weitem ausgedehnteste, noch der Besiedelung harrende Waldgebiet der Provinz ist indessen jenes am oberen Uruguay. Dieser „alto Uruguay" ist der „far West" der Provinz und die mehr als 10,000 ☐Kilometer einnehmenden völlig unberührten Wälder jener fruchtbaren zukunftsreichen Gegenden gehören zusammen mit den ehemaligen Missionen und den benachbarten Gebieten Argentiniens zu dem besten, was überhaupt für Kolonisationszwecke ganz Südamerika darzubieten vermag. Wahrlich die Jesuiten, welche hier und weiter abwärts am Uruguay einst ihre blühenden Missionen besassen, können uns darin noch heute als Lehrmeister dienen! Möchte es deutschem Fleiße beschieden sein, diese Wildnis zu einem irdischen Paradiese umzugestalten. Vor der Hand ist die Gegend dem Einwanderer noch verschlossen. Nur die Regierung oder eine mit bedeutendem Kapitale ausgerüstete Kolonisations-Gesellschaft könnten die Bedingungen für eine erfolgreiche Besiedelung jener Territorien realisieren. Uebrigens liegen gerade für den oberen Uruguay dadurch besonders einladende Verhältnisse vor, als Landschenkungen an Gesellschaften ꝛc., welche nach dem „Landgesetze" nicht mehr statthaft sind, im Bereiche von 10 Legoas landeinwärts von der Grenze zulässig sind. Wenn man aber in Deutschland nicht wieder einmal zu spät kommen will, so möge man rasch handeln, — sonst dürften leicht andere zuvorkommen.

Die Campländereien dienen in der Provinz Rio Grande lediglich der Viehzucht, ein Mißstand, welcher im wirtschaftlichen Interesse der Provinz sehr zu beklagen ist. Die Campos im Süden und Westen der Provinz, welche zum Teil sehr guten Humusboden haben, könnten eine Kornkammer nicht nur für die Provinz, sondern auch für das Kaiserreich sein. Statt jährlich Weizenmehl im Werte von mehr als 2000 Contos zu importieren, könnte die Provinz in großem Stile Weizen exportieren. In der That war die Weizenproduktion der Provinz im Anfange des Jahrhunderts keine unbedeutende, wie denn auch im vorigen Jahrhundert Rio Grande Weizen exportierte. Um 1768 legte der Senat (Munizipal=Kammer) von Rio Grande eine Steuer auf den Weizenexport. Als Ursache für den Rückgang des Weizenbaues wird das Auftreten des Rostes und die Revolution angegeben. Den Hauptgrund bildet aber doch wohl das Ueberhandnehmen der ungleich müheloseren Viehzucht, welche in der Campanha gegenwärtig die einzige Erwerbsquelle ausmacht. Die Wiederbelebung des Weizenbaues müßte für eine verständige Kolonisationspolitik in Rio Grande einer der maßgebendsten Faktoren sein.

Wenn man gegen die Kolonisation der Campländereien den Mangel an hinreichendem Bau= und Brennholz, die größere Mühe bei Umfriedigung der Plantagen durch tiefe Gräben und Wälle als Hindernisse angeführt, so werden diese Nachteile einerseits durch manche Vorzüge, wie besonders die Leichtigkeit der Herstellung trefflicher Fahrstraßen aufgewogen, und andererseits in gleicher Weise in den westlichen Prairiestaaten von Nord=Amerika und in vielen Provinzen von Argentinien angetroffen. Leider sind im Süden, an der Grenze gegen den Estado oriental

(Livramento) in letzterer Zeit die Heuschrecken ab und zu in großen Schwärmen aufgetreten, so daß diese Geissel von großen Teilen der Union und Argentiniens, wohl auch die Kulturen im Süden der Provinz nicht ganz verschonen würde.

Als besonders geeignet zur Kolonisation erscheinen jene Campgebiete, welche im Westen der Provinz südwärts des Jjuhy an das schon erwähnte Waldgebiet sich anreihen. Von jenem Gebiete der ehemaligen Jesuiten-Missionen sagte W. Schultz: „Dieses Land an den Ufern des Uruguay und Paraná ist ebenso fruchtbar als lieblich, und wer einen großartigen Park sehen will, den die Natur allein geschaffen, der gehe nach den Missionen am Uruguay oder hinauf aufs kühlere Hochland von Paraná. Da thut sich ein Land vor ihm auf, wo Wald und Weide in anmutiger Abwechslung sich umschlingen und kreuzen; dazu ein frischer Wiesengrund am Fuße eines Hanges, oder ein stiller sanfter Fluß, dessen dunkles Wasser schattige Büsche begleiten, und sanft gewellte Höhen; darüber der tiefblaue Himmelsbogen, wie wir ihn am Becken des mittelländischen Meeres sehen: so sind die Länder zwischen dem Camacuam und Jjuhy".

Im Interesse der Provinz steht daher zu hoffen, daß sobald einmal eine neue Aera für deren Kolonisation beginnt, die Kultivierung der Campos nicht auf sich warten lasse, damit zunächst wenigstens der enorme Weizenkonsum der Provinz selbst in dieser gedeckt werde. Auch insofern hat die Provinz dabei zu gewinnen, als die Landwirtschaft sich sehr viel höher verzinst wie die Viehzucht, und als das der letzteren dienende Land im Werte um das 10= und 20fache hinter jenem zurücksteht, welches für Ackerbau verwendet wird. Die Quadrat=Legoa Campland für Viehweide kauft man durchschnittlich um 20—30 Contos, häufig auch weit billiger. Die Quadrat-Legoa kultivierten Landes im Gebiete der deutschen Kolonien repräsentiert einen Wert von 360 Contos, sofern man die Kolonie, deren 90 auf die Quadrat-Legoa gehen, zu 4 Contos schätzt, eine Summe, die für die alten Pikaden viel zu niedrig gegriffen ist. Auch der Wert des für Landwirtschaft tauglichen Camplandes muß entsprechend steigen, wenn dasselbe einmal für den Ackerbau parzelliert und in Bearbeitung genommen sein wird.

Die Größe der den Kolonisten zugewiesenen Landlots beträgt in Rio Grande 100,000 ☐Brassen, was 48,4 Hektaren oder 200 preußischen Morgen gleichkommt. In den Vereinigten Staaten von Nord-Amerika erhält der Einwanderer 150 Acres (à 0,405 Hektaren) was 64,7 Hektaren oder 133,670 Quadratbrassen entspricht, so daß also in Rio Grande das Grundeigentum des Kolonisten um $1/4$ kleiner ist. In früherer Zeit war das Maß für die großen Kolonien 150,000 ☐Brassen, also noch beträchtlich mehr, wie in den Vereinigten Staaten; allein die Erfahrung hat gelehrt, daß für Rio Grande ein Oberflächen-Maß des Kolonieloses von 100,000 ☐Brassen mehr wie ausreichend ist, so daß die Provinzialregierung in dem den Landverkauf regulierenden Gesetze vom 21. Juni 1880 die Größe der Kolonielose zu 300,000 ☐M. zum Preise von 300 Milreis normierte. Wir haben also jetzt Kolonielose von 300,000 und von 484,000 ☐M. Eine Beschränkung der Oberfläche des Kolonie-Loses auf 50.000 ☐Brassen und weniger, wie sie in St. Catharina eingeführt ist, dürfte wohl etwas zu weit gehen, zumal der nach Amerika auswandernde Bauer in bezug auf Größe des Grundstückes nicht geringe Ansprüche macht, und sich dabei auf das Beispiel von Nordamerika berufen kann.

Die Kolonielose sind an der aufgehauenen Straße, der sog. Pikade oder „Schneiz" zumeist so orientiert, daß sie an der einen Seite der Straße 100 Brassen Front haben und in der Tiefe 1000. Für ein Kolonielos läßt sich die Provinz jetzt vom Einwanderer 484 Milreis bezahlen, beziehungsweise 300 Milreis für ein Kolonielos von nur 300,000 ☐M. Der frühere Preis für die Kolonie war 300 Milreis. Die Zentralregierung dagegen berechnet zur Zeit nur 50 Milreis pro Kolonielos bei 5 oder mehr Jahren Ziel. Im Bereiche der bestehenden Ansiedlungen wird man nur ausnahmsweise und wohl nur an abgelegeneren Lokalitäten Gelegenheit haben, die Kolonie zu weniger als 1000 Milreis von Privaten käuflich zu erwerben. Der Wert der Ländereien steigt eben mit der Besiedelung einer Gegend sofort bedeutend, und um so mehr, je günstiger die Kommunikationsmittel der betreffenden Gegend sind. Der Verkauf der Ländereien ist, abgesehen von dem erwähnten Gesetze vom 21. Juni 1880, zuletzt noch durch Akt der Präsidentur, vom 23. September 1882 reguliert, welcher folgendes für die von der Provinz zu verkaufenden Ländereien bestimmt: „Die vermessenen Kolonielose werden für neuankommende Einwanderer reserviert und denselben zum Preise von 1 Real für den Quadratmeter mit 4 Jahren Zahlungsfrist und ohne Verpflichtung der Käufer, die Messungskosten zu entschädigen, verkauft. Der Verkauf von Land innerhalb der Kolonien an Privatleute oder an Kolonisten, die schon länger in der Provinz sind, findet zu 1 Real pro Quadratmeter statt, und zwar die Hälfte gegen baar, die andere Hälfte mit 24 Monaten Stundung. Die Käufer müssen aber die Messungskosten tragen. Bei allen Konzessionen von Kolonieplätzen ist die Bedingung zu stellen, daß der Käufer darauf wohnen und sich in der Frist von 2 Jahren anbauen muß. Wird diese Frist nicht erfüllt, so verfällt der Verkauf, und der Verkäufer verliert die angezahlte Hälfte der Kaufsumme. So oft bewiesen wird, daß die Hälfte eines Kolonieloses unbenutzbar ist, wird der Verkauf für $1/2$ Real pro ☐Meter geschehen. Bewiesen wird die Unbenutzbarkeit des Landes durch ein Attestat des Ingenieurs, der die Messung gemacht hat, durch die beigelegte Karte der Messung und durch das Zeugnis zweier unbescholtener Nachbarn." Wer baar bezahlt, hat 6% Diskonto pro Jahr, das er früher bezahlt, als er es nötig hat. Die Bestimmungen für den Verkauf von Ländereien an Personen oder Gesellschaften, welche solche legoaweise zur Kolonisierung übernehmen wollen (disponibel: 30 ☐Legoas) sind im December 1882 von der Präsidentur abermals und in einer Weise modifiziert worden, die schwerlich Gegenliebe erwecken dürfte.

Beim Verkauf von Ländereien oder Häusern erhebt der Staat eine Steuer (Accisa oder Siza) von 7% der Kaufsumme. Der einwandernde Kolonist ist jedoch von dieser Abgabe für die Erwerbung seines Eigentumes befreit. Will er später dasselbe veräußern, so wird die Steuer natürlich erhoben, welche aber der Käufer bezahlt. Als sicheres Eigentum kann nur derjenige sein Land betrachten, welcher darüber den Besitztitel, der notariell, resp. vom Friedensschreiber ausgestellt wird, in Händen hat. Der Einwanderer hüte sich, Geld für den Ankauf herzugeben, ehe er den Besitztitel erhalten. Kann die Kaufsumme

Landverhältnisse und Einwanderung.

nicht gleich ganz bezahlt werden, so stellt der Käufer über den Rest der Summe einen Schuldschein aus, was wieder durch den Schreiber des Juiz de paz auszuführen ist, denn alle derartigen Dokumente haben nur dann gerichtliche Giltigkeit, wenn sie in der Landessprache, also portugiesisch abgefaßt und mit der entsprechenden Stempelmarke (Sello) versehen sind, über welche die Unterschrift hinzuführen ist. Auf Hypotheken läßt man sich besser nicht ein, da das Hypotheken-Wesen noch im Argen liegt; fehlt doch dazu die Vorbedingung, die Existenz eines Grundbuches, eines Katasters. Die Aufstellung eines solchen auf amtlichem Wege wäre ein wahrer Segen, zumal auch für die deutschen Kolonien, da durch die Uebergriffe der Landspekulanten, welche sich vielfach mehr Land zugemessen haben, als ihnen zugestanden wurde, sowie durch schlechte Vermessungen und daraus resultierende Prozesse die Besitz-Verhältnisse an vielen Stellen ungenügend geordnet sind. Am berüchtigtsten sind in dieser Hinsicht Padre eterno und Fachinal bei S. João do Montenegro. Wer daher nun in diese Verhältnisse eintretend von Privaten Land erwerben will, erkundige sich ja nach allen Seiten genau über die Unantastbarkeit des Besitztitels.

Die übrigens wohl nur der enormen Kosten halber bisher unterbliebene Ausarbeitung eines Katasters, wäre auch schon im Interesse der Einsetzung einer Grundsteuer ein Erfordernis, denn eine solche wäre im stande, die geringen Munizipal-Einnahmen bedeutend zu steigern und würde einerseits die Kolonisten wenig bedrücken, andererseits aber die Großgrundbesitzer, welche bisher nicht besteuert sind, in angemessener Weise zur Beteiligung an den Gemeinde-Auslagen heranziehen. Bis jetzt sind die

Großgrundbesitzer weder irgendwie gezwungen, zum Gemeinwohl ihr Scherflein beizutragen, noch ist wie in Nordamerika für die Größe des in einer Hand zu vereinigenden Grundeigentumes eine maximale oder minimale Grenze festgesetzt. Die Landspekulanten aber lassen ihren Boden so lange ruhig liegen, bis die Preise durch Besiedelung aller umliegenden Gegenden hoch genug gestiegen sind. Die Zentralregierung beabsichtigte, wie erwähnt, diese Mißstände zu beseitigen, und das für Kolonisationszwecke weggegebene, aber nicht besiedelte Land wieder an sich zu ziehen, indessen dürfte dieser Plan des letzten Ackerbau=Ministers Henrique d' Avila, des energischsten und pflichttreuesten Ministers, den für diesen Posten Brasilien vielleicht je besessen, und der zugleich ein unumwundener Freund der deutschen Einwanderung ist, nach dessen bereits erfolgtem Sturze wohl in Vergessenheit geraten.

Während so die Zentral=Regierung völlig von dem bisherigen Systeme der Ueberweisung von Ländereien an Privatleute behufs Kolonisation zurückgekommen ist, hat noch im vorigen Jahre die Provinzial=Assemblea, um etwas Geld für Straßenbau in die Hand zu bekommen, beschlossen, ihr devolutes Land, 30 Quadrat=Leguas, an Private oder Gesellschaften zur Kolonisierung zu verkaufen, je nach Umständen zum Preise von $1\frac{1}{8}$ bis $1/5$ Real pro Quadrat=Meter, wodurch etwas über 5 Conto de Reis pro Quadrat=Legua erzielt werden. So leistete der Landtag der Provinz dem Unwesen der Landspekulanten noch Vorschub. Hätte die Assemblea, ohne Provinzial=Kolonien anzulegen, sich darauf beschränkt, die betreffenden Gebiete vermessen zu lassen und durch eine Fahrstraße erreichbar zu machen, und dann die einzelnen Kolonielose zu dem für die ehemaligen Provinzial-Kolonien festgesetzten Preise verkauft, so würde sie der deutschen Einwanderung einen großen Vorschub geleistet haben, was man von ihren Leistungen in den Jahren 1881 und 1882 nicht eben behaupten kann. Eine neue Aera schien eingeleitet, als 1880 H. d'Avila als Präsident der Provinz die Provinzial-Kolonien erweitern, neues Land für dieselben ankaufen und vermessen ließ und die Anlegung neuer Kolonien bei Pelotas, resp. S. Lourenço einleitete. Kaum war aber Avila wieder abgetreten, als auch schon sein Nachfolger eiligst die ergriffenen Maßregeln zurücknahm, während in der Assemblea von 1881 die bezüglichen Projekte begraben und die Provinzial-Kolonien in aller Hast „emanzipiert" wurden, d. h. also für ihre Verwaltung kein Geld mehr ausgeworfen wurde. Nur mit Mühe gelang es den beiden deutschen Deputierten des Provinzial-Landtages, überhaupt eine Summe (ca. 25 Contos) für Aufnahme und Transport von Kolonisten und Vermessung von Kolonielosen im Gebiete der seitherigen Provinzial-Kolonien zu retten, während man zuerst die Position „Kolonisation" ganz aus dem Budget hatte streichen wollen, um Ausgabe und Einnahme ins Gleichgewicht zu bringen. Damals schrieb C. von Koseritz, welcher kurz zuvor mit der Thätigkeit Avilas den Beginn einer neuen Aera für die deutsche Einwanderung verheißen hatte, in der „Deutschen Zeitung": „doch ist es ja der Fluch der brasilianischen Kolonisation, daß nie System hineinkommt, und daß jedes Jahr eine Aenderung mit sich bringt".

Diesen Worten ist wenig hinzuzufügen, zumal gegenwärtig die Zentral-Regierung damit beschäftigt ist, die Staatskolonien aufzuheben, ohne daß bisher für einen Ersatz gesorgt wäre, während andererseits von der Provinzial-Regierung unter jetzigen Umständen nichts zu erwarten ist. Die Session der Assemblea von 1883 wurde durch die Konservativen gesprengt, welche kleinlichsten Partei-Rücksichten das Wohl der Provinz nachsetzten. Die Liberalen, welche unter der deutschen Bevölkerung der Provinz die meisten Sympathien genießen und auch für Kommunikationsmittel und sonstige Bedürfnisse der Kolonien in den letzten Jahren in der That gut gesorgt hatten, besitzen im Provinzial-Landtage nicht mehr die absolute Majorität, und ist bei dessen jetziger Zusammensetzung von diesen wenig zu erwarten. Eine Besserung kann daher nur vom Parlament und der Regierung ausgehen. Die Vergünstigungen, welche die Regierung jetzt den Einwanderern zu teil werden läßt, bestehen darin, daß sie bis zu 8 Tagen Verpflegung in Rio de Janeiro erhalten, sodann auf Staatskosten in Dampfern oder auf der Eisenbahn bis nach ihrem Bestimmungsorte befördert werden, und daß ihnen schließlich devolute Ländereien auf lange Frist zum Preise von ½ Real für 1 Quadrat-Brasse (also 50 Milreis für ein Kolonielos von 100,000 Quadrat-Brassen) verkauft werden. Das ist wahrlich günstig genug und wäre völlig hinreichend, wenn auch immer genügend Land vermessen wäre, so daß die Kolonisten, ohne lange umher zu liegen, auf ihr Land könnten gesetzt werden. Infolge der lotterigen Verwaltung ist auf den Staatskolonien hierin viel gesündigt worden. Nachdem das Parlament jetzt die Mittel zur Emanzipation der Staatskolonien bewilligt hat — erhebt sich die bisher ungelöste Frage, was denn in Zukunft aus den anlangenden Kolonisten werden soll? Wahrscheinlich wird aber mit Suspension des Pinto'schen Kontraktes auch die Einwanderung sehr zurückgehen, sofern nicht irgend wie andere neue Maßnahmen ergriffen werden.

Die gegenwärtige Einwanderung der Provinz besteht fast nur aus Italienern, welche für die Staatskolonien durch den Kontrakt Pinto eingeführt werden. Die wenigen deutschen Familien, welche meist der Aufforderung von Verwandten folgend, noch einwandern, werden auf den ehemaligen Provinzial=Kolonien untergebracht. Für sie ist somit vorläufig noch ausreichend gesorgt, und bei ausdauerndem Fleiße gehen sie einer günstigen Zukunft entgegen. Für die Aufnahme eines irgendwie größeren deutschen Einwanderungsstromes fehlen aber zur Zeit in Rio Grande die Bedingungen. Selbst die Aufnahme der Kolonisten im Einwanderungshause in Porto Alegre, einem schrecklichen, alten, baufälligen Kasten, und die Fürsorge für ihre Weiterbeförderung lassen noch viel zu wünschen übrig. Eine kürzlich in Porto Alegre gegründete Gesellschaft zum Schutz, resp. zur Unterstützung der Einwanderer leistete kaum nennenswertes, und scheint wieder eingeschlafen.

Die Einwanderung spielt überhaupt in Brasilien bis jetzt eine sehr untergeordnete Rolle, und wenn auch der hochgebildete, wahrhaft edle Kaiser Dom Pedro II. der Einwanderungsfrage sein volles Interesse entgegen bringt und vereinzelte Staatsmänner, wie Taunay, Avila, Silveira Martins u. A. die Tragweite derselben zu würdigen wissen und es anerkannt haben, daß die deutsche Einwanderung von allen dem Lande die reichsten Früchte getragen, so stehen sie damit der großen in Nativismus befangenen und in Parteiinteressen sich erschöpfenden Masse der Politiker gegenüber doch ganz isoliert, insofern diese sich für Einwanderung nur soweit erwärmen, als ihnen ein unbestimmtes Gefühl sagt, daß ein zivilisierter Staat in Amerika auch seine Einwanderung haben müsse. So ist denn die Einwanderungsfrage in Brasilien weit davon entfernt, im Vordergrunde des Interesses zu stehen, und trotz enormer, aber ungeschickt angewandter Summen ist wenig erzielt. Brasilien hat in den letzten Jahren durchschnittlich zwischen 20—30,000 Einwanderer erhalten. Das ist herzlich wenig, da Brasilien 100,000 Einwanderer pro Jahr aufnehmen könnte und müßte, wenn das Verhältnis zur Bevölkerung ein ähnliches sein sollte, wie in Nordamerika. Selbst das an Einwohnerzahl hinter Brasilien um das 4fache zurückstehende Argentinien hat mehr, ja jetzt doppelt soviel Einwanderer als Brasilien. Die Zahl der Einwanderer war in Argentinien im Jahre 1881 32,817, im Jahre 1882 aber 51,503, und was dabei noch am bemerkenswertesten ist, diese Einwanderer waren größtenteils Ackerbauer, die sich nach dem Innern des Landes begaben. Von den 28,532 Einwanderern, welche 1881 in Rio de Janeiro ankamen, und von denen die Hälfte aus Portugiesen bestand, blieben mehr als 19,000 in Rio de Janeiro, nur der Rest verteilte sich über das Land. Also kaum $\frac{1}{8}$ dieser an sich so kleinen Summe kam dem Lande und seiner Steuerkraft zu gute! Während somit in Argentinien viel geschieht, um durch kräftige Einwanderung das Land zu heben, während man dort jeden gemeinnützigen Zweck, fördert, gleichviel ob durch Inländer oder Fremde werden in Brasilien die wichtigeren Stellen nach wie vor mit Günstlingen der herrschenden Partei besetzt und das Resultat ist Mißerfolg und Versumpfung. Statt mit allen Mitteln das Land einer großen Einwanderung zu öffnen, sieht der Brasilianer mit heimlichem Grauen die Zunahme der „Fremden" und sucht das zu große Anwachsen einer bestimmten Nationalität sogar durch besondere Bestimmungen in den Kontrakten behufs Einführung von Einwanderern zu verhindern. So lange ein solcher Geist weht, wird Brasilien seinen Krebsgang weiter gehen!

So ist denn zur Zeit die Einwanderungsfrage in Brasilien schlechter wie je geregelt. Speziell auch in Rio Grande liegen die Verhältnisse ungünstig, denn seit mehr als 2 Dezennien sind in der Provinz keine größeren Privatkolonien mehr gegründet worden. Andererseits sind die Provinzialkolonien seit 1881 emanzipiert, d. h. aufgehoben und ohne Direktion, während die Staatskolonien, soweit das nicht bereits geschehen, soeben emanzipiert werden. Kein Mensch von Ueberlegung und Gewissen kann eine solche Lage, ein solches Uebergangsstadium zur Basis einer Neubelebung der deutschen Einwanderung nach Rio Grande machen wollen. Denjenigen deutschen Einwanderern, welche jetzt noch anlangen, raten wir, in den Kolonien S. Lourenço, Teutonia, S. Angelo und in den am oberen Jacuhy verkäuflichen Privatländereien ihr Unterkommen zu suchen, wobei wir nicht unterlassen können, der uns oft gerühmten edlen und aufopfernden Thätigkeit des Herrn Baron von Kahlden in S. Angelo rühmend zu gedenken.

Kolonisten, welche über etwas Vermögen gebieten, werden zu einem zwischen 2000—8000 Mark variierendem Preise immer leicht innerhalb der bestehenden Ansiedelungen eine Kolonie ankaufen können oder resp. eine halbe. Im Interesse dieser Leute ist es sehr zu bedauern, daß nicht in Porto Alegre eine Gesellschaft besteht, welche sich mit An- und Verkauf von Ländereien oder der Vermittlung solcher befaßt.

Es besteht zwar in Porto Alegre ein Zweigverein des Berliner Handelsgeographischen Vereines, allein die wenigen Männer, denen es Ernst ist um die Einwanderung, sind mit Geschäften anderer Art schon reichlich überhäuft. Eine Gesellschaft aber, welche Einwanderern Land verkaufen oder günstige Käufe vermitteln könnte, würde einem großen Bedürfnisse entsprechen, sofern ihre Firma die Garantie für die Rechtmäßigkeit des Titels übernehmen würde. Auch im Interesse des hiesigen Deutschtumes wäre eine solche Gesellschaft eine Errungenschaft, insofern sie unter die hier geborenen und in ihren Sitten- und Charaktereigentümlichkeiten vielfach etwas demoralisierten Deutschbrasilianer einen tüchtigen Nachschub deutscher Landwirte hineinpfropfen würde. Erfahrenen und intelligenten deutschen Landwirten, welche nicht auf das Niveau hiesiger Landwirtschaft hinabsteigen, sondern von den Errungenschaften der Neuzeit zu ihrem Vorteile Gebrauch machen wollen, steht in Rio Grande ein reiches und gewinnverheißendes Feld der Thätigkeit offen.

Zum Schluße dieses Abschnittes sei dem Verfasser noch ein Wort über seine Stellung zur Einwanderungsfrage gestattet. Diese Erörterungen enthalten Vieles, was nicht nach jedermanns Geschmack sein mag und von den Feinden Brasiliens als willkommene Waffe benutzt werden könnte, zu denen uns zu rechnen vielleicht einer oder der andere sich könnte beifallen lassen. Deshalb sei gegen eine solche Auffassung hier bereits Protest erhoben. Mit den „Feinden Brasiliens" haben wir nur die Anerkennung der Mißstände gemein; — während dann aber jene sich von der südamerikanischen Monarchie als von einem hoffnungslos verlorenen Staate abwenden — glauben wir, die wir Freunde und, wie der Verfasser dieses, auch Bürger des Kaiserreiches sind, an seine Zukunft, glauben und wünschen wir, daß die deutsche Einwanderung nach Südbrasilien in ein neues großartigeres Stadium zu treten berufen ist. Eine solche Wendung würde ebenso sehr den Interessen Brasiliens, wie jenen Deutschlands entsprechen. Für sie Propaganda zu machen, ist ein Zweck dieses Büchleins, und gewiß entspricht diesem Zwecke weniger eine schüchterne Vertuschung der Mißstände, als eine ungeschminkte Darstellung der Sachlage. Wenn diese zur Zeit für die deutsche Einwanderung nicht günstig ist, so sind doch alle Bedingungen gegeben, um eine neue brillante Aera der Kolonisation zu gestatten, sei es durch Initiative des brasilianischen Staates, sei es durch große reiche Kolonisationsgesellschaften. Letzterer Modus wäre unbedingt vorzuziehen. Die brasilianische Regierung hat seit vielen Jahren zu sehr ihre Unfähigkeit bewiesen, in Sachen der Kolonisation und Einwanderung Tüchtiges und Dauerhaftes zu leisten. Das aber muß fest stehen, daß einer Neubelebung der deutschen Auswanderung nach Südbrasilien nicht irgend ein neuer Mißgriff brasilianischer Kolonisationsthätigkeit als Grundlage dienen kann. Wir wenigstens werden niemals einer auch noch so glänzenden Kolonisations-Unternehmung das Wort reden, welche nicht Garantien für eine stetige Weiterentwickelung enthält. Solche Garantien aber bietet kein Erlaß der brasilianischen Regierung, kein Beschluß des Parlamentes oder eines Provinzial-Landtages, denn jeder der häufigen Ministerwechsel kann eine Aenderung herbeiführen, selbst wenn, was nicht mehr für lange zu erwarten steht, die liberale Partei noch am Ruder bleibt. Garantien, wie wir sie verlangen, geben nur

Kontrakte der Regierung, sei es mit dem deutschen Reiche, sei es mit großen Kolonisations= oder Eisenbahnbau=Gesellschaften. Wir hoffen, daß derartige Gesellschaften entstehen, und daß man in Deutschland wie in Rio de Janeiro den Nutzen begreifen möge, den eine Neubelebung der deutschen Auswanderung nach Südbrasilien für beide Teile haben muß. Bei dem gesteigerten Interesse, welches jetzt in Deutschland für alle Fragen der Auswanderung und Kolonisation herrscht, liegt es wohl im Bereiche der Möglichkeit, daß schon die nächsten Jahre uns solche Aenderungen bringen. Wenn das geschieht, wenn durch geeignete Verträge vor allem stetige Bedingungen für die deutsche Kolonisation in Rio Grande geschaffen werden, dann mögen sie Alle kommen, welche es trotz allen Fleißes in Deutschland nicht zu sorgenfreier Existenz und zu schuldenfreiem Grundbesitze bringen können, und der gastliche Boden der herrlichen Provinz Rio Grande wird ihnen ebenso sicher eine gesegnete neue Heimat werden, wie er es schon so vielen Tausenden deutscher Landsleute geworden ist.

XII.

Geschichte der Provinz und ihrer Kolonisation.

Das Gebiet der Provinz ist niemals als Lehn ausgegeben, sondern unter der Bezeichnung einer Capitania d'El Rey als Kronland angesehen worden. 1807 wurde Rio Grande zur selbständigen General-Capitania erhoben, zu welcher bis zum Jahre 1812 auch das Gebiet der Provinz St. Catharina gehörte. Die ersten Niederlassungen wurden zu Ende des 17. Jahrhunderts von Norden her gegründet, und gaben im weiteren Vordringen gegen Süden den Anlaß zu langwierigen Grenzstreitigkeiten zwischen Spaniern und Portugiesen, welche zwar 1817 zur Annektierung der „Colonia do Sakramento" oder des Estado oriental durch Brasilien führten, aber erst 1828 mit dem Wiederverluste dieser „Provincia cisplatina" ihr Ende erreichten. Für die ruhige Weiterentwickelung Brasiliens war dieses Resultat nicht zu bedauern. Ist doch der Estado oriental bis auf den heutigen Tag stets nur ein Herd von Revolutionen oder die beklagenswerte Beute eines wüsten Militär-Despotismus gewesen. Seit dem Jahre 1828 besteht über die Grenzen von Rio Grande keine Meinungsverschiedenheit mehr, denn die Ansprüche, welche Argentinien auf einen Teil von Südbrasilien erhebt, beziehen sich nicht auf Rio Grande, sondern auf einen Teil des

Hochlandes der Provinz Paraná, indem angeblich der Chapecó der wahre Grenzfluß, also der Pepery guassú wäre.

Während der Westen der Provinz durch die Niederlassungen der Jesuiten, welche dort ihre 7 Missionen gegründet hatten, — die älteste ist die 1627 gegründete Reduktion S. Nicolao, — von deren einstiger Blüte noch zahlreiche massive Bauten Zeugnis ablegen, sich zeitig einer Kulturentfaltung entgegengeführt sah, deren Höhe von neuem zu erreichen erst einer kommenden Kolonisationsaera vorbehalten sein kann — knüpft die Begründung der wichtigsten Niederlassungen in der Nähe der Küste an die Einwanderung von Bauern von den Azoren an. Diese, durch Hungersnot von dort vertrieben, legten 1737 den Grund zur heutigen Stadt Rio Grande und gründeten 1742 auch Porto Alegre.

Von da an entwickelte sich Rio Grande immer mehr zu einer der wichtigsten Provinzen des Kaiserreiches. 1801 wurde durch einen kühnen Ueberfall das Gebiet der Mission für Portugal, resp. Brasilien erobert. Die Unabhängigkeitserklärung Brasiliens durch Dom Pedro I. am 7. September 1822 fand in Rio Grande die wärmste Aufnahme. Wenige Jahre später freilich brachte Rio Grande das junge, 1825 auch von Portugal anerkannte Kaiserreich in neue Verlegenheit durch die 1835 ausgebrochene Revolution der Provinz, welche erst 1844 ihr Ende erreichte. Dieser verderbliche Bürgerkrieg, hauptsächlich durch einen Konflikt zwischen der Assemblea provincial und dem Präsidenten der Provinz verursacht, bildet durch seine vielerlei denkwürdigen Zwischenfälle, das Eingreifen Garibaldi's in die Kämpfe und die 1837 erfolgte Proklamierung Rio Grandes zur Republik,

einen Gegenstand der Bewunderung und patriotischen
Stolzes für die zahlreichen Republikaner, zumal der
jüngeren Generation, der Provinz. Es läßt sich
freilich nicht verkennen, daß Rio Grande Grund
genug hatte zur beabsichtigten Losreißung vom
Kaiserreiche, welches dasselbe durch unerhört hohe
Steuern schamlos ausbeutete, ohne irgend Nennenswertes dagegen zu leisten. Für die wirtschaftliche
Entwickelung Rio Grandes bezeichnen diese Jahre des
Bürgerkrieges ebenso viele Jahre des Stillstandes und
Rückschrittes. Kaum hatte die Provinz diese Schreckens-
zeit überwunden, so sah sie sich durch den Krieg Brasiliens gegen die benachbarte Republik Argentinien,
bedingt durch die Willkür-Wirtschaft des argentinischen
Tyrannen Rosas, 1850—1852 von neuem in ihrer
ruhigen Entwickelung gehemmt, und auch der Krieg,
welchen Brasilien im Bunde mit Argentinien und
Uruguay von 1865—1870 gegen den am 1. März
1870 getöteten unmenschlichen Tyrannen Lopez von
Paraguay führte, kostete der Provinz größere Opfer
an Gut und Blut, wie irgend einer anderen Provinz.

Die Geschichte der deutschen Einwanderung nach
Rio Grande ist mit den eben in kurzen Zügen
skizzierten äußeren Ereignissen auf das Innigste verknüpft. Der Urheber derselben war der mit einer
deutschen Fürstentochter, der Erbherzogin Maria Leo-
poldine von Oesterreich, vermählte Kaiser Dom Pedro I.
Nachdem bereits mehrere andere Kolonisationsver-
suche im mittleren Brasilien vorausgegangen, schritt er
mit der Anlegung der Kolonie S. Leopoldo in Rio
Grande zu dem ersten größeren und vom besten Erfolg gekrönten Kolonisations-Unternehmen. Im Jahre
1824 langten in Porto Alegre nach langer Seefahrt
die ersten deutschen Kolonisten an, 126 Köpfe an Zahl,

denen in der Nähe der heutigen Stadt S. Leopoldo, auf der ehemaligen kaiserlichen Domäne Feitoria velha, einem bis dahin zur Produktion von Hanf für die kaiserliche Marine bestimmten Gute, Kolonielose als Wohnort und Eigentum angewiesen wurden. Die Engagierung dieser Kolonisten besorgte ein Bremer Major von Schäffer, welcher gleichzeitig auch Soldaten für deutsch-brasilianische Fremden-Bataillone anzuwerben hatte. Diese Soldaten verblieben nach der 1828 erfolgten Auflösung beider Bataillone zumeist als Kolonisten in Brasilien. Den ersten 26 Familien des Jahres 1824 folgten weitere in den nächsten Jahren, so daß bis Ende 1830 im ganzen 4856 Personen aus Deutschland eingewandert waren. Diese Zahl wurde zunächst noch durch abgedankte Soldaten vermehrt, sowie durch weitere Zuzüge von Kolonisten. Die Zahl der eingewanderten Kolonisten hatte sich bis Ende 1853 auf 7492 Individuen erhoben. Die gesamte Bevölkerung der Kolonie S. Leopoldo betrug indessen bereits 11,172 Seelen.

Im Jahre 1826 begründete die Regierung zwei weitere Kolonien in Rio Grande, nämlich Tres Forquilhas und Torres, beide im äußersten Nordosten der Provinz. Die Regierung siedelte von den ersten 90 dahin gesandten deutschen Familien die Protestanten in Tres Forquilhas, die Katholiken in Torres an. 1866 belief sich die Bevölkerung von Tres Forquilhas auf 80 Familien mit 700 Seelen, jene von Torres auf 511 Seelen. Bei der Ankunft Tausender von Einwanderern erwies sich das Gebiet der Faktorei der Linha Canhamo, d. h. der beiden Domänen Feitoria velha und Estancia velha, natürlich rasch als unzureichend, und man griff weiter nach Norden zu unbewohnten Waldländereien. Bei diesem Vordringen, zunächst also bei der Anlage der Pikaden Berghahner-Schneiz, 48. Schneiz und Hortencio vergab die Regierung vielfach Land, welches, wie sich später erwies, ihr nicht gehörte, und gab damit Anlaß zu vielen langwierigen und kostspieligen Prozessen. Erst 1863 entsandte sie auf Anregung des preußischen Gesandten, Herren von Eichmann, welcher durch den Besuch der Kolonien sich ein eigenes Urteil hatte bilden können, eine Spezial-Kommission, welche diesen unleidlichen Zuständen im wesentlichen ein Ziel setzte durch genauere Vermessung und gerichtliche Feststellung der Grenzen der einzelnen Kolonielose.

Die zum Teil durch die Anlage der Kolonie S. Leopoldo in ihrem Grundbesitz geschädigten brasilianischen Landeigentümer sahen mit unverhohlener Mißgunst die Ausbreitung der deutschen Niederlassungen und intriguierten nach Kräften gegen die Weiterführung derselben, wobei auch sehr bald der Gesichtspunkt betont wurde, daß eine massenhafte Ansiedelung von Fremden zu einer Gefahr für die politische Suprematie der einheimischen Bevölkerung werden könne, weshalb denn auch in späteren Jahren die neuen Kolonien möglichst von den älteren entfernt angelegt wurden. Rechnet man zu diesen ungünstigen Momenten noch die politischen Wirren, welche, zumal durch die Agitation der republikanischen Partei bedingt, die junge Monarchie von einem Ende bis zum anderen erschütterten, und welche 1831 den Kaiser Dom Pedro I. zur Abdankung und zur Uebertragung der Herrschaft an seinen 1841 zum Kaiser gekrönten Sohn Dom Pedro II. nötigten, zieht man endlich auch die reaktionären Bestrebungen der jeder Kolonisation abholden mächtigen Pflanzer-Aristokratie in betracht, so wird man leicht begreifen, daß der Kaiser

Dom Pedro I. gegen seine bessere Ueberzeugung und
trotz seines aufrichtigen Wohlwollens für die deutsche
Einwanderung dem Gesetze vom 15. Dezember 1830
die Sanktion nicht verweigern konnte, durch welches
der Regierung jedwede Ausgabe für fremde Einwanderung und Kolonisation untersagt wurde.

Mehr noch, als durch dieses unverständige Gesetz,
welches wohl den ersten begründeten Anhalt zu dem
vielfach unberechtigten Mißtrauen gab, mit dem man
bis auf den heutigen Tag in Regierungskreisen in
Deutschland die Auswanderung nach Brasilien betrachtet, wurde die deutsche Kolonisation gehemmt
durch die im Oktober 1834 eingeleitete Revolution
von Rio Grande, welche von 1835 an, wo sie größere
Dimensionen annahm, 9 volle Jahre hindurch den
Wohlstand und die Entwickelung der Provinz schwer
schädigte, und reich ist an barbarischen Szenen, wie
sie nur ein Bürgerkrieg in halbzivilisierten Ländern
aufweisen kann. Die Deutschen, denen man anfangs
von beiden Seiten Neutralität angeboten und garan-
tiert hatte, wurden, je mehr geordnete Zustände un-
berechenbaren Wechselfällen und voller Willkür-Wirtschaft Platz machten, immer mehr in den Strudel
der Ereignisse hineingezogen. Ein Teil von ihnen,
wesentlich aus Protestanten bestehend, hielt sich, um
ihren Kommandanten, den Obersten Dr. Hildebrand,
geschart, zur legalen oder kaiserlichen Partei, indes
die Uebrigen, meist aus Katholiken bestehend, den
protestantischen Pfarrer Klingelhöfer mit seinem
tapferen Sohne Hermann (Germano) in ihrer Mitte,
der Revolution anhingen. Manch wackerer Kolonist
büßte Heb und Gut ein, mancher auch fand den Tod
oft unter grausamster Tortur, und noch als die Revolution schon beendet war, und der Kaiser Dom Pedro II.

1844 eine allgemeine Amnestie erlassen hatte, suchte man die Deutschen ihres Verhaltens in der Revolution wegen als Feinde Brasiliens zu verdächtigen, und wenn die noch schwache deutsche Kolonie auch diese Jahre schwerer Prüfung relativ leicht überwand, so war das wesentlich den humanen Bemühungen eines edlen Menschenfreundes, eines deutschen Arztes, des schon erwähnten Coronel Hildebrand, zu danken, welcher als Befehlshaber des Distriktes von S. Leopoldo der kaiserlichen Regierung große Dienste geleistet hatte und sein ganzes Ansehen und seinen Einfluß für seine teilweise kompromittierten Landsleute mit Erfolg geltend machte. Nächst Herrn von Koseritz dankt das riograndenser-deutsche Element keinem Manne für die Erringung seiner heutigen Stellung so viel, als ihm. Als nach Beendigung der Revolution neue Nachschube von Kolonisten erfolgten, und die Kolonie eines Leiters bedurfte, wurde Hildebrand zum Direktor der Kolonie und 1848 zum General-Direktor aller Kolonien der Provinz ernannt, welchen Posten er bis zum Jahre 1854 einnahm, also bis zur Emanzipation der Staats-Kolonien und der Erhebung S. Leopoldo's zum Munizipium. Sämtliche Einwanderer bis zum Jahre 1854, in welchem das neue Landgesetz vom 18. September 1850, welches Landschenkungen untersagte, in Kraft trat, haben ihre Landkonzessionen von 160,000 Quadrat-Brassen geschenkt erhalten. Die Ausgaben, welche die Regierung für Transport, Landvermessungen und Geldunterstützungen für die Kolonie S. Leopoldo gemacht hat, übersteigen nicht 500 Contos de Reis.

Eine neue Periode für die Einwanderung der Provinz begann im Jahre 1848, als die Assemblea provincial den Beschluß faßte, auf eigene Rechnung Kolonien anzulegen. Die erste, zu deren Gründung man schritt, war die Kolonie St. Cruz. Es war am 19. Dezember 1849, als die ersten Kolonisten, nur 13 Personen an Zahl, an dem Orte ihrer Bestimmung anlangten. Im nächsten Jahre wurden ihnen weitere 76 Einwanderer zugesellt, denen sich noch 30 Söhne alter Kolonisten von S. Leopoldo anschlossen. Das war der bescheidene Anfang der Kolonie St. Cruz, welche seit 1878 emanzipiert und zum Munizip erhoben, besonders infolge ihrer geschickten Leitung durch die ehemaligen Kolonie-Direktoren und Ingenieure, W. Bartholmay und C. Trein, mit den nächstliegenden Kolonien vereint, gegenwärtig das blühendste und bestverwaltete Munizip der Provinz darstellt, so recht im Gegensatze zum Munizip von S. Leopoldo, dessen Verkehrsmittel vernachlässigt, weil bis 1880 die Leitung desselben in Händen einer gewissenlosen Clique lag, welche den Schweiß des Volkes nur für ihre Taschen nutzbar zu machen verstand.

Der Begründung von St. Cruz folgte die Anlage verschiedener anderer Provinzial-Kolonien, und zwar zunächst 1857 von St. Angelo, westwärts von Cachoeira, und von Neu-Petropolis, sowie 1859 von Mont Alverne, nördlich von St. Cruz. Diese Kolonien blüten, da ihnen geeignete Persönlichkeiten, wie die Herren, Baron von Kahlden für St. Angelo, A. W. Sellin und Heinssen für Neu-Petropolis, zu Direktoren bestellt wurden, relativ gut, teilweise sogar vortrefflich auf. Für diese Erfolge war es namentlich von Bedeutung, daß die Provinzial-Regierung 1854 auf grund der durch das Landgesetz veränderten Lage die Grundzüge des künftigen Kolonisations-Systemes in verständiger Weise zog. (Gesetz Nr. 304 vom 30. November 1854). Die Landschenkungen hörten auf, und an Stelle des oft sehr schlecht gelegenen verschenkbaren Landes traten vorzügliche und passend situierte Ländereien, welche die Provinz ankaufte und in Kolonielosen von 100,000 Quadrat-Brassen zu mäßigem Preise und auf längere Frist den Kolonisten verkaufte. Die Zahl der für Rechnung der Provinzial-Regierung eingeführten, resp. auf den Provinzial-Kolonien angesiedelten Kolonisten belief sich von 1857—1867 auf 8,417, die zum bei weitem größten Teile Deutsche waren.

Gleichzeitig mit der Kolonisation der Provinz hatte auch die Privatkolonisation zur Besiedelung des Urwaldgürtels der Provinz beigetragen. Es entstanden eine größere Anzahl von Privatkolonien, welche zum Teil nur wenig Bewohner erhielten, zum Teil auch ein verhältnismäßig rasches Wachstum hatten. Die bedeutendsten derselben sind Mundo novo am oberen Rio dos Sinos, 1850 von dem Kaufmanne und Landspekulanten Tristão José Monteiro gegründet, mit jetzt ca. 3000 Bewohnern; die Kolonie Teutonia zwischen Taquary und Cahy mit ungefähr eben so viel Einwohnern, 1858 von deutschen Kaufleuten in Porto Alegre gegründet, und endlich die 1858 von Jakob Rheingantz unweit Pelotas an der Serra dos Taipes angelegte Kolonie S. Lourenço, mit gegenwärtig 7000 Seelen. Die Preise für die Kolonielose bewegen sich im allgemeinen zwischen 300—1000 Milreis. Die Kolonie St. Cruz wurde 1878 emanzipiert, die übrigen in völlig überstürzter Weise 1881. Seitdem gibt es keine Provinzial-Kolonien mehr.

Eine dritte Periode in der Kolonisation der Provinz bezeichnet die Wiederaufnahme der Gründung von Kolonien durch den Staat. Die Zentral-Regierung schloß nämlich mit Caëtano Pinto 1874 einen Kontrakt behufs Einführung von 100,000 Kolonisten.

Durch diesen Kontrakt wurde die Ausführung eines anderen verhindert, welchen die Provinzial-Regierung 1872 mit Holzweißig und Pinto unter weit günstigeren Auspizien, aber mit geringerer Unterstützung behufs Einführung von 40,000 deutschen Kolonisten abgeschlossen hatte. Caëtano Pinto führte an Einwanderern zu, was zur Verfügung stand, und zwar waren es zumeist Italiener, welche er einführte, unter denen sich zahlreiche sehr wenig brauchbare Elemente befanden. Zur Unterbringung derselben übernahm die Zentral-Regierung zunächst die 1857 als Privatkolonie entstandene Kolonie St. Maria da Soledade, welche aber 1876 emanzipiert wurde, und gründete dann weiterhin in deren Nähe auf dem Hochlande der Provinz zwischen den Flüssen Cahy und Taquary die als solche noch bestehenden Staatskolonien Conde d'Eu, Donna Jzabel und Caxias (Bugres-Camp), sowie ferner in der Nähe von St. Maria da Boca do Monte die Kolonie Silveira Martins. Die Bedingungen für die Ansiedelung auf den genannten Staatsländereien waren laut Gesetz Nr. 3784 vom 19. Januar 1867 folgende: Der Einwanderer wird im Ausschiffungshafen auf Regierungskosten verpflegt und gleichfalls auf Regierungskosten nach der Kolonie befördert. Dort erhält er Beköstigung und Unterkunft, bis ihm sein Kolonieplatz mit bereits aufgehauener Roça und fertiger Hütte, sowie Handwerkszeug, Sämereien und ein Geldgeschenk von 50 Milreis übergeben ist, und darf er dann noch 3 Monate im Tagelohn an den Straßen der Kolonie, welche die Regierung bauen läßt, arbeiten. Die Kolonielose enthalten auf den Staatskolonien 60, 30 oder 15 Hektaren, und die Landpreise werden daselbst mit 4,200 Reis bis 16,800 Reis pro Hektar berechnet, zahlbar in 4 jährlichen Raten, von welchen die erste 2 Jahre nach der Besitzergreifung fällig ist.

Diese Vergünstigungen, welche zum Teil viel mehr bieten, als man billiger Weise verlangen kann, und daher auch schon wieder teilweise aufgehoben wurden, indem seit 1880 die Geldgeschenke ꝛc. weggefallen sind, erweisen sich nun in Wahrheit bei weitem nicht so glänzend, als es auf den ersten Blick scheinen mag. Alle die Auslagen, welche die Regierung für den Kolonisten bestreitet, werden nämlich demselben angeschrieben, und er hat sie später mit alleiniger Ausnahme des Geldgeschenkes, zurückzuerstatten. Dabei sind, wenn er endlich am Ziele der Wanderung anlangt, oft die Vorbereitungen zu seiner Unterbringung nicht beendet, er muß wochen-, wenn nicht monatelang bei oft unzureichender Verpflegung im Depot bleiben, verzehrt nicht nur das Geldgeschenk, sondern verkauft endlich auch Sämereien, Gerät ꝛc. aus Not und sieht sich somit beim Beginn der Arbeit bereits von einer unverhältnismäßigen Schuldenlast bedrängt. Dazu kommt die häufig wechselnde Verwaltung der Kolonien durch junge unerfahrene Ingenieure aus Rio de Janeiro, die an Unverschämtheit und zügellosem Lebenswandel oft Unglaubliches leisteten, das unregelmäßige Einlaufen der von der Regierung für Straßenbau und Löhne geschuldeten Gelder. Nicht genug damit, sind die meisten dieser Staatsländereien so ungünstig weit abseits von allem Verkehr gelegen, daß die gewonnenen Produkte nur ganz ungenügend verwertet werden können. Nachdem bereits Millionen und aber Millionen für die Staatskolonien auf dem Hochlande verausgabt worden, hält man noch immer die Summe von 700 Contos für das Mindeste, was noch für Wegebauten erforderlich ist, um nur die für den Absatz unumgänglich erforderlichen Straßen fertig zu stellen. Und doch kann erst eine passend angelegte Eisenbahn, resp. eine Zweiglinie der verlängerten Taquary=Bahn das Unrecht wieder gut machen, welches die Regierung beging durch Anlage von Kolonien an Plätzen, an denen infolge ungünstiger Kommunikationen die Bedingungen für ein entsprechendes Emporkommen auch den fleißigsten Kolonisten fehlen. Es ist unglaublich, mit welcher Gewissenlosigkeit in Brasilien die Beamten die Regierung betrügen, und Staatsgelder vergeuden. Allein in den Jahren 1875—79 hat die Regierung mit Einwanderung und Kolonisation die Summe von 25,792,000 Milreis (ca. 50 Millionen Mark) ausgegeben. Und dabei hatte beispielsweise die Kolonie Caxias in den 6 Jahren ihres Bestehens 13 Direktoren, von denen immer einer so wenig wert war, wie der andere! Die Provinzial=Kolonien aber mit ihren deutschen Feldmessern als Direktoren leisteten mit der Gesamtausgabe von 800 Contos mehr Ersprießliches, als der Staat mit seinen so schlecht angelegten immens teueren Staatskolonien. Relativ am günstigsten sind noch die Kolonien Conde d'Eu und Silveira Martins daran, von denen erstere gegenwärtig 5,400, letztere 2,500 Bewohner zählt. Dieselben bestehen, wie auch die zu 6,300 Seelen angegebene Bevölkerung von Caxias und die 6,200 Einwohner von Donna Izabel wesentlich aus Italienern und Welschtirolern, doch befinden sich auch Polen, Franzosen, Böhmen und Deutsche darunter. Letztere sind allerdings nur in sehr geringer Zahl darunter vertreten, und manche, welche trotz aller verständigen Vorstellungen durch das Geldgeschenk und die Versprechungen sich zur Ansiedelung auf Staats=Kolonien haben verleiten lassen, konnten es nur kurze Zeit unter dieser welschen Bevölkerung aushalten und zogen wieder ab, gewitzigt, aber ärmer, als sie kamen. Relativ viele Deutsche befinden sich auf Conde d'Eu, in den Pikaden Azevedo Castro und Boa vista. Die Provinz hat mit unvergleichlich geringeren Opfern sehr viel mehr geleistet, als die Zentral-Regierung mit ihren neueren Staatskolonien. Schwerlich dürfte sie nach diesen Erfahrungen so leicht wieder zur Anlage neuer Kolonien zu schreiten versucht sein.

Die Geschichte der Kolonisation der Provinz kann von uns nicht abgeschlossen werden, ohne zuvorige Würdigung noch eines Elementes der deutschen Einwanderung, welches weniger der Zahl nach, als seiner kulturhistorischen Mission wegen für das riograndenser Deutschtum von Bedeutung war, indem es gewissermaßen zum „Sauerteige" desselben wurde. Es sind die „Brummer", auf die sich dieß bezieht, die abgedankten Soldaten der zweiten deutschen Fremdenlegion, welche Brasilien 1850—51, als es im Kampfe lag mit dem argentinischen Diktator Rosas, anwerben ließ. Die Legion bestand aus einem Regiment reitender Artillerie und einem Bataillon Infanterie. Der Kommandeur der ersteren war der Obristlieutenant von Held, derjenige der Infanterie Obristlieutenant von der Heidt. Unter den Leuten des ca. 1500 Mann starken Truppenkörpers befanden sich außer vielen durch Abschluß des schleswig-holsteinischen Krieges entbehrlich gewordenen Soldaten oder politischen Flüchtlingen der Jahre 1848—49, wie z. B. Herrn C. v. Koseritz, auch viele Soldaten, welche 1846 in Polen gefochten hatten. Dort nannten die preußischen Soldaten die großen Kupfermünzen Brummer, und als sie hier ähnliche fanden, behielten sie diesen Ausdruck bei, der dann später auf diejenigen überging, welche ihn eingeführt hatten. Nach erfolgter Auflösung der Legion blieben diese Brummer größtenteils in Rio Grande, wo sie teils als Bauern oder Handwerker, größtenteils aber auch als Schullehrer, Feldmesser, Kaufleute u. s. w. thätig waren. Viele von ihnen, durch lange Jahre eines abenteuerlichen Lebens verdorben, gingen am Trunk zu Grunde, während wieder andere sich zu angesehenen Stellungen empor arbeiteten, in denen sie dem ganzen Deutschtume der Provinz von großem Nutzen wurden. Zu den letzteren gehören auch die Herren Carl von Koseritz und der deutsche Konsul und Direktor der Provinzial-Bank, W. ter Brüggen.

Sollen wir die Resultate der bisherigen Kolonisation von Rio Grande und die Folgerungen, welche sich daraus für künftige ähnliche Unternehmungen ableiten lassen, in Folgendem zusammenfassen, so ist zunächst zu betonen, daß von allen bisher in betracht gezogenen nationalen Elementen dasjenige, welches sich in Rio Grande am besten bewährt hat, ja das einzige, über dessen Erfolge es keinerlei Meinungsverschiedenheiten geben kann, das deutsche ist. Das haben zu ihrem Schaden die Begründer der 1850 in der Nähe von Pelotas mit Irländern angelegten und mißglückten beiden Kolonien Monte bonito und Pedro II. erfahren, und Enttäuschung und Verluste waren das einzige Resultat, welches die Regierung zu verzeichnen hatte, als sie 1867 auf die Idee verfiel, Nordamerikaner als Kolonisten zu engagieren, welche zum Teil nach Rio Grande befördert wurden und fast durchgängig als arbeitsscheue, anmaßende und für Ackerbaukolonien unbrauchbare Gesellen sich erwiesen. Nächst den Deutschen waren es bisher nur Italiener, aber nur die Norditaliener, nicht die Neapolitaner, welche durch Fleiß und große Genügsamkeit vorwärts kamen. Im übrigen kann erst die Zukunft erweisen, welche Entwickelung die Staatskolonien nach Einstellung der enormen Subsidien, also nach ihrer Emanzipation nehmen werden, und wie viele brauchbare und seßhaft bleibende Einwanderer sich unter ihnen befinden. Jedenfalls ist bisher die deutsche Einwanderung der Provinz die einzige, welche sich schon völlig und in jeder Richtung bewährt hat, und welche daher auch für alle weiteren eine günstige Entwickelung verheißenden größeren Kolonisations-Unternehmen der Provinz an erster Linie in betracht zu ziehen wäre.

Ein weiterer Erfahrungssatz ist der, daß die bunte Durcheinander-Mischung aller möglichen Nationalitäten, wie sie auf den Staatskolonien jetzt besteht, nicht taugt, und daß namentlich für die deutsche Kolonisation, sofern eine solche von Neuem in Gang kommen sollte, hinsichtlich der andern Nationalitäten von dem Besiedelungsdistrikte der deutschen Einwanderer Garantien geboten sein müssen. Ueberhaupt ist die Qualität der Einwanderer ein wichtiges Moment, und es hat der Kolonisation Brasiliens vielfach geschadet, daß diesem Gesichtspunkte nicht, soweit es möglich war, Rechnung getragen wurde.

Als eine andere bei den bisherigen Kolonisations-Leistungen Brasiliens gewonnene Erfahrung muß endlich noch die hinsichtlich der mehr oder minder weitgehenden ersten Unterstützung der Einwanderer gemachte besprochen werden. Von dem laisser faire, laisser aller der Nordamerikaner, welches sich darauf beschränkt, die Einwanderer gegen Schwindler zu schützen, und ihnen zuverlässige Ausweise über geeignete und billige Ländereien zur Verfügung zu stellen, und höchstens noch durch gesetzliche Bestimmungen ihren besonderen Fleiß anzuspornen oder zu belohnen — bis zu der väterlichen Fürsorge der brasilianischen

Regierung, welche, wenigstens bis vor Kurzem dem für die Staatskolonien bestimmten Einwanderer seine Hütte baute, ihm sogar das Waldland für die Pflanzung reinigte, ihm Sämereien und Werkzeug in die Hütte stellte und ihn endlich mit einem Geldgeschenke an seine Arbeit entließ, gibt es gar viele Mittelstufen. Auf den ersten Blick mag es scheinen, als sei die letztere Methode für das Gedeihen des Kolonisten unbedingt die sicherste Garantie. Und doch ist es ein Irrtum, von welchem nicht nur die brasilianische Regierung zurückgekommen, sondern über welchen auch unter allen denjenigen Deutschen, welche als Kolonie=Direktoren ɔc. lange Jahre hindurch Gelegenheit hatten, eigene Erfahrungen zu sammeln, nur eine Stimme herrscht. Die übertriebene Verhätschelung des Kolonisten frommt ihm wenig, schraubt seine Ansprüche immer höher und läßt ihn die Zeit der Sorgen, der Entbehrung und schweren Arbeit, welche in den ersten Jahren dem Kolonisten nirgends und niemals ganz erspart bleibt, nur um so schwerer überwinden. Es ist hinreichend, wenn der Kolonist gutes, richtig vermessenes und günstige Absatzbedingungen darbietendes Land zu mäßigem Preise überwiesen erhält. Nach langjährigen Erfahrungen konnte A. Jahn den Satz vertreten, „daß diejenigen Einwanderer fast immer die besten Kolonisten geworden sind, welche die wenigsten Vorschüsse und die geringste Nachhülfe von seiten der Regierung und Kolonie=Direktion erhielten". C. von Koseritz, W. Bartholmay u. A., welche seit langen Jahren praktisch mit der Leitung und den Bedingungen für das Prosperieren der Kolonien in Rio Grande vertraut sind, vertreten denselben Standpunkt. Was man daher für eine neue Aera der Kolonisation für die deutschen Einwanderer erwarten und verlangen kann, beschränkt sich auf Folgendes: Die Passage nach Brasilien muß durch freien, d. h. nicht zurückzuerstattenden Zuschuß der Regierung oder Gesellschaft ꝛc. womöglich derjenigen nach Nordamerika gleich gemacht werden, der Kolonist wird dann wie bisher innerhalb Brasiliens kostenfrei an seinen Bestimmungsort befördert und erhält gutes, sicher vermessenes und günstige Kommunikations-Verhältnisse aufweisendes Land zu mäßigem Preise auf mehrjährige Frist und anfangs unverzinslich überwiesen.

Gegenwärtig befindet sich Rio Grande in einer Pause seiner Kolonisationsthätigkeit, in einem Uebergangsstadium. Die Staatskolonien sollen binnen Kurzem emanzipiert werden und bieten ohnehin für deutsche Einwanderer kein geeignetes Feld. Die Provinzial-Kolonien sind seit 1881 sämtlich emanzipiert, d. h. also ohne Kolonie-Direktoren, und wenn auch im Budget für die Unterbringung, zumal deutscher Einwanderer auf ihnen vorläufig noch eine angemessene Summe ausgeworfen ist, so kann diese doch jedes Jahr hinwegfallen, wie denn auch das noch disponible Land beschränkt ist. Privatkolonien aber, welche über große Landgebiete verfügen könnten, gibt es nicht. Unter diesen Umständen kann man mittellosen deutschen Auswanderern gegenwärtig durchaus nicht zur Auswanderung nach Rio Grande raten. Die gegenwärtige Lage aber, das darf nicht verkannt werden, kann rasch wieder sich ändern und einer Situation weichen, welche für die deutsche Einwanderung ebenso günstige Bedingungen bietet, wie frühere Epochen. Es liegt vielerlei in der Luft. Die Munizipal-Kammer von Pelotas legt soeben eine neue Kolonie an, der die Elemente des Gedeihens nicht fehlen werden. Auch die Städte Rio Grande und Jaguarão beabsichtigen, Kolonien zu gründen. Aber alle diese, übrigens relativ kleinen Unternehmungen bieten keine Garantie für eine dauernde Unterbringung der anlangenden Kolonisten. Jeder neue Wechsel der Kammern ꝛc. kann ebenso zu einem System-Wechsel führen, wie die Abschaffung der Kolonisierung der Provinz durch die Provinzial-Assemblea von 1881. Noch weniger ist von der Zentral-Regierung nach dem bisherigen Schwanken die stetige Verfolgung einer verständigen Kolonisations-Politik zu erwarten. Garantien aber für einen langjährigen Fortbestand solcher Bedingungen muß man verlangen, welche zur Wiederaufnahme der Einwanderung nach Rio Grande ermuntern können. Solche Garantien aber können nur geboten werden, entweder durch die deutsche Reichsregierung mittelst eines Vertrages mit Brasilien, oder durch große Kolonisations-Gesellschaften, oder durch Gesellschaften, welche gegen günstige Konzessionen den Bau von Eisenbahnen übernehmen in Verbindung mit Kolonisation nach nordamerikanischem Muster.

Zur Erlangung solcher Garantien beitragen zu helfen sollte aber die Aufgabe der deutschen Reichsregierung und Volksvertretung sein. Deutschland und speziell Preußen hat bisher stets nur für die Schattenseiten brasilianischer Kolonisation Verständnis gehabt, es aber nie verstanden, die großen Interessen, welche Deutschland in Südbrasilien hat, zu hegen, oder auch nur zu würdigen. Am wirksamsten fand diese Brasilien feindliche Stimmung ihren Ausdruck in dem die Auswanderung nach Brasilien verhindernden Zirkular-Erlaß des preußischen Ministers von der Heydt vom 3. November 1859, durch welchen jede Agitation zu gunsten der Auswanderung nach Brasilien untersagt und die zur Uebersiedelung nach Rio Grande entschlossenen Auswanderer genötigt wurden, unter Vorspiegelung falscher Angaben ihren Weg über Antwerpen zu nehmen. Dieser von der Heydtsche Ministerial-Erlaß war die Frucht einer lange Jahre hindurch, zumal von dem brasilianischen (!) Generalkonsul J. J. Sturz betriebenen erbitterten Agitation gegen Brasilien, welche völlig ungerechter Weise Mißstände, welche im nördlichen Brasilien zu Tage getreten waren, auf die beiden Südprovinzen übertrug, denn die Halbpacht- oder Parceria-Verträge S. Paulo's haben im Süden nie bestanden. Trotzdem erneuerte die deutsche Reichsregierung 1872 diese „Warnung" auf Grund eines Berichtes des Kaiserl. deutschen Ministerresidenten am brasilianischen Hofe, Grafen Solms, welchen derselbe im April 1872 an das Reichs-Kanzleramt einsandte, nachdem er im März desselben Jahres zuerst den Boden Brasiliens betreten hatte! Uebrigens äußerte Graf Solms, dessen vorschnellen Bericht der erfahrene Avé-Lallemant einer vernichtenden Kritik unterzog, daß Rio Grande, wie er zugeben müsse, die einzige Provinz Brasiliens sei, „in der die deutschen Auswanderer möglicher Weise ein besseres Fortkommen finden können". Auch der in seinem Haß gegen Brasilien völlig verrannte Sturz machte hinsichtlich Rio Grandes eine Ausnahme.

Gegen das Auswanderungs-Verbot nach Brasilien haben die Deutschen von Südbrasilien verschiedentlich remonstriert. Die Aufhebung desselben erbaten vom norddeutschen Bunde 1867 Bewohner von St. Catharina und 1869 diejenigen von Rio Grande vergeblich. Im Jahre 1872 lag in der Sitzung vom 10. Mai dem deutschen Reichstage eine neue Petition von 2300

Deutschen der Provinz Rio Grande vor, welche trotz der günstigen Kommissions=Bericht=Erstattung Georg von Bunsens abgelehnt wurde. Was der deutsche Reichstag in jener Sitzung über Südbrasilien sündigte, kann man in der That nur mit R. Avé=Lallemant, „als das Unvollständigste, das Unbegründetste und Ungründlichste, was in der Angelegenheit geleistet werden konnte" bezeichnen. Verstieg sich doch der durch seine Geschichte der deutschen Einwanderung in Nordamerika rühmlichst bekannte Abgeordnete Fr. Kapp zu der Aeußerung: „Brasilien sei ein Land, welches ungefähr auf der Stufe stehe, wie Deutschland zur Zeit der Völkerwanderung". Kapp mußte es sich gefallen lassen, daß v. Bunsen ihm vorwarf, vollkommen sich widersprechende Dinge von Nord= und Südbrasilien zusammenzuwerfen. Wenn aber Männer, wie Fr. Kapp, welchen die Rücksicht auf ihren in weiten Kreisen geschätzten schriftstellerischen Namen eine gewissenhafte und unparteiische Prüfung des von ihnen behandelten Themas zur Pflicht hätte machen müssen, sich nicht scheuten, eine Sache zu verdammen, über welche sie sich nicht orientiert hatten, wie soll man sich da wundern, wenn der Abgeordnete Mosle die „elende Lage" von Kolonisten in Nordbrasilien als Beweismittel gegen Rio Grande benutzte, und ein anderer Deputierter, Herr Schmidt=Stettin, gar von einer „unerhörten Bauernfängerei" sprach, „die von Brasilien aus in Deutschland getrieben wird". Und das wagte gewissenloser Unverstand im Vertrauen auf die absichtlich und systematisch irregeleitete öffentliche Meinung getrost zu behaupten, trotzdem in deutschen Zeitungen selbst die einfache Anzeige der Beförderung von Auswanderern nach Brasilien zurückgewiesen wurde und noch wird, während alle größeren und geeigneten Blätter alltäglich von Anzeigen strotzen, welche ein glaubensseliges Publikum zur Auswanderung nach dem und dem Staate von Nordamerika ermuntern, wo die „billigsten und denkbar fruchtbarsten" Ländereien in Verbindung mit dem „besten Klima der Welt" eine glänzende Zukunft garantieren. Soll man sich da noch wundern, wenn die preußische Regierung dem unüberlegten und und jedenfalls unverantwortlichen Berichten ihres Gesandten Grafen Solms Glauben beimaß, welcher par distance einem on dit zufolge absprechend über die deutschen Kolonien Südbrasiliens aburteilt, indeß doch der preußische Gesandte Herr von Eichmann sich selbst bereits 1863 an Ort und Stelle über die Verhältnisse der deutschen Kolonisten unterrichtet, ihre günstige ökonomische Lage anerkannt und zur Sicherstellung der Besitztitel ihrer vielfach schlecht vermessenen Ländereien beigetragen hatte.

Wäre die deutsche Diplomatie stets durch Männer wie v. Eichmann, vertreten gewesen, welche neben offenem Blick für die Schäden brasilianischer Kolonisation und Verwaltung auch den ernsten Willen gehabt hätten, ihren Einfluß zur Hebung der Mißstände geltend zu machen, so wäre weder der von der Heydt'sche Erlaß noch in Kraft, noch auch der gegenwärtige Stillstand aller deutschen Einwanderung nach Rio Grande zu beklagen, zumal ja auch durch Abschließung der deutsch-brasilianischen Konsular-Konvention im Jahre 1882 die eigentliche Basis der von Solms'schen Argumentation endlich beseitigt wurde. Es wäre ebenso verkehrt, allen Gegnern der Einwanderung nach Brasilien unlautere und haltlose Motive beizumessen, als der brasilianischen Regierung den guten Willen und die

Opferbereitwilligkeit zur günstigen Regelung der Kolonisations=Angelegenheiten abzusprechen, — aber was auch von beiden Seiten gefehlt worden sein mag, sicher ist es jedenfalls, daß die Geschichte der deutschen überseeischen Beziehungen in betreff der wirtschaftlichen Politik und Kolonisation kein verworreneres nnd unerquicklicheres Blatt bietet, als dasjenige, welches die Stellung Deutschlands zur deutschen Kolonisation in Brasilien behandelt.

Eine letzte Petition der riograndenser Deutschen an den Reichstag im Jahre 1880 wurde durch die damals bereits eingeleiteten Verhandlungen, behufs Abschluß einer Konsular=Konvention gegenstandslos. Die deutsch=brasilianische Konsular=Konvention wurde 1881 abgeschlossen und genehmigt, das Auswanderungs=Verbot ist nach wie vor in Kraft. Schließlich ist die Aufrechterhaltung dieser an und für sich unbilligen Maßregel so lange nicht von wesentlicher Bedeutung, als Brasilien die Einwanderer, wie gegenwärtig, hernimmt, wo und wie es sie findet, statt wirksame Maßregeln zur Ermunterung der deutschen Einwanderung zu ergreifen, welche dem Lande die fleißigsten, ordentlichsten und strebsamsten Bürger zugeführt hat. Diesen Zustand zu ändern, Verhältnisse zu schaffen, welche für Jahre und Jahrzehnte hindurch einem nach Rio Grande geleiteten Auswanderungsstrome alle zum Vorwärtskommen erforderlichen Bedingungen garantieren — das liegt ebenso sehr im Interesse Brasiliens, wie Deutschlands. Man hat in den letzten Jahren begonnen in Deutschland einzusehen, daß die wirtschaftlichen Verhältnisse des Reiches zu einer Aenderung der überseeischen Politik drängen, daß die große Ueberproduktion und die scharfe Konkurrenz im Welthandel Deutschland zwingen, seiner Produktion weitere Absatzgebiete zu erschließen, und daß es für seinen Export nicht gleichgültig ist, ob der Auswanderstrom nach den Vereinigten Staaten geht, wo die Auswanderer zu Konkurrenten der deutschen Produktion werden, oder ob sie nach dem gemäßigten Südamerika sich wenden, wo sie Abnehmer deutscher Industrie-Erzeugnisse und Förderer des deutschen Export-Handels werden. Es ist möglich, daß, wenn dereinst in Deutschland Regierung und Volksvertretung diesen Fragen die volle Aufmerksamkeit zuwenden, welche sie verdienen, es noch gelingt, in der Südsee oder der malaiischen Inselwelt eine feste und passende Basis für künftige Kolonialpolitik und Kolonisation durch Verträge oder Ankauf Deutschland zu sichern, aber was zunächst doch auf keinen Fall versäumt werden sollte, ist das: **die Vorteile, welche Deutschland auf kommerziellem Gebiete bereits errungen hat, zu festigen und weiter zu entwickeln.** Dies aber gilt für kein Gebiet in dem Maße, wie für Rio Grande. Wenn schon die 30,000 Einwanderer, welche Deutschland im Laufe der Zeit nach Rio Grande entsandte, der vaterländischen Ausfuhr einen Markt zugeführt haben, welcher bereits jetzt für den deutschen Export wichtiger ist, als derjenige von ganz Australien und vor allem auch viel erweiterungsfähiger ist, wie viel mehr müßten sich diese Vorteile fühlbar machen, wenn das ganze gemäßigte Südamerika zum Ziel des deutschen Auswanderungsstromes gemacht würde.

Rio Grande vereinigt alle Vorteile, welche ein zur Auswanderung geeignetes Gebiet nur den deutschen

Emigranten bieten kann. Gesundes, mildes Klima, welches das ganze Jahr hindurch der Feldarbeit kein Ziel setzt, fruchtbarer Boden, dem je nach der Lage alle Produkte der gemäßigten und der warmen Zone können abgerungen werden, volle politische und religiöse Freiheit der Einwanderer, leidlich gute Organisation von Verwaltung und Rechtspflege, ein in vollster Entwickelung begriffenes großes Netz von Kommunikations-Mitteln, Sicherheit des Lebens und Eigentumes durch Fehlen aller wilden Indianerstämme — kurz, alle Bedingungen für eine glänzende neue Kolonisationsperiode sind vorhanden. Möchte es beiderseits nicht an gutem Willen fehlen, zur Herbeiführung der noch fehlenden Garantien für stetige Entwickelung neuer deutscher Kolonien. Wenn Deutschland mit der brasilianischen Regierung geeignete Verträge abschlösse, eine Dampferlinie nach Südbrasilien und eventuell auch eine oder mehrere größere Kolonisations-Gesellschaften subventionierte, so könnte es leicht seiner Industrie, seinem Exporthandel, seinem Kapital ein glänzendes zukunftsreiches Gebiet erobern und das mit geringen Opfern, wobei aber natürlich nur wirtschaftliche Erfolge im Auge zu behalten sind, und ängstlich alles zu vermeiden ist, was die leicht erregbare nationale Empfindlichkeit der Brasilianer verletzen könnte. Ein in rapider Entwickelung begriffenes Netz von Eisenbahnen wird von Süd nach Nord und von Ozean zu Ozean binnen kurzem das ganze bewohnte Südamerika überspinnen. Das ganze gemäßigte Südamerika geht einer großartigen Zukunft entgegen. Möchte deutschem Fleiß auch ferner die kulturhistorische Mission vorbehalten bleiben, die er in Rio Grande so glücklich erfüllt, möchte aber auch Deutschland die Aufgabe, die hier seiner harrt, würdigen und sich von akademischer Erörterung endlich zu praktischer Förderung seiner wichtigsten überseeischen Interessen emporschwingen!

XIII.

Münzen, Maße, Gewichte und Lebensmittelpreise.

Münzwesen. Das Münzsystem leidet in Brasilien, da man keine Metallwährung hat und die Einführung der Doppelwährung auch noch in weiter Ferne zu liegen scheint, sehr unter der Schwankung des Kurses (siehe darüber Seite 184). Die meist gebräuchliche Münze ist der Milreis (spr. Milrehs) = 1000 Reis. Man rechnet ihn bei kleineren Beträgen oft zu 2 Mark deutscher Reichswährung, bei jetzigem Kurs aber ist er nur Mark 1,70—1,80. Wenn diese Differenz für kleine Beträge unberücksichtigt bleiben kann, so ist sie für größere Summen enorm. Man nennt in Brasilien die Summe von 1000 Milreis oder 1,000,000 Reis = 1 Conto oder 1 Conto de Reis. Dieses entspricht nun bei einem

Kurs von 24 = 2000 Mark
„   „   22 = 1835   „
„   „   21 = 1751   „

Der Kurs schwankt in letzterer Zeit zwischen 21—22. Man hat Scheine von 500 Reis, 1—2—5—10 bis 50—100—200—500—1000 Milreis Wert. Man hat Kupfermünzen von 10—20 und 40 Reis und Nickelstücke von 100 (= 1 Tustão) und von 200 Reis. Die Kupfermünze von 20 Reis heißt

Münzen, Maße, Gewichte und Lebensmittelpreise.

Vintem (spr. Vinteng). Man rechnet auch nach Patacas à 320 Reis und Cruzados à 400 Reis, obwohl es jetzt keine solchen Münzstücke gibt. Die Balastraccas genannten Silberstücke gelten 400 Reis. Selten sieht man brasilianische Silbermünzen von 2000 Reis (ein Patacão, spr. Patakong). Goldstücke werden in Brasilien nicht geprägt. Wenn man von Unzen (onças) redet, meint man die Summe von 32,000 Reis.

Gewichte. Obwohl in Brasilien das metrische System für Gewichte und Maße gesetzlich eingeführt ist, rechnet man doch noch allgemein nach Arrobas, Alqueiras 2c., weshalb dieselben ihrem Werte nach hier angeführt werden sollen. Man beachte dabei wohl, daß diese Bezeichnung nicht dem Werte nach mit den gleichnamigen der La Plata-Staaten übereinstimmen. Es ist

1 tonelada = 793,24 Kilogramm,
1 quintal oder Zentner = 4 Arroben,
1 Arroba, eigentlich = 32 Pfund oder 14,69 Kilogramm wird im Handel und gewöhnlichem Verkehr jetzt fast immer zu 15 Kilogramm gerechnet,
1 Libra (1 Pfund) = 459 Gramm,
1 Pfund hat 16 onças à 8 oitavas.

Hohlmaße:
1 Sacco (Sack) = 72,72 Liter,
1 Sack hat 2 Alqueiras oder 8 Quart,
1 Alqueira (spr. Alkehra) = 4 quartas = 36,36 Liter.

Der Sack, das gewöhnliche Maß für Früchte, Körner 2c., ist im Kolonialgebiet zu 72,72 Liter gerechnet. Die Provinzialregierung hat ihn zu 76,54 Liter angenommen. In letzterer Zeit bürgert sich mehr und mehr der Gebrauch ein, den Sack (von 2 Alqueiras) zu 80 Liter zu berechnen, wie das namentlich in Rio Grande und Pelotas der Handel bereits für Salz ꝛc. durchführt. In jedem Falle ist die Alqueira größer, als der nordamerikanische Bushel (35,23 Liter).

Für Flüssigkeiten ist das größere Maß die Pipa.

1 Pipa = 480 Liter,
1 „   = 180 Medidas = 720 Flaschen,
1 Medida = 4 Flaschen = 2,667 Liter,
1 Almude = 6 Medidas = 16 Liter,
1 Flasche (garafa oder quartilho) = 0,667 Liter.

Längenmaße:

1 Legoa = ca. $^9/_{10}$ der deutschen geographischen Meile (von 7420 M.),
1 Legoa = 3000 Braças = 6,600 M.,
1 Braça = 10 Palmen = 2,2 M.,
1 Palmo = 8 polegadas (Zoll) = 0,22 M.,
1 Vara = 5 Palmos = 1,1 M.,
1 Covado (wenig mehr gebraucht) = 0,68 M.

Flächenmaße:

1 Legoa ☐ = 9,000,000 ☐ Braças,
1 Legoa ☐ = 4356 Hektar oder 43,56 ☐ Kilometer,
1 Kolonielos in Rio Grande = 100,000 ☐ Braças = 48,4 Hektar oder 200 preußische Morgen,
1 Braça ☐ = 4,84 ☐ M.

Lebensmittelpreise in Porto Alegre (Juni 1883):

Bohnen . . . . pro Sack 4,300 Reis.
Erbsen . . . . „   „   5,000 „
Milhomehl . . . . . . „   „   2,000 „
Amendoim . . . . . . „   „   2,000 „
Reis (geschält) . . . „   „ 13,500 „

Münzen, Maße, Gewichte und Lebensmittelpreise.

Milho (Mais), gelber, neuer	pro Sack	2,000	Reis.
Kartoffeln (Batata ingleza)	„ „	2,300	„
Saubohnen	„ „	3,700	„
Farinha	„ „	2,300	„
Linsen	„ „	4,000	„
Kornmehl	„ „	4,000	„
Amendoim-Oel . . .	pro Medida	1,100	„
Eier	pro Dtz.	200	„
Hühner	„ Stück	560	„
Hähne . . .	„ „	360	„
Branntwein . . .	„ Pipa	100,000	„
Rindfleisch . . .	pro Kilogramm	260	„
Schmalz . . .	„ „	660	„
Speck . . .	„ „	460	„
Haare . . .	„ „	1,000	„
Häute . .	„ „	780	„
Butter .	„ „	800	„
Wachs . .	„ „	1,100	„
Herva Mate . .	„ „	100	„

Auf dem Lande sind die Preise je um einige Vintem billiger, doch wechselt das immer einigermaßen. Beim Verkauf werden Amendoim, roher Reis und Kartoffeln im Quart gehäuft gemessen, alles andere gestrichen. Im allgemeinen macht sich die Tendenz geltend, künftighin mehr nach Gewicht, resp. Qualität, als nach Maß die Frucht zu verkaufen. Für ein Dienstmädchen zahlt man auf dem Lande 10—12 Milreis, in der Stadt mehr. Tagelöhner erhalten bei freier Kost 1—2000 Reis pro Tag. Nationalbier kostet pro Flasche beim Brauer 200—260 Reis, in den Wirtschaften 320—400—500 Reis. Der Nationalwein hat ungefähr den gleichen Preis.

16*

Register.

Aasgeyer 56.
Abobras 109.
Achate 17.
Achtundvierziger Schneiz 219.
Agouta-cavallo 46.
Abrinonalsell 184.
Aauti 55
Aivim 118, 144.
Alegrete 190.
Almude 242.
Altenhofer Wasserfall des Rio Cadea im Theewalde 13.
Alto Uruguay 190
Alqueira 241
Ameisen 41.
Ameisenfresser 55.
Amendour 110, 136.
Ananas 141.
Angico 43, 44.
Anau 115
Anis 143.
Anjos de Gravatahy 190.
Aprikosen 140.
Araça 47.
Arancaria 20.
Arroba 241.
Arroeira 44.
Arroio Capibary 18.
— Casqueiro 18.
— dos Ratos 19.

Arroio Grande 190.
Assemblea geral 187.
— legislativa provincial 186.
Avé Lallement 235.
Avila 209
Azevedo Castro 227

Bagé 162, 190.
— -Cacequy-Uruguayna, Bahn 163.
Bahn von Porto Alegre nach Neu-Hamburg 160.
— Taquary-Cacequy 161.
Balastraccas 241
Banane 141.
Baron von Kahlden 221, 222.
Barre des Rio Grande 148.
Bartholomay, W. 222, 231.
Batata 144.
Baumläufer 56.
Baumschneiz 81, 83.
Baumwolle 138.
Bergbahner Schneiz 219.
Bicho de perna 61.
Bienen 62.
Bierbrauereien 172.
Blindschleichen 58.
Boa vista 227.

Bohnen 110.
— schwarze 121.
Bem Jardim 78.
Braça 242.
Bremer Lloyd 155.
Brummer, die 227.
ter Brüggen 10, 228.
Brüllaffe 54.
Bugres 66.
Bürstenfabriken 172.

Caboclo 74.
Cabotagem 152.
Cabriuva 43, 44, 46, 49.
Caçapava 18, 190.
Cacequy, Station 161.
— -Uruguayana-Bahn 161.
Cachoeira 25, 155, 190.
Cacimbinhas 190.
Cahy 25, 156.
Camaquam 190.
Cambará 49.
Camboim 48.
Cambratá 43.
Candiota 19.
Canella preta 43.
Cangussú 105, 190.
Caninana 58.
Canjerana 43.
Capella curada 189.
Capivary 55.
Capoeira 79, 111, 196.
Caroba 49.
Cascudos 59.
Caxias 224, 226.
Caxoeira de Butuhy 23.
Cedro 43.
Ceronilha 48.
Chapecó 23, 216
Chuy (Fluß) 11.
Cipós 58, 111.
Cocão 43.

Cochilha do pau fincado 14.
— grande 14.
— von Cruz alta 14.
Cochilhas 13.
Collectoria geral 192.
— provincial 192.
Comarcas 188.
Conceição do Arroio 190.
Conde d'Eu 224, 226 ,227.
Conto 240.
Coqueira-Palme 117.
Croados 66.
Côvado 242.
Carvalho vermelho 43.
Cravatá 41.
Creole 74.
Cruz, S. 81, 83, 126.
Cruzados 241.
Cruz alta 190.
Cuguar 55.
Curumatá 59.
Cuti 55.
Cuya 72.

Dampfschneidemühlen 172.
Dampfziegeleien 172.
Deutsche 71.
Deutscher Krankenverein 86.
Dom Pedro I. Bahn 165.
— — II., Kaiser 209.
Denna Jzabel 224, 226.
D. Pedrito Rosario 190.
Dores de Camaquam 190.
Dourado 59.

Eichhörnchen 55.
Eichmann, von 235.
Einbäume 48.
Eisen 18.
Encruzilhara 190.
Endivien 143.
Engenhos 130.

Erbsen 123.
Erdmandeln 137.
Estancia velha 218.
Estrella 130.

Fahrt von Hamburg bis Porto Alegre 154.
Fahrt von Hamburg bis Rio de Janeiro 154.
Farinha de Mandioca 130.
Farinhamühle 132.
Feige 141
Feilenfabriken 172.
Feitoria velha 218
Fenchel 143.
Flachs 138.
Fleischextraktfabriken 174.
Freguezia 188, 189.

Gabriel, S. 24.
Gaucho 71.
Gerbereien 172
Germania 86.
Gesetz vom 21 Juni 1880 203.
Goldminen von Caçapava 18.
Goyo-en 23
Grapiapunha 43, 41.
Gravatahy 25.
Guajubira 43, 44, 46.
Gurken 143
Gürteltiere 55.

Hafen von Rio Grande 118.
— von Torres 149.
Hafer 114.
Hamburger Berg 81
Hamburg - Südamerikanische Dampfschifffahrt - Gesellschaft 155.
Heidt, von der, Obristlieutenant 227.

Heinssen 222.
Held, von, Obristlieutenant 227.
Hildebrand, Coronel 221.
Hilfs-Schul-Verein 86.
Holzweißig 224.
Hortencio 219
Hutfabriken 172.
Hühner 113.

Ibicuy 23.
Inambu 57.
Ipé 43, 44.
Ipecacuanha 49.
Isidoro, S. 23.
Italiener 74
Itaquy 163, 190.

Jacaré 57.
Jacuhy 25, 155.
Jacu-tinga 56
Jaguar 55
Jaguatirica 55.
Jaguarãofluß 12, 155, 157, 190.
Jahn, A. 230.
Jahús 57.
Jararaca 58
Jerivá-Palme 39, 117.
Jiuhy guassú, Rio 21, 23.
Jujú 144.

Kalksteine 18;
Kartoffeln 110, 124.
Klapperschlange 58.
Klee 114
Kolibri 56.
Kohlraben 143.
Kolonisation der Campländereien 199
Kopfkohl 143.
Kopfsalat 143.

Korallenschlange 58.
Koseritz, C. von 221, 227, 231.
Kümmel 143.
Kupfer 18.
Kürbisse 109, 114.
Kurs 184
Küstengebirge, brasilianisches 18.
Küstenschifffahrt 152.

Lagarto 57.
Lages 35.
Lagoa dos patos 23. 24.
— Mirim 12, 24, 155.
Lavatubo 35.
Legoa 242.
— ,☐ 242.
Lein 138.
Libra 241.
Limonen 140.
Linie Lambert & Holt 152.
Linsen 123.
Louro 43, 46.
Lusobrasilianer 72.
Luzerne 114.

Mais 109, 114, 119.
Macaco 54.
Mambituba (Fluß) 11.
Matuto 57.
Mamona 137.
Mandioca 110, 114, 118, 130.
Mandioca-Mehl 130.
Mão pellada 55.
Maratá 83.
Maria, S. 25, 76.
Marmelleiro 141.
Marmorarten 18.
Mato castelhano 36.
Mediba 242.
Milho 114, 119.

Milreis 240.
Minuano 31.
Möhren 143.
Monte bonito 228.
— Caseros 158.
Moskitos 60.
Mostardas 100.
Motucos 60.
Mulatten 74.
Mundo novo 25, 223.
Munizipien 188.

Nasenbär 55.
Nationallinie 152.
Neu-Petropolis 222.
Nonohay 23, 158.
Nordbahn, die 161.
Novilhos 97.

Oliveira 190.
Onze 55.
Orange 140.

Paca 55.
Palmares 24.
Palmo 242.
Pampeiro 32.
Papagaien 56.
Passo do Jacuhy 155.
— do S. Lucas 24
— fundo 190.
Patacão 241.
Patacas 241.
Pedro II., Kolonie 228.
Pelotas, Rio 11, 23, 35.
— (Stadt) 24, 155, 162, 190
Peperi-guaßú 12, 23, 216.
Perdiz 57.
Pfeffer, spanischer 144.
— -vögel 56.

www.ingramcontent.com/pod-product-compliance
Lightning Source LLC
Chambersburg PA
CBHW031349230426
43670CB00006B/481